Beltz Taschenbuch 110

Über dieses Buch:
Dieser klare und präzise Leitfaden zur erfolgreichen Anwendung kommunikativer Fertigkeiten im Beratungsgespräch geht in seiner pragmatisch-humanistischen Grundorientierung von den Vorstellungen Carl Rogers aus. Er folgt einem dreiphasigen Fortgang im Beratungsprozeß:
● Exploration, Kontrakt und Bewertung
● Neubewertung und Herausforderung
● Handlung und Abschluß.
Ziele, Strategien und spezielle Fertigkeiten zur Umsetzung in praktisches Handeln werden erläutert und beschrieben. Jeder Aspekt des Beratungsgespräches wird nicht nur in einer einfachen, an alltägliche Erscheinungen anknüpfenden Sprache erklärt, sondern auch mit zahlreichen Beispielen und klaren Leitlinien für die Praxis dargestellt. Das Buch schließt mit einer detailreichen Fallstudie, die den Ansatz in der Praxis zeigt – vom Erstgespräch bis zum Abschluß der aus zehn Sitzungen bestehenden Beratung.

Die Autorin:
Sue Culley ist langjährige Psychologie-Dozentin an einem Polytechnikum in London. Sie betreut dort Weiterbildungslehrgänge für Mitarbeiter in beratenden und leitenden Tätigkeiten in sozialen Berufen.

Sue Culley

Beratung als Prozeß

Lehrbuch kommunikativer Fertigkeiten

Aus dem Englischen übersetzt
und bearbeitet von C. Wolfgang Müller

Die englische Originalausgabe erschien 1991 unter dem Titel
Integrative Counselling Skills in Action bei Sage Publications of
London, Thousand Oaks and New Delhi

Besuchen Sie uns im Internet:
www.beltz.de

Beltz Taschenbuch 110
2002 Weinheim und Basel
Unveränderter Nachdruck

1 2 3 4 5   06 05 04 03 02

© 1991 Sue Culley
Alle Rechte der deutschsprachigen Ausgabe:
© 1996 Beltz Verlag, Weinheim und Basel
Umschlaggestaltung: Federico Luci, Köln
Umschlagfoto: Premium, Düsseldorf
Gesamtherstellung: Druckhaus Beltz, Hemsbach
Printed in Germany

ISBN 3 407 22110 X

Inhaltsverzeichnis

Vorwort des Übersetzers

Seit Jahren gibt Windy Dryden am Londoner Standort von Sage Publications eine Fachbuchreihe heraus, die um die »Praxis der Beratung« kreist. Die Texte dieser Reihe gelten durchweg als präzise, gut verständlich, anwendungsorientiert und nicht dogmatisch in dem Sinne, daß die unterschiedlichen gesprächstherapeutischen Schulen nicht pur und einander ausschließend vorgeführt werden, sondern daß sie überall dort, wo die von ihnen entwickelte Praxis sich als hilfreich für die Bearbeitung bestimmter Probleme von Menschen in inneren und äußeren Krisen erwiesen hat, in ihren Voraussetzungen und Prinzipien, ihren Strategien und Instrumenten, ihren Stärken und Grenzen auf verständliche, nachvollziehbare Weise demonstriert und zur Nachahmung empfohlen werden.

Das Buch von Sue Culley, einer Londoner Beraterin und Hochschullehrerin, zeichnet sich in besonderer Weise durch seine Prozeßorientierung aus. Es folgt einer Systematik, die Beratungsprozesse von begrenzter Dauer (etwa zehn Sitzungen) in drei aufeinander folgende und ineinander verwobene Phasen einteilt. Jede dieser Phasen hat ihr eigenes Profil, ihre eigenen Funktionen, Ziele, Strategien und »Kunst«-Fertigkeiten. Sie werden durch ein pragmatisch-humanistisches Menschenbild der Autorin bestimmt, das auf hermeneutischen Konpetenzen in der Anfangsphase aufbaut und in der Endphase Handlungsprogramme entwickelt. Dazwischen liegt eine Mittelphase, in der dem Lehren und Lernen neuer Sichtweisen auf die Lebenslage der Klientinnen und Klienten und der Kultivierung neuer und anderer Gefühle breiter Raum gegeben wird. Der Grundstil der Autorin ist nicht-direktiv. Gleichzeitig ist sie, vor allem in der Mittelphase, ausgesprochen konfrontativ und im besten Sinne des Wortes »provokativ« (»hervorrufend«) beim Anbahnen neuer Sichtweisen, neuer Bewertungen und bei der Besetzung neuer »Spielräume«.

Besonderer Beachtung empfehle ich die reichlich eingestreuten kurzen Transkripte von Beratungssequenzen aus der langjährigen Praxis der Autorin. Sie werden ergänzt durch eine im Zusammenhang vorgetragene Fallgeschichte im letzten Teil des Buches. Sie gibt einen nuancenreichen Einblick in den tatsächlichen Beratungsstil der Autorin und korrigiert in unaufdringlicher Weise den Eindruck nahezu überirdischer Zurückhaltung, den der erste Teil des Buches vor allem bei Lesern, die den Band als Einführungsliteratur benutzen, hervorrufen könnte.

Der Text ist alles andere als esoterisch. In Anlehnung an S.K. Gilmore konzentriert sich Sue Culley auf drei Lebensbereiche von zeitgenössischen Europäern: die Arbeit, die zwischenmenschlichen Beziehungen und das zur Identität geronnene Bild, das andere von uns und das wir von uns haben. Ich bekenne, daß ich den Eindruck gewonnen habe, daß es insbesondere die Korrekturen von Selbstbildern sind, die zu den überzeugendsten Lehr-Leistungen dieses Buches gehören. Vor einhundert Jahren hat Alice Salomon in der »Sozialen Diagnose« postuliert, Sozialarbeiterinnen hätten die Aufgabe, »die Kunst des Lebens zu lehren«. Sue Culley tut es.

Berlin, im April 1996   C. Wolfgang Müller

Vorwort der Autorin

Ich begann die Arbeit an diesem Buch mit großem Enthusiasmus sowohl für das Thema als auch für die Aufgabe, ein Lehrbuch zu schreiben. Dieser Enthusiasmus für die Beratung und für eine möglichst qualifizierte Tätigkeit in Helferberufen ist durch die Arbeit am Text noch verstärkt worden. Die Notwendigkeit, meinen Beratungsansatz in der Praxis zu zeigen, hat mich daran erinnert, eine wie komplexe, herausfordernde und verzaubernde Aktivität Beratung ist. Ein Buch über Beratung zu schreiben – also über das, was ich täglich tue und lehre – ist aber auch eine heilsame Erfahrung gewesen. Es ist mir klar geworden, eine wie schwierige und – so werden manche sagen – unmögliche Aufgabe es ist, die wesentlichen Qualitäten von Beratung in Worten einzufangen und aufs Papier zu bringen. Ich sehe dabei die Klienten vor mir, mit denen ich gearbeitet habe, die mir Spaß gemacht haben, die ich begutachtet habe und deren Probleme ich manchmal verfehlt habe. Ich bin nicht sicher, ob es mir in den Beispielen, die ich in diesen Text eingearbeitet habe, gelungen ist, all die Freude, all den Ärger, das ganze Elend und die vielen anderen Gefühle, die mitgeschwungen haben, wiederzugeben.

Aber wie andere auch brauche ich einen Bezugsrahmen und Handlungsmodelle, die meine Arbeit anleiten können. Ich hoffe, ich habe in den folgenden Kapiteln dieses Buches einen nützlichen Beitrag zu den Prinzipien, Konzepten und Handlungsmustern geliefert, die meine Leserinnen und Leser ohnehin schon benutzen, um ihre eigene Arbeit zu verstehen und anzuleiten.

Ich möchte noch etwas über die Beispiele und die Fallstudie sagen, die ich in diesem Lehrbuch verwende. Ich habe mich bemüht, Beispiele für eine gelungene Praxis zu geben und habe dabei Teile meines eigenen Fallmaterials verwendet, um so lebendig wie irgend möglich die Qualitäten der beschriebenen Interaktionen zu schildern. Überall dort, wo ich mein eigenes Fallmaterial verwendet habe, habe ich die Identität meiner Klienten verändert, um sowohl ihre Anonymität zu schützen als auch dem Gebot der Vertraulichkeit zu entsprechen, das mit dem Beratungsvertrag verbunden ist.

Das Konzept integrativer Beratung, das ich in diesem Buch vorstelle, wendet sich sowohl an professionelle Beraterinnen und Berater als auch an andere Berufstätige, denen Beratung Teil ihrer beruflichen Tätigkeit im weiteren Sinne ist. Daß dieses Buch nun vorliegt und daß es lesbar geworden ist, hängt in nicht geringem Maße mit den herausgeberischen Qualitäten von Windy Dryden[1] zusammen. Ian Steart hat im Vorwort eines der Bücher, das in der Reihe von Windy Dryden erschienen ist, von der Herausgeberin als einer »Meisterin im Stiften von Motivationen« gesprochen. Eine bessere Beschreibung ihrer Funktion fällt mir nicht ein. Auch für mich war Windy eine ebenso geduldige wie vorantreibende Herausgeberin. Schließlich hat mein Partner Denis Gahagan mich auf unschätzbare Weise ermutigt und unterstützt. Und ich habe von seiner eigenen beträchtlichen Beratungserfahrung profitiert. Ihm widme ich dieses Buch in Wertschätzung und Liebe.

---

1 Windy Dryden ist die Herausgeberin der Fachbuchreihe »Counselling In Action«, in der der vorliegende Text erschienen ist. (C.W.M.)

1. Überblick: Einführung in das Modell integrativer Beratung

Beratung ist eine schwierige, komplexe und aufregende Tätigkeit, auf die wir nicht von Natur aus vorbereitet sind. Wir müssen sie uns vielmehr lernend aneignen durch Theoriearbeit, durch Praxis und durch Nachdenken über diese Praxis. Die meisten komplexen Handlungen kann man lernen, indem man die einzelnen Operationen in ihre Einzelteile zerlegt. Vielleicht erinnern Sie sich daran, wie Sie das Schwimmen gelernt haben. Dann wird Ihnen vielleicht wieder einfallen, wie Sie zuerst einmal geübt haben, Ihre Beine gleichmäßig anzuziehen und auszustrecken, ehe Sie versucht haben, die Bewegungen der Beine mit denen der Arme zu synchronisieren. Ihre ersten Versuche, just in dem Augenblick einzuatmen, in dem Ihr Gesicht über Wasser war, waren wahrscheinlich wenig erfolgreich. Langsam wurden Sie erfahrener und sicherer; Sie hörten auf, krampfhaft darüber nachzudenken, wie Sie atmen und Ihre Glieder bewegen sollten; Ihre Bewegungen wurden nicht mehr durch das »Denken« gesteuert, sondern geschahen »unbewußt«. Die Art und Weise, wie Sie heute schwimmen, hat nichts mehr mit den einzelnen Teilen zu tun, aus denen Ihr Schwimmen besteht. Es hat seinen eigenen Stil, seinen eigenen Charme und seinen eigenen fließenden Bewegungsablauf. Wie das Schwimmen mehr ist als die Addition der einzelnen Körperbewegungen, so ist Beratung mehr als die Kollektion einzelner Fertigkeiten. Dennoch wird es bei der Entwicklung der eigenen Beratungskompetenz nützlich sein, einzelne basale Kommunikationsfertigkeiten festzulegen und zu praktizieren, und sie anschließend in ein Modell zu integrieren, das es ermöglicht, den gesamten Prozeß zu planen und zu verstehen, wie lange er auch immer dauern mag.

Dieses Kapitel soll Ihnen einen Überblick über das Beratungsmodell geben, das in Details in diesem Buch beschrieben werden wird. Zu Beginn werde ich die Fachausdrücke definieren und diskutieren, die ich benutze. Der Begriff »integrative Fertigkeiten« bezeichnet in meinem Verständnis das entscheidende Charakteristikum des Modells. Es stützt sich im wesentlichen auf Fertigkeiten, es enthält im Kern eine geordnete Reihe kommunikativer Fertigkeiten, die jeder von uns braucht, wenn er auf wirksame Weise mit Klienten arbeiten will. Diese Fertigkeiten sind die basalen Einzelteile. Den Begriff »integrativ« benutze ich, um zu signalisieren, daß diese Einzelteile nicht zufällig und willkürlich zusammengesucht worden sind, sondern daß sie gemeinsame Regeln enthalten und leitenden Prinzipien folgen. Das Modell liefert also einen Bezugsrahmen, um einzelne Beratungsfertigkeiten innerhalb eines konsistenten und bedeutsamen Gesamtzusammenhangs zu organisieren.

Das Modell ist im wesentlichen auch ein »Prozeßmodell« und unterscheidet sich von anderen »inhaltlichen« Modellen. Inhalte oder Themen – das ist das, was Klienten in die Interaktion einbringen: ihre Gedanken, ihre Gefühle, ihre Gewohnheiten und ihre Erfahrungen. Inhalt, das ist das »Was«: »Was sagt mir dieser Klient jetzt auf der verbalen und auf der nicht-verbalen Ebene?« Alle Beraterinnen und Berater brauchen selbstverständlich Modelle für das Verständnis und die Bearbeitung solcher Inhalte mit ihren Klienten. In den folgenden beiden Kapiteln werde ich zwei Bezugsrahmen für die Bearbeitung solcher Inhalte vorstellen.

Das Wort »Prozeß« bezieht sich auf das, was zwischen uns und unseren Klienten passiert und auf welche Weise wir zusammenarbeiten. Einen Prozeß verstehen, bedeutet die Interaktionen zwischen Klienten und Berater innerhalb eines konzeptuellen Gesamtplans zu verstehen. Dieser Gesamtplan ermöglicht es uns einzuschätzen, wo wir gerade stehen, zu verstehen was bisher geschehen ist und zu entscheiden, was künftig geschehen soll, wenn die Beratungsarbeit zu einem Ende führen soll, über dessen Wünschbarkeit sich die Beteiligten geeinigt haben.

Wir wollen jetzt die Struktur dieses Modells betrachten.

Phasen

Der Bezugsrahmen, den ich verwende, enthält eine Ordnung des Beratungsprozesses in Phasen. Diese Ordnung ist vielen Ansätzen von Beratung und Therapie eigen (Egan 1979/1984 und 1996; Ivy et al. 1987; Nelson-Jones 1988). Die Konzeption von Beratung als einer Abfolge von geordneten Phasen unterstellt ein Ordnungsgefüge, also das Gegenteil zufälliger oder chaotischer Aktivität. Ich nenne die Phasen einfach »Anfang«, »Mitte« und »Ende«. Ich beschreibe, was in einem angenommenen Idealfall in jeder dieser Phasen passieren könnte, welche Ergebnisse an welchen Punkten des Beratungsprozesses wünschenswert sind und welche Strategien und Fertigkeiten wirksam werden können, um sie zu erreichen. Die

Elemente des Prozesses sind die Strategien und Fertigkeiten, die wir verwenden, um unserem Beratungshandeln Zweck und Richtung zu geben. Mein Modell enthält den Versuch, die einzelnen Fertigkeiten in Sequenzen zu integrieren; die einzelnen Fertigkeiten in Strategien zu überführen und den Beratungsprozeß – ganz gleich ob er nur eine Sitzung lang dauert oder sich über eine Reihe von Sitzungen erstreckt – als eine Aufeinanderfolge einzelner Phasen vorzustellen, die aufeinander aufbauen. Deshalb habe ich eine Reihe von Zielen für jede einzelne Phase angegeben und nenne Strategien und Fertigkeiten, die zur Erreichung dieser Ziele angemessen sind. Das Modell versorgt meine Leser deshalb mit einigen Regeln und Leitlinien für die eigene Beratungsarbeit.

Strategien

Ich verwende den Begriff »Strategie«, um den Sinn einer bestimmten »Prozedur« zu bezeichnen. Beratung ist eine zweckhafte Tätigkeit. Berater müssen sich Klarheit verschaffen, was sie in jeder einzelnen Phase erreichen wollen. Und sie müssen wissen, warum sie es erreichen sollen. Das Erheben der Ausgangslage zusammen mit den Klienten ist beispielsweise eine der Strategien der Anfangsphase. Dieses Erheben oder Explorieren dient verschiedenen Zwecken. Einer davon besteht darin, ein klares und wechselseitiges Verständnis dessen zu erzeugen, was die Anliegen der Klienten für sie bedeuten und welches Gewicht sie haben. Isoliert betrachtet wird diese Erhebung der Ausgangslage keine Probleme lösen. Aber eine kenntnisreiche, auf das Wesentliche zielende und deshalb kompetente Exploration liefert die Basis, um in späteren Phasen des Prozesses Klienten zu helfen, sich besser zu kennen und sich wirkungsvoller zu ändern.

Fertigkeiten

Unter »Beratungsfertigkeiten« verstehe ich Kompetenzen bei der Kommunikation, die durch Training angeeignet und entwickelt werden. Fertigkeiten in meinem Modell sind die basalen Werkzeuge, mit denen wir Strategien operationalisieren und uns in jeder

Phase des Prozesses den jeweiligen Zielen nähern. »Paraphrasieren« ist beispielsweise solch eine wertvolle Beratungsfertigkeit. Ihre Bedeutung liegt in der Wirkung, die sie im Zusammenspiel mit den Klienten hervorrufen kann. Kompetentes Paraphrasieren ist eine Schlüsselfertigkeit für den Aufbau einer Beziehung und ist ein wichtiger Bestandteil der Strategie, die Ausgangslage durch Exploration zu erheben.

Lassen Sie uns jetzt mein Modell selber betrachten.

Anfangsphase

Während der Anfangsphase des Beratungsprozesses werden wir uns im wesentlichen auf den Aufbau einer tragfähigen persönlichen Beziehung konzentrieren und auf die Bewertung des Ausgangsproblems. Ich habe vier Teilziele identifiziert, um die Arbeit in dieser Phase zu charakterisieren.

Ziele

1. *Aufbau einer tragfähigen zwischenmenschlichen Arbeitsbeziehung.* Dies ist ein Ziel von fundamentaler Bedeutung, von dem der Erfolg oder Mißerfolg des gesamten Beratungsprozesses abhängt. Es bedeutet die Entwicklung einer Beziehung, welche Klienten ermutigt, an ihren Problemen zu arbeiten. Wenn es nicht gelingt, Klienten den Eindruck zu vermitteln, daß ihre Berater vertrauenswürdig sind und sie akzeptieren, wird es unwahrscheinlich sein, daß sie sich mit Ihnen verbinden und daß Sie sie auf eine mehr als oberflächliche Weise kennenlernen.

2. *Die Klärung und Eingrenzung von Problemen.* Wenn Sie und Ihre Klienten zusammenarbeiten sollen, so ist es vernünftig zu vermuten, daß sowohl Sie als auch Ihre Klienten das gleiche Verständnis davon haben, um welche Anliegen und Themen es geht. Manchmal sind Klienten unsicher, was sie wirklich wollen oder sie kommen mit unterschiedlichen Themen und sind unsicher, womit sie beginnen sollen.

3. *Eine erste Entscheidung.* Dazu gehört die Formulierung einer ersten Arbeitshypothese über das, was Klienten von Ihnen wollen. Danach müssen Sie sich entscheiden, ob eine weitere Beratung bei der Bearbeitung des Klientenproblems oder der Klientenprobleme nützen könnte und ob *Sie* mit dem Klienten an seinen Problemen arbeiten wollen.

4. *Formulierung eines Arbeitsvertrages.* Beratung ist eine Tätigkeit, die auf einem wechselseitigen Kontrakt basiert. Der Kontrakt liefert die Richtschnur für die Arbeit und enthält eine ausgesprochene Übereinkunft zwischen Ihnen und Ihren Klienten. Der Arbeitskontrakt soll sicherstellen, daß Beratung als ein gemeinsames Unternehmen begriffen wird und nicht als etwas, was den Klienten durch »Experten« »angetan wird«. Ein solcher Vertrag ist ein Instrument, um sowohl die Verantwortung der Klienten für sich selber zu betonen als auch die Notwendigkeit ihrer Kooperation zu unterstreichen.

Strategien

Es gibt eine Reihe von Prozeduren, die Sie in die Lage versetzen sollen, die Ziele der Anfangsphase zu erreichen. Wir wollen uns jedes dieser Ziele in Kürze ansehen.

1. *Explorieren.* Es soll helfen, Klienten in den Prozeß der Überprüfung und Aufklärung ihrer Anliegen einzubinden. Der Zweck ist die Abklärung des gemeinsamen Verständnisses zwischen Ihnen und Ihren Klienten.

2. *Prioritäten setzen und Konzentrieren.* Dies bedeutet einmal, zu entscheiden, in welcher Reihenfolge die Klienten ihre Anliegen bearbeiten möchten. Es bedeutet aber auch herauszufinden und festzulegen, was denn eigentlich den Kern der Themen ausmacht, die sie ins Gespräch bringen.[2]

3. *Vermitteln von Grundwerten.* Es bedeutet, daß wir den Klienten zeigen müssen, daß wir sie sowohl verstehen wie akzeptieren.

---

2 Diese Konzentration auf das, was den Klienten im eigentlichen Sinne wesentlich an ihren Themen ist, bezeichnet die Fachsprache als »Focussing«. (C.W. M.)

Die Grundwerte von »Akzeptanz« und »Verstehen« sind Überzeugungen und Haltungen, die wesentliche Voraussetzungen für die Entwicklung einer arbeitsfähigen zwischenmenschlichen Beziehung darstellen. Akzeptanz meint die Wertschätzung von Klienten, weil sie Menschen sind, das Respektieren ihrer Unterschiede und die Anerkennung ihrer Einmaligkeit. Verstehen meint die Fähigkeit, die Lebenswelten der Klienten so zu sehen, wie sie sie auch sehen. Diese Grundwerte teilen wir unseren Klienten nicht in gesetzter Rede mit, sondern wir vermitteln sie durch die Art und Weise, wie wir auf sie reagieren. Diese Strategie ist ebenfalls von entscheidender Bedeutung zur Fundierung des gesamten Beratungsprozesses.

Grundlegende Fertigkeiten

Es gibt eine Reihe von vitalen und basalen Fertigkeiten, von deren Verwendung die Arbeit sowohl in der Anfangsphase als auch in den späteren Phasen des Prozesses abhängt. Sie können in sehr verschiedenen Kombinationen oder Sequenzen verwendet werden, um jede der oben genannten Strategien zu operationalisieren.

1. *Zuhören können.* Um Klienten zu verstehen und ihnen Ihr Verstehen mitzuteilen, ist es offensichtlich notwendig, daß Sie ihnen zuhören. Ich benutze dafür den Ausdruck »aktives Zuhören«, um damit zu markieren, daß Sie in Ihrem Zuhören dessen Zweckhaftigkeit ausdrücken und auf eine Weise reagieren sollten, daß den Klienten deutlich wird, daß Sie sie sowohl gehört als auch verstanden haben. Ich verwende dabei zur Bezeichnung Ihrer verbalen Reaktionen auf Klienten die beiden Begriffe *reflektierend* und *sondierend.*

2. *Reflektierende Fertigkeiten.* Das entscheidende Charakteristikum dieser Fertigkeiten besteht darin, die zentrale Botschaft der Klienten zu identifizieren und sie in Ihren eigenen Worten zurückzuspiegeln. Reflektierende Fertigkeiten sind bedeutsam, um Klienten auf ihrer »Spur zu halten«. Ihre Verwendung ermöglicht es den Beratern, sowohl ihr Verstehen mitzuteilen als auch dieses Verstehen zu überprüfen und Korrekturen der Klienten zu akzeptieren. So gesehen sind sie hervorragende

Fertigkeiten zum Ausbilden einer zwischenmenschlichen Beziehung und zum Sammeln von Informationen. Reflektierende Fertigkeiten sind:

a) *Wiederholen* dessen, was nach Ihrer Meinung ein Schlüsselwort oder der zentrale Satz der Klienten gewesen ist;
b) *Paraphrasieren* der zentralen Aussagen Ihrer Klienten, diesmal allerdings in Ihren eigenen Worten;
c) *Zusammenfassen* dessen, was die Klienten Ihnen vorher an Informationen gegeben haben – nicht als eine Aufreihung von Tatsachen, sondern als ein organisierter Überblick wichtiger Themen oder Anliegen.

3. *Sondieren.* Die Quelle für das Sondieren ist die Betrachtungsweise der Probleme der Klienten im Lichte des jeweiligen Bezugsrahmens von Beratern. Wenn Sie beispielsweise eine Frage stellen, dann konzentrieren Sie sich wahrscheinlich mehr auf das, was Sie hören wollen und nicht notwendigerweise auf das, was Klienten in diesem Augenblick mitteilen möchten. Aber das Sondieren ist Teil der Fertigkeiten von Beratern. Sie sind auf Informationen Ihrer Klienten angewiesen und manchmal wollen oder müssen Sie die Richtung beeinflussen, in der diese Informationen liegen. Allgemein gesprochen sind Sondierungen tatsächlich Interventionen, welche die Kontrollmacht von Beratern erhöhen und aus diesem Grunde sparsam verwendet werden sollen – sparsam vor allem in frühen Phasen des Beratungsprozesses.

Sondierungsfertigkeiten sind:

a) *Fragen.* Im dritten Kapitel stelle ich verschiedene Typen von Fragen vor und kommentiere sie im Hinblick darauf, wie sie den Beratungsprozeß sowohl vorantreiben als auch erschweren können.
b) *Feststellungen treffen.* Es ist eine besondere Form des Sondierens. Beispielsweise können Sie einen Klienten fragen »Was hat sie getan, um Sie so in Aufregung zu versetzen?« Sie könnten aber auch sagen »Ich bin nicht sicher, was sie gemacht hat, um Sie in Aufregung zu versetzen«. Feststellungen dieser Art sind manchmal weniger suggestiv und richtungweisend als Fragen.

18

4. *Konkretisieren.* Diese Fertigkeit bedarf besonderer Erwähnung. Ich denke, sie muß als Grundfertigkeit entwickelt werden, weil sie Klarheit und Verständnis voranbringen kann. Diese Fertigkeit hat zwei Aspekte. Zunächst einmal müssen wir sorgfältig auf das hören, was unsere Klienten sagen und müssen wachsam auf ihre Generalisierungen, Verschwommenheiten und Krausheiten achten. Dazu ist selbstverständlich nötig, daß wir uns der möglichen Vagheiten in den Aussagen unserer Klienten bewußt sind. Zum anderen bedeutet es, daß wir uns immer bemühen müssen, klar, konkret und speziell in dem zu sein, was wir mit unseren Klienten bereden. Wir sollten keine Generalisierungen unserer Klienten hinnehmen oder bei ihnen stehen bleiben.

Mittelphase

Kern der Mittelphase im Beratungsprozeß ist der Versuch, Klienten zu helfen, ihre Anliegen und Probleme neu zu ordnen und neu zu bewerten. Neubewertung hilft ihnen, neue und differente Sichtweisen auf ihre Probleme zu entwickeln, neue Ziele zu setzen und neue Handlungswege zu begehen. Das ist die Crux des Beratungsprozesses, weil ohne neue und differente Sichtweisen auf sich selbst und auf ihre Anliegen eine Veränderung und Verbesserung der Lage dieser Klienten unwahrscheinlich ist. Nun wollen wir uns mit den Zielen dieser Phase beschäftigen.

Ziele

1. *Neubewertung von Problemen.* Klienten haben ihre eigenen Sichtweisen auf ihre Anliegen. Neubewertung bedeutet, ihnen zu helfen, sich aus unterschiedlichen Sichtwinkeln zu betrachten und dabei mehr Power zu gewinnen.

2. *Aufrechterhalten der Arbeitsbeziehung.* Sie ist ein wichtiges Ziel für den gesamten Beratungsprozeß. Die Aufforderung zur Neubewertung kann für manche Klienten ausgesprochen hart sein. Die Entdeckungen, die sie dabei über sich und ihr Verhalten machen, können leidvoll werden.

3. *Auf den Arbeitskontrakt zuarbeiten.* Arbeitskontrakte können im Prozesse der Beratung modifiziert werden. Dennoch ist es notwendig, den Kontrakt immer im Auge zu behalten. Er spezifiziert die Zwecke und Ziele, auf die Sie sich geeinigt haben.

Strategien

1. *Mitteilen von Grundwerten.* Klienten werden mit Wahrscheinlichkeit besser auf Herausforderungen reagieren und die Einladung zu einer tieferen Einsicht in sich selbst annehmen, wenn sie sich bei Ihnen sicher genug fühlen und wenn sie Ihnen vertrauen.

2. *Herausfordern.* Es bedeutet, den Klienten eine Sichtweise anzubieten, die sich von ihrer gewohnten Sichtweise unterscheidet und die sie stimulieren könnte, ihre eigene Position oder ihren eigenen Sichtwinkel zu überprüfen. Herausfordern provoziert tiefergehende Explorationen. Damit meine ich, daß die Klienten ermutigt werden, etwas über sich herauszufinden, was ihnen bisher unbewußt oder nur schwach bewußt war oder was zu sehen sie bisher vermieden haben. Es gibt spezifische Wege der Herausforderungen. Jede der folgenden Strategien hat einen speziellen Focus:

   a) *Konfrontation.* Sie ist nützlich, um Klienten zu helfen, die Tricks zu durchschauen, die sie verwenden und die Veränderungen im Wege stehen.

   b) *Feedback.* Das bedeutet, den Klienten zu wissen geben, wie Sie sie wahrnehmen.

   c) *Informationen geben.* Es kann Klienten ermutigen, sich auf eine andere Weise zu sehen.

   d) *Richtung geben.* Es bedeutet, auf eine direkte Weise den Prozeß zu steuern. Wenn Sie einem Klienten sagen »Bleiben Sie bei dem was Sie gerade fühlen«, fordern Sie ihn auf, etwas Bestimmtes zu tun. Gewöhnlich werden Sie dies tun, wenn Sie wollen, daß Klienten sich auf eine Weise verhalten, wie sie sich sonst nicht verhalten würden und die eine Herausforderung für ihr gegenwärtiges Verhalten darstellen könnte.

e) *Selbstmitteilungen von Beratern.* Es bedeutet für Sie, über Ihre eigenen Erfahrungen zu sprechen. Sparsam verwendet hat es den Effekt, Klienten frei zu machen, um ihre eigenen Anliegen in einer tiefer greifenden Weise zu bearbeiten.

f) *Unmittelbarkeit.* Sie bezieht sich auf die Beziehung zwischen Ihnen und dem, was im Beratungsprozeß augenblicklich passiert. Unmittelbarsein meint, den Klienten Ihre Sichtweise auf die gegenwärtige Interaktion zu vermitteln und sie damit aufzufordern, ihrerseits zu reflektieren, was gerade geschieht.

Fertigkeiten

Die grundlegenden Fertigkeiten der Anfangsphase bilden die Basis für die komplexeren Herausforderungsstrategien der Mittelphase. In verschiedener Zusammensetzung werden Sie sie verwenden, um Ihre Klienten dahingehend zu beeinflussen, daß sie in neuer Weise auf ihre Anliegen schauen.

Endphase

Typisch für die Endphase ist die Planung und Ausführung wirksamer Handlungen durch die Klienten. Der Akzent liegt außerdem auf der planvollen Beendigung der Beratungsbeziehung.

Ziele

1. *Angemessenen Wandel vorbereiten.* Wenn Klienten Umstände oder Verhaltensweisen ändern sollen, wird es notwendig sein zu wissen, welche Veränderungen möglich sind und zu welchen Resultaten sie nach Meinung der Klienten führen sollen.

2. *Lernerfolge übertragen.* All das, was die Klienten im Beratungsprozeß über ihr Verhalten und die unterschiedlichen Optionen, die ihnen offen stehen, lernen konnten, muß nun auf die Lebenswelt der Klienten selbst übertragen werden, wenn sie erfolgreich mit ihren Aufgaben fertig werden wollen.

3. *Veränderungen in die Lebenswelt übertragen.* Veränderungen einleiten bedeutet Handlungen ausführen. Klienten brauchen möglicherweise eine Hilfe für ihr Handeln. Beispielsweise ist es *eine* Sache, über die Notwendigkeit zu reden, Ärger und Wut auszudrücken. Es ist eine *andere* Sache, es tatsächlich auch auf eine kompetente Weise zu tun.

4. *Die Beratungsbeziehung beenden.* Die Beratungsbeziehung hat für Ihre Klienten bedeutet, daß sie Sie getroffen haben, daß sie von Ihnen unterstützt worden sind und daß sie Ihr Engagement erfahren haben. Für viele Klienten ist dies eine sehr wichtige Erfahrung gewesen. Das Ende der Beziehung ist sowohl mit dem Verlust einer Beziehung verbunden als auch mit der Erfüllung eines Kontraktes.

Strategien

1. *Ziele setzen.* Zielsetzung liefert einen Bezugsrahmen und eine Reihe von Kriterien, die Sie in die Lage versetzen, mit Ihren Klienten das Ergebnis zu formulieren, zu bewerten und mit den Zielen zu vergleichen, von denen Ihre Klienten in der Anfangsphase gesagt haben, daß sie sie erreichen möchten. Dazu gibt es flexible Strategien, die es erlauben, unterschiedliche Techniken zu verwenden. Beispielsweise eine angeleitete Phantasiereise oder ein Rollenspiel.

2. *Handlungsvorbereitung.* Wenn Klienten handeln sollen, dann müssen sie alle verfügbaren Optionen kennen, müssen zwischen ihnen auswählen und müssen ihr Handeln planen.

3. *Evaluieren.* Handlungen müssen auf ihren Erfolg hin überprüft werden. Die entscheidende Frage für Klienten ist meist, ob sie durch ihr Handeln besser in der Lage sind, mit ihren Problemen fertigzuwerden oder ihre Anliegen voranzubringen.

4. *Beenden.* Im Rückblick auf die Arbeit können Klienten die Veränderung wahrnehmen, die sie durchgemacht haben. Es ist denkbar, daß sie Zeit brauchen, um ihre Gefühle von Trauer und Verlust durchzuarbeiten.

Fertigkeiten

Wiederum sind es die grundlegenden Fertigkeiten der anderen beiden Phasen, welche die oben genannten Strategien voranbringen.

Mein Modell liefert ein statisches Bild dessen, was in Wirklichkeit ein komplexer, fließender und einem dauernden Wandel unterworfener Prozeß ist. Beratung in der Praxis ist kein klarer linearer Handlungskomplex mit einer definierten Struktur und gegeneinander abgrenzbaren Stadien. Sie ist viel komplizierter und subtiler, weil Klienten wie Berater in ihrer eigenen und unverwechselbaren Weise handeln. Das Modell, so wie ich es vorstelle, enthält deshalb lediglich einen vereinfachten Grundriß zur Orientierung der Leser. Es beschreibt weder, wie sich Klienten in der aktuellen Situation wirklich verhalten, noch, was Beratung in der Praxis wirklich ist. Dennoch ist die Entfaltung eines Konzeptes, nach dem Beratung aus einer Reihe aufeinander folgender Phasen besteht, ein notwendiger Versuch, in diesen Prozeß einige stabile Orientierungspunkte einzuführen. Diese Punkte sind Dreh- und Angelpunkte, bei denen die Beratungsarbeit ihren Charakter verändert und ihren Focus wechselt. Das Modell ist eine Orientierungshilfe nicht nur über das, was in jeder Phase des Prozesses zu tun ist, sondern auch, wann es zu tun ist und wie es zu bewerkstelligen ist. Dieser chronologischen Struktur ist die Idee implizit, daß bestimmte Dinge *vor* anderen Dingen geschehen sollten. Beispielsweise sollte die Formulierung von Zielen dem Handeln vorausgehen. Wäre es anders, so würde das Handeln möglicherweise in die falsche Richtung laufen. Es erscheint mir deshalb ein vernünftiger und verantwortlicher Weg zur professionellen Beratung zu sein, dieses Modell zu benutzen, um sich der eigenen Absichten bewußt zu werden und Fertigkeiten durch Übung zu entwickeln, damit wir das, was wir anderen mitteilen wollen, auch tatsächlich »über die Rampe bringen«.

In einem bestimmten Sinn ist dies ein Meta-Modell von Beratung, weil es in andere theoretische Ansätze integriert werden kann. Welchem theoretischen Ansatz Sie immer folgen mögen, Sie benötigen Strategien und Fertigkeiten, mit denen Sie Ihren theoretischen Ansatz in praktisches Handeln transformieren können. So wie Berater Theorien brauchen, die erklären sollen, wie sich Individuen so entwickelt haben, wie sie sich entwickelt haben, und die gleichzeitig Konzepte einer »gesunden Entwicklung« enthalten, so brauchen sie Bezugsrahmen, um die Prozesse selber zu verstehen. Mein Modell konzeptualisiert den Prozeß und versetzt deshalb Berater in die Lage, Theorie in Praxis zu übersetzen. Seine Stärke besteht in der klaren vernünftigen und jedermann zugänglichen Konstruktion eines Bezugsrahmens für Praktiker. Mit anderen Bezugsrahmen teilt es das Schicksal, seine Nutzer eher zu tyrannisieren als sie zu freiem Handeln zu befähigen, wenn es nicht vernünftig und flexibel angewandt wird.

Unausgesprochen unterliegen diesem Modell einige basale Annahmen über »die Natur von Menschen« (Deaux und Wrightsman 1984), mit denen ich diesen Überblick abschließen möchte.

Grundlegende Annahmen über die Natur von Menschen

Die Art, wie wir mit Klienten arbeiten und die Bezugsrahmen, die wir dabei wählen, sind eine Widerspiegelung der Überzeugungen und Werte wie sie sowohl die Klienten als auch die Natur des Beratungsprozesses betreffen. Wenn ich beispielsweise meinen Klienten immer wieder sage, was sie machen sollen, reflektiert dieses mein Verhalten meinen Glauben, daß sie unfähig sind, ihre eigene Wahl zu treffen und deshalb eine Expertin brauchen – mich. Jeder von uns hat Prinzipien, die unser Handeln speisen und ihm eine Richtung verleihen. Klarheit über solche basale Annahmen und Überzeugungen bedeutet, daß sie diskutiert, in Diskussionen überprüft und modifiziert werden können. Ich nenne einige dieser Grundannahmen:

1. *Wir sollten jeden einzelnen Menschen akzeptieren und ihm Verständnis entgegenbringen, weil er ein Mensch ist.* Das heißt, wir werden zwischen unseren Klienten und ihrem Handeln und Verhalten unterscheiden müssen. Wir werden ihnen deutlich machen müssen, daß wir sie als Individuen wertschätzen. Das bedeutet aber nicht, daß wir notwendigerweise ihr Verhalten billigen oder verzeihen.

2. *Menschen können sich ändern.* Klienten haben manchmal gelernt, sich auf eine Weise zu verhalten, die für sie wenig nützlich ist. Sie sind in der Lage, alternative Weisen ihres Handelns zu

identifizieren und zu entwickeln und zwar sowohl im Hinblick auf ihre Probleme als auch im Hinblick auf ihre Kommunikationspartner. Wenn sie beispielsweise in einer unterstützenden Umgebung leben, wo das Erproben neuer Ideen nicht das Risiko enthält, zurückgewiesen oder lächerlich gemacht zu werden, werden sie möglicherweise Optionen für neue und befriedigendere Verhaltensweisen entdecken.

3. *Menschen verschaffen ihren Handlungen ihre eigene Bedeutung.* Viele Dinge, die uns an unseren Klienten chaotisch oder destruktiv erscheinen, mögen für sie selber durchaus zweckgerichtet sein und ihnen Orientierung und Ordnung verschaffen. Dabei kann es passieren, daß sie in wechselnden Anteilen für ihr eigenes Elend verantwortlich sind durch die Art und Weise, wie sie Ereignisse und Erfahrungen interpretieren, »auf die Reihe bringen« und auf sie reagieren. Klienten beispielsweise, die glauben, daß sie dumm seien, werden sich falsche Ziele setzen, sie werden ihren Erfolg als »Glück« interpretieren und sie werden positives Feedback anderer Menschen überhaupt nicht wahrnehmen. Sie interpretieren die Erfahrungen, die sie machen, im Lichte ihres Selbstbildes und des Bildes, das sich ihre Umwelt von ihnen gemacht hat.

4. *Menschen sind Experten für sich selber.* Klienten wissen am besten, was und wie sie fühlen, was sie denken und was sie glauben. Besser als alle anderen können sie sagen, was Leid und Enttäuschungen für sie bedeuten, welches ihre Ängste sind und was sie am allermeisten für sich selber wünschen. Aber um dies ausdrücken zu können, brauchen sie in unterschiedlichem Maße fremde Hilfe.

5. *Menschen wollen ihre Potentiale in die Tat umsetzen,* Klienten wollen mehr Selbstbestimmung und mehr Handlungskraft. Sie besitzen das Potential, für sich selber herauszufinden, was für sie richtig ist, man muß ihnen nur ein Klima schaffen, daß dieser Entdeckung günstig ist. Sie sind fähig, für sich selber zu denken und besitzen die Ressourcen, um auf kreativere Weise mit ihren Problemen und Anliegen umzugehen, als sie es bisher getan haben.

6. *Menschen handeln zweckhaft.* Uns mag ihr Verhalten häufig ziellos und hilflos erscheinen. Dennoch ist es auf Ziele gerichtet. Wir können ihr Verhalten verstehen, wenn wir die Ziele kennen, denen es dient.

7. *Wenn Menschen ihre Ziele selber setzen können, arbeiten sie auch härter an deren Verwirklichung.* Die Wahrscheinlichkeit ist größer, daß Menschen ihre Kräfte und Ressourcen mobilisieren, um Ziele zu erreichen, die sie sich selber gesetzt haben, als solche, die ihnen vorgeschrieben wurden. Es ist deshalb Teil des Beratungsprozesses, Klienten zu helfen, die Ergebnisse zu kennen und wiederzuerkennen, die sie sowohl wollen als auch wertschätzen.

Das war ein erster Überblick über wesentliche Bestandteile meines Handlungsmodells. Wir wollen uns dieses Modell nun im Detail anschauen und dabei mit der Anfangsphase beginnen.

2. Die Anfangsphase: Exploration, Kontrakt und Bewertung

Dieses Kapitel beginnt damit, daß die Ziele und Strategien formuliert und diskutiert werden, die charakteristisch für die Anfangsphase der Beratung sind. Im zweiten Teil des Kapitel geht es um die Planung und Durchführung der ersten Sitzung mit einem neuen Klienten.

Ziele

Die Anfangsphase eines Beratungsprozesses hat die folgenden vier Ziele:

1. Die Entwicklung einer tragfähigen Beratungsbeziehung;
2. die Klärung und Abgrenzung der Probleme;
3. ihre Bewertung;
4. das Aushandeln eines Beratungsvertrages.

Diese Ziele bilden einen Bezugsrahmen, innerhalb dessen Sie Ihre Arbeit organisieren und an dem Sie Prozeß und Fortschritt messen können. Diese Ziele sind phasenspezifisch – d.h., sie sind kennzeichnend für die Anfangsphase der Beratung und nicht für die folgenden Phasen. Wenn Sie diese Ziele nicht in dieser Anfangsphase ansprechen, fehlt dem weiteren Prozeß mit Wahrscheinlichkeit die sichere Basis für die folgenden Phasen.

Die Entwicklung einer tragfähigen zwischenmenschlichen Beratungsbeziehung

Beraten ist mehr als eine organisierte Kollektion von Fertigkeiten und Strategien, die in unterschiedliche Phasen eingeordnet werden (Bond 1989). Es ist im wesentlichen eine menschliche Aktivität, die durch einen besonderen Typ von Beziehung zwischen BeraterIn und Klient gekennzeichnet ist. Diese besondere Charakteristik unterscheidet sie beispielsweise von einer engen Freundschaft, aber auch von Tätigkeiten in anderen helfenden Berufen.

Wir wollen einen kurzen Blick auf die wichtigsten Charakteristika und Dimensionen dieser Arbeitsbeziehung werfen. Nach Tyler (1969) und Gilmore (1973) läßt sich eine tragfähige Beratungsbeziehung durch die zwei Grundqualitäten von »Akzeptanz« und »Verstehen« kennzeichnen.

Akzeptanz. Dieser Begriff ist bedeutungsgleich mit dem, was Rogers (1961) »uneingeschränkte positive Wertschätzung« und was Egan (1979/1984) »Respekt« nennt. Akzeptanz meint im Kern die

Wertschätzung anderer Menschen, weil sie Menschen sind. Klienten werden sehr unterschiedliche Gefühle erfahren, wenn sie mit anderen über die Dinge sprechen, die sie bewegen. Beispielsweise werden sie sich schämen, sie werden verlegen sein oder furchtsam. Häufig verurteilen sie sich selber und erwarten eine Verurteilung durch andere. Ich glaube, daß Klienten, die das Gefühl haben, getadelt oder verurteilt zu werden, sich selten sicher genug fühlen, um im Gespräch schmerzliche Themen und Anliegen zu erforschen. Natürlich müssen wir, um wirksam mit Klienten arbeiten zu können, kontinuierlich Sachen und Situationen einschätzen und beurteilen. Beispielsweise müssen wir ein Urteil über den Fortgang des Beratungsprozesses abgeben und entscheiden, an welcher Stelle wir intervenieren sollen und wo wir uns still verhalten werden. Selbstverständlich müssen wir auch ein Urteil über die Wirksamkeit unserer Interventionen abgeben und Einschätzungen über die Themen treffen, welche die Klienten ins Gespräch bringen. Aber gleichzeitig ist es von vitaler Bedeutung, daß wir an der Entwicklung und der Aufrechterhaltung einer Beziehung arbeiten, die frei von der Beurteilung unserer Klienten als »würdige« oder »unwürdige« Individuen ist. Keiner von uns hat es besonders gern, wenn er versagt, wenn er zurückgewiesen wird oder wenn er als »dumm« oder »faul« beschrieben wird. Wir müssen davon ausgehen, daß Klienten das Beste aus der Situation machen, was ihnen im Augenblick möglich ist und daß sie deshalb weder Tadel noch Verurteilung verdienen.

Wenn wir auf diese Weise unsere Klienten akzeptieren, dann bedeutet das die Wertschätzung ihrer Unterschiedlichkeiten und die Anerkennung ihrer Erfahrungen als bedeutsam für sie selber. Akzeptanz ist weder eine verniedlichende noch eine resignierende Attitüde, in heimlichem Bündnis mit destruktiven Verhaltensweisen oder selbstaggressiven Überzeugungen. Sie ist vielmehr eine potente und deshalb starke Qualität, die den Wert anderer Menschen anerkennt und ihnen die Fähigkeit der Selbstveränderung zubilligt. Eine akzeptierende Haltung schließt keineswegs aus, Klienten Aspekte ihres eigenen Handelns vor Augen zu führen, die sich als wenig hilfreich erweisen oder erwiesen haben. Es schließt auch die Diskussion möglicher Konsequenzen nicht aus, die mit bestimmten Entscheidungen unserer Klienten verbunden sind. Es schließt vielmehr die Fähigkeit ein, das, was unsere Klienten in den

Beratungsprozeß einbringen, anzunehmen und ihm Glauben zu schenken und einen Unterschied zu machen zwischen den Klienten selber – und ihrem Wert als menschliche Wesen – und unterschiedlichen Aspekten ihres aktuellen Verhaltens.

Verstehen. Dies bedeutet den Versuch, die verbalen wie die nichtverbalen Botschaften unserer Klienten so vollständig wie möglich wahrzunehmen. Rogers (1951) nannte dies »empathisches Verstehen« und sah in ihm ein Fundament der therapeutischen Beziehung. Wer Beratung praktiziert, wird sich darum bemühen, die Lebenswelt der Klienten aus ihrer Perspektive zu sehen und für ihre Erfahrungen offen zu sein. Weil wir alle aber unterscheidbare und einzigartige Wesen sind, ist es uns nicht möglich, unsere Klienten vollständig und wirklich zu verstehen. Niemand kann mein Leben so verstehen, wie ich es selber erfahre. Wir können zwar eine gemeinsame Geschichte mit anderen haben (wie beispielsweise in der Zugehörigkeit zur selben Familie oder im Besuch der selben Schule), aber die je individuelle Erfahrung, die wir mit dieser Geschichte machen, wird eine einmalige, von anderen nicht wiederholbare sein.

Akzeptanz und Verstehen sind die Kernbedingungen und gleichzeitig die Grundwerte, die wir als Berater sowohl in unserem verbalen als auch nichtverbalen Verhalten ausdrücken sollen. Damit helfen wir, die Beratungsbeziehung zu unseren Klienten als eine partnerschaftliche Beziehung zu befördern.

Klienten werden sich weder »gleichberechtigt« noch »kraftvoll« fühlen. Im Gegenteil, sie werden das Gefühl haben, unfähig, kraftlos und abgewertet zu sein. Aber eine Beziehung, in der sie akzeptiert werden und wo sie die Erfahrung deutlicher Zuwendung machen und einer Bereitschaft, ihre Perspektive zu verstehen, kann Kräfte in ihnen freisetzen, die sie brauchen, um aktiv am Beratungsprozeß teilzunehmen. Wenn es wirklich das allgemeine Ziel von Beratung ist, Klienten stark zu machen, dann bedarf dieses Ziel einer Widerspiegelung in der Art und Weise, wie wir die Beziehung zu unseren Klienten von der ersten Stunde an gestalten.

Nun nenne ich einige weitere wichtige Dimensionen der Beratungsbeziehung.

Unterstützung und Herausforderung. Mit Unterstützung meine ich, die Beraterin soll eine Quelle der Stärke für die Klienten sein, soll deutlich und nicht nur klammheimlich an ihrer Seite stehen oder sie gewaltsam erretten wollen. Während diese Unterstützung ein wichtiges Element über den gesamten Beratungsprozeß hinweg ist, mag es in der Anfangsphase der Beratung von besonderer Bedeutung sein, solange die Beziehung noch unterentwickelt oder fragil ist. Auf der anderen Seite ist es notwendig, den Änderungsprozeß dadurch zu unterstützen, daß die Klienten mit Aspekten ihres Verhaltens konfrontiert werden, welche Veränderungen verhindern. Die Herausforderung von Klienten bedeutet, sie zu ermutigen, sich selber tiefer zu erforschen und ein größeres Verständnis ihrer selbst zu entwickeln. Herausforderungen allerdings, die nicht auf der Basis von Unterstützung unternommen werden, sind in der Gefahr, als Zurückweisung oder fehlende Sensibilität empfunden zu werden. Unterstützung ohne Herausforderung wird ihrerseits wenig hilfreich sein, weil Klienten niemals ermutigt werden, sich über ihre eigenen und begrenzten Spielräume hinaus zu bewegen.

Vertrauen und Mißtrauen. Es ist eher wahrscheinlich, daß Klienten mit Beratern zusammenarbeiten, denen sie vertrauen. Vertrauen wird in der Regel dadurch entwickelt, daß sich Menschen auf eine konsistente Weise zueinander verhalten und daß sie zeigen, daß sie den jeweils anderen akzeptieren und verstehen. Um eine Beratungsbeziehung auf der Basis von Vertrauen zu entwickeln, werden sich Berater deshalb auf eine konsistente Weise gegenüber ihren Klienten verhalten müssen. Das schließt Bereiche ein wie die Zuverlässigkeit im Einhalten von Terminen, die Vertraulichkeit der Gespräche und das Beachten persönlicher Grenzen. Es bedeutet auch, daß wir unseren Klienten Akzeptanz und Verstehen zeigen, selbst wenn sie uns in der Situation angreifen oder Gefühle des Hasses äußern. Sie müssen auch die Überzeugung haben, daß Sie die Arbeit mit ihnen durchstehen und nicht unter der Last ihrer Probleme zusammenbrechen werden.

Emotionale Nähe/emotionale Distanz. Klienten brauchen und ertragen unterschiedliche Grade emotionaler Nähe zu Ihnen. Sie sind dabei in einer paradoxen Position: Sie kennen einige ihrer innersten Gedanken und Gefühle, Sie sind emotional nahe bei ihnen und dennoch bleiben Sie distanziert genug, um einen hilfreichen, weil objektiven Abstand zu wahren. Sie bemühen sich darum, in engen sozialen Kontakt zu ihren Klienten zu kommen, während Sie gleichzeitig auf jene emotionale Distanz achten, die Sie daran hindert, durch allzu starke persönliche Identifikation wirkungslos zu werden (Brammer et. al 1988).

In gewisser Weise ist es abwegig, davon zu reden, daß in dieser Phase eine Beratungsbeziehung etabliert werden soll. Dieses Ziel ist vielmehr Gegenstand Ihrer professionellen Aufmerksamkeit während des gesamten Beratungsprozesses. Weil ja die Arbeitsbeziehung ein lebendiges Medium der gesamten Beratungsarbeit ist und immer wieder von neuem in Frage gestellt werden kann. Eine nützliche Analogie zu der Aufgabe, die in dieser frühen Phase der Beratung gestellt ist, mag darin bestehen, sie mit dem Niederbringen sicherer Fundamente für ein Gebäude zu vergleichen. Eine Beratungsbeziehung braucht eine starke Basis, auf der sie gegründet ist und auf der sie sich entwickeln kann.

Die Klärung und Abgrenzung der Probleme

Wenn Sie mit Ihren Klienten effektiv zusammenarbeiten wollen, brauchen Sie beide ein möglichst klares und präzises Einverständnis über die Themen und Anliegen, die Sie beide betreffen. Die Klienten müssen deshalb versuchen, genauer festzulegen, welche Themen und Anliegen sie bearbeiten wollen. Sie werden dabei herausfinden, wie Ihre Klienten sich selbst und ihre Probleme sehen. Beispielsweise: Was sie glauben und fühlen und welche Erfahrungen sie machen und wer noch außer ihnen davon betroffen ist. Ihre Klienten werden möglicherweise klären müssen, was wirklich ihr Problem ist. Es kann sein, daß sie sich auf die folgende Weise vorstellen:

> *Klient:* Ich versteh' das überhaupt nicht. Ich sehe doch nicht schlecht aus und ich hab' gute Freunde. Ich wünsche mir so gern eine Beziehung und trotzdem sind all die Frauen, die ich treffe, verheiratet.

Oder:

Klient: Ich frage mich dauernd, was mit mir schiefläuft. Es gibt eigentlich nichts, worunter ich wirklich leide – ich sollte mich nicht so elend fühlen. Und trotzdem tue ich es.

Klienten werden sich in dem Maße unterscheiden, in dem sie Hilfe brauchen, um ihr Anliegen zu klären und zu definieren. Auf jeden Fall wird es Klienten geben, die in der Vorbereitung auf die erste Sitzung die Probleme durchgegangen sind, welche sie in der Beratung zur Sprache bringen wollen. Dazu ein Beispiel:

Klientin: Das Problem ist meine Freundin Helen. Sie verläßt sich voll auf mich. Ich laufe hinter ihr her und gebe mir Mühe um sie, aber ich kriege von ihr wenig zurück. Ich habe es satt, von ihr immer nur benutzt zu werden und ich möchte die Beziehung abbrechen.

Die Arbeit der Klärung und Abgrenzung der Probleme, die bearbeitet werden sollen, ist selbstverständlich ein Anliegen während des gesamten Beratungsprozesses. Die Sichtweise der Klienten auf sich selber und ihre Probleme mag sich im Laufe des Beratungsprozesses ändern, indem sie neue Einsichten und Informationen gewinnen. Man wird deshalb ihre anfängliche Konfusion tolerieren müssen und zielstrebig mit ihnen an größerer Klarheit arbeiten. Das bedeutet aber nicht, daß Sie so aussehen und so tun sollten, als würden Sie etwas verstehen, wenn Sie es in der Tat überhaupt nicht verstehen; es bedeutet auch nicht, daß Sie sich die Aufgabe setzen, das Anliegen Ihrer Klienten zu einem widerspruchsfreien Paket zusammenzufügen. Es bedeutet vielmehr, daß Sie die Komplexität ebenso wie die Widersprüchlichkeit der Probleme bzw. des Anliegens betonen und dabei offen für neue Informationen sind und voreilige Schlußfolgerungen auf der Basis von unbewiesenen oder nur schwach fundierten Hypothesen vermeiden.

Die Arbeit an der Klärung und Eingrenzung des Beratungsthemas in der Anfangsphase bedeutet, daß Sie und Ihre Klienten an einem gemeinsamen und tragfähigen Verständnis dessen arbeiten, was die Themen der Beratung sind und was ihre Ziele ausmacht. Es bedeutet auch, daß Sie genügend Informationen sammeln, wie die Klienten sich und ihr Anliegen selber sehen, um notwendige Bewertungen vorzunehmen und den Beratungsvertrag zu formulieren.

Die Bewertung der Probleme

Eine Bewertung bedeutet die Benutzung eines theoretischen Bezugsrahmens, um die bereits vorhandenen Informationen besser verstehen zu können und neue Informationen zu gewinnen. Das geschieht sowohl auf der verbalen als auch auf der nichtverbalen Ebene während der Beratungssitzungen. Es bedeutet auch, Hypothesen zu formulieren über das, was geschehen ist und was möglicherweise in der Zukunft geschehen wird. Es bedeutet schließlich die Entwicklung eines vorläufigen Planes, um die Beratungsarbeit in Gang zu setzen.

Es ist nicht die Absicht dieses Buches, die große Vielfalt von theoretischen Bezugsrahmen zu diskutieren, die Beratern verfügbar sind. Ich möchte jedoch einen Bezugsrahmen erwähnen, der mir selber als hilfreich im Zusammenhang mit der Beratungsarbeit erschienen ist. Gilmore (1973) verwendet eine allgemeine Klassifikation, die drei Dimensionen menschlicher Existenz benennt. Die Dimensionen sind Arbeiten, Beziehungen und Identität. In jeder Phase unserer Entwicklung konfrontieren uns diese drei Dimensionen mit unterschiedlichen Entwicklungsaufgaben.

1. *Arbeit*: Was *tun* Menschen mit der Zeit, der Energie und den Ressourcen, die sie haben? In jeder Phase unserer Entwicklung hat jeder von uns die Aufgabe zu entscheiden, wie diese Ressourcen investiert werden sollen, um das Leben sicherer, freudvoller und befriedigender zu machen. Das Konzept, das Gilmore verwendet, umfaßt mehr als die Arbeit als Lohnarbeit und schließt alle Aktivitäten, Ziele und Ambitionen ein, die jeder von uns hat.

2. *Beziehungen*: Diese Dimension umfaßt die Komplexitäten der zwischenmenschlichen Beziehungen, von denen wir im Hinblick auf unsere Existenz und unseren Unterhalt abhängen. Beziehungen sind keine statischen Größen, sie wachsen und entwik-

keln sich oder verschwinden in der Ferne und verkümmern. Wir alle bewegen uns im Verhältnis zueinander und geben uns oder empfangen dadurch (physisch und emotional) Unterstützung, Ermutigung, Stabilität und Kontinuität. Wenn wir die entscheidenden Beziehungen unserer Klienten im Hinblick auf deren Probleme betrachten, müssen wir uns beispielsweise die Frage stellen: In welchen Beziehungen sind sie der sorgende Teil und in welchen Beziehungen der Teil, der von anderen »versorgt« wird?

3. *Identität*: Wir alle haben Gemeinsamkeiten mit anderen. Dennoch müssen wir mit unserer eigenen Einmaligkeit fertigwerden. Wir müssen entscheiden, was für uns von Bedeutung ist und was nicht, wie wir unsere Prioritäten setzen, wie wir Optionen identifizieren und wie wir auf Anforderungen reagieren, die andere an uns stellen. Niemand kann seine Existenz an andere »delegieren«. Jeder von uns ist verantwortlich für die Entscheidung, wer und was er ist.

Wenn ich diesen oder einen anderen Bezugsrahmen benutze, bedeutet das nicht, daß das Leben meiner Klienten in drei solche thematische Segmente eingeteilt werden könnte oder sollte. Es kann aber helfen, Gründe für die vielfältigen Schiffbrüche zu identifizieren, die wir alle in unserem Leben durchgemacht haben, und um einen Focus für die Beratungsarbeit zu finden. Es soll uns in die Lage versetzen, die Frage zu beantworten: »In welcher Weise nützt es meinem Klienten, wenn wir das diskutieren, was wir jetzt gerade im Beratungsgespräch diskutieren?« Und: »Gibt es da noch andere Themen im Leben des Klienten, die er sinnvollerweise in den Blick nehmen sollte?« Eine der Aufgaben in der Anfangsphase der Beratung ist, so habe ich geschrieben, die erste Einschätzung und Bewertung der mir vorliegenden Informationen, die vom Klienten stammen. Einige der Einschätzungsfragen, die Sie sich in dieser Phase fragen sollten, sind:

- Ist diese Klientin in der Lage, Nutzen aus der Beratung zu ziehen oder wären andere Hilfen für sie sinnvoller – beispielsweise psychiatrische Interventionen?
- Was weiß ich eigentlich darüber, wie und womit der Klient seine Zeit und Energie verwendet (Arbeit), welche Unterstützung

und welche Herausforderung er von anderen Menschen erfährt und an sie abgibt (Beziehungen) und welches Bild er von sich selber hat (Identität)?

- Redet die Klientin über die Gegenstände, über die sie wirklich reden möchte? '
- Gibt es Themen, die der Klient nach meiner Einschätzung vermeidet, oder als weniger wichtig ansieht oder einfach übersieht?
- Kann ich in unserem Gesprächsmaterial so etwas wie ein Muster erkennen oder ein Generalthema?
- Was weiß ich darüber, was die Klientin denkt und fühlt und wie sie sich verhält und was weiß ich darüber nicht?
- Welche Ungereimtheiten kann ich im Verhalten des Klienten erkennen; z.B. macht er den Eindruck wütend zu sein und sagt dabei ganz deutlich, sie wäre es nicht?
- Über welche Unterstützungssysteme verfügt dieser Klient und was ist für ihn eine Herausforderung?
- Welches sind die Fakten – also die beobachtbaren Daten: Was sagt die Klientin wirklich und was tut sie hier, und welche Hypothesen kann ich mir bilden, um diese Daten zu erklären?
- Was glaubt die Klientin von sich, was hält sie von anderen und was hält sie vom Leben?
- Welchen Zwängen ist der Klient ausgesetzt; über welche Ressourcen verfügt er; wo liegen seine Defizite?

Sie werden sich im Laufe dieser Einschätzung auch fragen:

- Sind meine eigenen Interventionen angemessen; beispielsweise: springe ich zu eilfertig auf ein Thema, das die Klientin anspricht; oder aber: bin ich zu zurückhaltend und möchte dieser Klient mehr von mir hören?
- Ist unser Tempo angemessen: oder aber zu schnell oder zu langsam?
- In welcher Weise behindere und/oder unterstütze ich diese Klientin?

Das heißt aber auch, daß die Einschätzung und Bewertung in der Anfangsphase gleichzeitig einen Blick auf uns selber erfordert, als dem einen Partner im Beratungsprozeß, und daß wir uns fragen müssen, ob es Themen in unserem eigenen Leben gibt, die unsere

Arbeit mit bestimmten Klienten behindern. Gibt es solche Themen, dann sollten sie in der Supervision angesprochen werden oder in einer persönlichen Beratung.

Das Aushandeln eines Beratungsvertrages

Beratung ist eine Aktivität auf Vertragsbasis. Ein Vertrag ist eine ausgehandelte Vereinbarung zwischen mir und meinen Klienten. Der Prozeß des Aushandelns besteht für mich aus zwei Phasen.

Ein Vertrag, zu beraten und beraten zu werden, bedeutet eine ausdrückliche Vereinbarung zu Beginn des Beratungsprozesses zwischen den beiden Parteien, daß Beratung angeboten wird und nicht, beispielsweise, Freundschaft, eine sexuelle Beziehung, Ratschläge oder praktisches gemeinsames Handeln. Indem Klienten diesen Vertrag schließen, wissen sie, was das für sie als Klienten bedeutet[3].

Der Beratungsvertrag selbst enthält klare Aussagen, was in der Beratungsarbeit geschehen wird, was die Klientin erreichen möchte und was ich als Beraterin leisten kann. Solche Verträge werden normalerweise gemacht, wenn Klarheit über das erwünschte Ergebnis des Prozesses besteht; sie enthalten im allgemeinen Hinweise auf die Prioritätenfolge. Klienten möchten häufig sehr komplexe oder sehr unterschiedliche Themen oder Probleme mit vielerlei Facetten behandeln. Verträge sollten deshalb die Schwerpunkte der Arbeit benennen. Ich werde später noch einmal darauf zurückkommen. Hier soll der Hinweis genügen, daß Verträge Kriterien enthalten sollen, die beiden Parteien ermöglichen, den Fortgang der Beratungsarbeit einzuschätzen und zu entscheiden, wann der Prozeß beendet ist.

---

3 Die British Association for Counselling hat in diesem Zusammenhang einen Code of Ethics entwickelt. Über ein solches allgemeingültiges Instrument verfügen Beraterinnen und Berater in Deutschland nicht. (C.W. M.)

Strategien

Es gibt drei Hauptstrategien, die als Instrumente bei der Annäherung an die gegebenen Ziele der Anfangsphase verwendet werden können.

1. Explorieren;
2. Prioritäten setzen und Focussieren;
3. Vermitteln von Grundwerten.

Explorieren

Explorieren meint, den Klienten zu helfen, ihr Anliegen zu artikulieren. Es handelt sich dabei im Prinzip um ein Verfahren der Klärung, durch das die Klienten entdecken sollen, was für sie wichtig ist, indem sie ihr eigenes Verhalten untersuchen und einen Sinn in ihren Gefühlen finden sollen. Es bedeutet auch eine Unterstützung bei dem oft schmerzhaften Prozeß der Mitteilung ihrer Erfahrungen, Hoffnungen und Gefühle an eine Dritte. Als Beraterin bin ich verantwortlich, meinen Klienten diese Exploration zu ermöglichen, indem ich sie begleite und bewerte. Dabei wird es natürlich Spannungen geben, beispielsweise zwischen der Notwendigkeit, den Klienten Raum zu geben zu sagen, was für sie wichtig ist und gleichzeitig sicherzustellen, daß dabei die Informationen gegeben werden, die beide Partner brauchen, um die Situation zu verstehen und zu bewerten. Man wird eine Balance suchen müssen zwischen der Ermutigung der Klienten, frei zu sagen, was sie wollen und gleichzeitig der Notwendigkeit, einen bestimmten Focus des Gesprächs im Auge zu behalten. Die folgenden Fragen können helfen, die Explorationsaufgabe zu bewerten.

Wie spezifisch äußert sich diese Klientin? Zu Beginn einer Beratungsbeziehung sind Klienten manchmal vage bei der Formulierung dessen, was ihnen am Herzen liegt: Beispielsweise sagen sie, daß sie sich »unbehaglich« oder »schlecht« fühlen. Aber sie können dies nicht näher beschreiben und bestimmen; oder sie haben eine Ahnung, daß Teile ihres Verhaltens nicht sehr hilfreich für sie sind, können diese Aussage aber nicht weiter präzisieren. Vielleicht sind sie auch vage, um sich gegen die Scham und den Schmerz zu wappnen, den sie befürchten, wenn sie wirklich sehr konkret beschreiben würden, was sie machen, fühlen und denken. Beispielsweise könnte eine Klientin Gespräch mit der Feststellung beginnen:»Wissen Sie, es ist so, daß sich mein Partner und ich nicht mehr in die Augen sehen und das ist unser Problem!« Was sie aber meinen könnte ist:»Unser Sexualleben ist unbefriedigend. Wir verbringen überhaupt nicht mehr viel Zeit miteinander. Ich trag' mich mit dem Gedanken, ihn zu verlassen.«

Ein wichtiger Aspekt der Exploration ist deshalb, die Klienten zu ermutigen, konkret und spezifisch über ihre Gedanken, Gefühle und Verhaltensweisen zu sprechen. Dabei müssen wir sensibel auf die Hinweise achten, welche die Klienten uns geben und müssen unsere Intervention angemessen plazieren. Es würde beispielsweise wie ein Verhör wirken, wenn wir jede vage Feststellung unserer Klienten herauspickten und auf einer konkreten Erläuterung bestehen würden – vor allem dann, wenn ein Klient zögerlich ist oder unglücklich wirkt. Auf der anderen Seite führt diese Vagheit selten zur Formulierung klarer zweckhafter Ziele und zur Planung von nützlichen Handlungen. Hilfe für den Klienten, spezifisch und konkret zu werden, bedeutet deshalb die Unterstützung von Klarheit und wechselseitigem Verstehen. Dabei sollten wir einen Wortwechsel wie den folgenden vermeiden:

Beraterin: Wie geht es Ihnen?
Klientin: Na ja! Mein Leben könnte besser sein.
Beraterin: So – mit Ihrem Leben sind Sie nicht so recht zufrieden?
Klientin: Nein, wirklich nicht. Die Dinge drücken mich nieder.

Eine konkretere Nachfrage der Beraterin hätte möglicherweise mehr Informationen hervorgebracht. Beispielsweise:

Beraterin: Wie ist die letzte Woche gewesen?
Klientin: Na ja, sie könnte besser gewesen sein.
Beraterin: Was ist denn im besonderen schiefgelaufen?
Klientin: Na ja, vor allem die Arbeit. Das war ein Alptraum. Ich kann wirklich nicht sehen, wie ich dort bleiben und arbeiten kann, bei diesem Streß …

Im zweiten Beispiel ist die Frage deutlicher gerichtet; die Klientin antwortet mit zusätzlichen Informationen.

Wenn wir die Konkretheit und Spezifität in den Aussagen unserer Klienten ermutigen, helfen wir ihnen gleichzeitig bei der Exploration dessen, was sie sagen. Wir laden sie ein, nach zusätzlichen Details zu forschen und zusätzliche Züge zu entdecken; indem wir das tun, helfen wir ihnen, ihr Anliegen zu klären und ein größeres Selbst-Verständnis zu erlangen.

Wie konzentriert arbeitet diese Klientin an einem Thema? Klienten sind manchmal verwirrt, sie verstehen ihre eigenen Gefühle nicht und springen von Thema zu Thema. Sie reißen unerledigte Themen an und äußern mehr oder weniger verdeckte Gefühle. Das ist in einer frühen Phase des Beratungsprozesses nicht ungewöhnlich. Manche Klienten haben noch nie vorher über ihr Anliegen gesprochen; sie hatten vielleicht wenig Gelegenheit dazu oder haben sich früher noch nie so elend gefühlt. Andere wieder wollen möglicherweise vermeiden, über schmerzhafte Themen zu sprechen, indem sie häufig auf andere Themen ausweichen. Wir aber müssen ihnen dabei helfen, an den Themen dranzubleiben, die sie ins Spiel gebracht haben und müssen auf Präzisierung dessen drängen, was besprochen werden soll. Ich rede dabei keiner Rigidität das Wort oder dem Gedanken, daß Berater sowieso besser wissen, worüber gesprochen werden sollte. Aber wir könnten unsere Klienten vorsichtig an das erinnern, was sie selber als Thema vorgegeben haben und ihnen entweder helfen, diesen Focus beizubehalten oder einen neuen Schwerpunkt für das Gespräch zu finden. Ich gebe dafür ein Beispiel. Die Klientin erscheint gequält und spricht sehr schnell:

Klientin: Mein Leben ist so vollgestopft. Ich habe keine Zeit mehr für mich selber. Alle wollen sie was von mir. Sogar meine Nachbarin sagt, ich mache zu viel; ich bin zu schnell dabei, anderen zu helfen. Ich hab' das Gefühl, ich bin ein Packesel, vollbeladen mit dem Gepäck von anderen – Familie, Freunde …

Beraterin: Das klingt so, als ob Sie wüßten, wie belastet Sie sind.

Klientin: Ja. Ich bin eine starke Frau, und ich werde mit vielem fertig. Mein Mann sagt auch, ich sollte mir eine andere

Teilzeitarbeit suchen. Er denkt, ich könnte woanders mehr Geld verdienen. Das ist eine Entscheidung, die ich demnächst treffen muß.

Beraterin: Es klingt, als hätten Sie viele Verpflichtungen. Vorher haben Sie davon gesprochen, daß Ihr Leben zu vollgestopft sei und daß Sie sich wie ein Packesel fühlten. Möchten Sie dazu noch etwas sagen oder wollen wir lieber über Ihren Arbeitsplatzwechsel reden?

Hier zeigt die Beraterin der Klientin, daß sie ihr Thema gewechselt hat und erinnert sie an das, was sie zu Anfang sagte. Hilfe beim Finden und beim Halten eines Themas ist ein Weg, um in das Beratungsgespräch eine gewisse Struktur einzuführen. Sie kann den Klienten helfen, ihre eigentliche Thematik zu entdecken.

Wie bereit sind Klienten, über sich zu sprechen? Es ist nicht ungewöhnlich, daß Klienten über wichtige Dritte sprechen möchten oder darüber, was andere ihnen antun. Beispielsweise haben sie andere als vertrauensunwürdig erlebt, als zurückweisend oder verletzend. Ich meine nicht, daß wir die Richter sind, die Urteile fällen und Strafen verhängen. Wenn Klienten die Weise ändern sollen, auf die sie handeln, denken und fühlen, müssen sie sich zunächst einmal klar über das werden, *was* sie machen und *auf welche Weise* dies wenig hilfreich ist. Sie müssen lernen zu unterscheiden, was sie selber kontrollieren können und was nicht. Sie müssen Verantwortung für sich und ihre Handlungen übernehmen. Darum geht es. Das bedeutet nicht, daß ich bestreite, daß Klienten teilweise sehr realen Zwängen unterliegen: Zu wenig Geld, schlechte Wohnungen, mangelhafte Berufsausbildung. Ich meine auch nicht, daß wir den familialen und sozial-kulturellen Kontext ignorieren sollten, dem unsere Klienten angehören. Sie leben nicht in einem Vakuum. Und die Direktive, ihnen zu helfen, sich auf sich selber zu konzentrieren, bedeutet nicht, von dem Kontext abzusehen, in dem sie leben und arbeiten.

Zusammenfassend unterstreiche ich noch einmal, daß die Hilfe für Klienten beim Erforschen ihrer selbst bedeutet, daß wir ihnen helfen, über sich selbst zu sprechen und ihre Anliegen in einer spezifizierten und konzentrierten Weise vortragen, damit sie ihre

Stärken und Schwächen anerkennen, ihre Leistungen, ihre Werte und ihre Interessen. Es bedeutet auch, eine Bestandsaufnahme zu machen über verwandtschaftliche Ressourcen und Defizite, infrastrukturelle Hilfen in der Gemeinde und ökonomische und kulturelle Faktoren.

Prioritäten setzen und Focussieren

Klienten leben ein kompliziertes Leben und haben vielerlei Probleme. Das folgende Beispiel soll dies illustrieren. Eine Klientin, eine alleinlebende Frau in den frühen Dreißigern, berichtet im Gespräch von Problemen in der Beziehung zu ihren Eltern und zu ihrer Schwester. Sie spricht von deren fehlender Bereitschaft, sie als eine erwachsene Frau zu sehen, und zu akzeptieren, daß sie sich in ihrem Leben verändert hat. Sie spricht weiter über ihre bevorstehenden Prüfungen. Sie sagt, sie sei manchmal mit Arbeit überhäuft und gerate häufig in Panik. Dann, so beschreibt sie es, würden ihre Nerven bloßliegen. Sie habe Angst, daß sie in der Prüfung unfähig sei, ihre Angst zu kontrollieren, daß sie die Prüfungsfragen mißverstehen und deshalb durchfallen würde. Sie fügt hinzu, daß Erfolg im Examen nicht nur für ihre Berufskarriere von Bedeutung sei, sondern daß er ihr auch ermöglichen würde, in den Augen ihrer Eltern die Tochter zu sein, die sie sich wünschten. Die Beraterin war sich darüber im klaren, daß ein enge Beziehung zwischen den beiden Themen bestehen würde. Die bevorstehenden Examen hätten möglicherweise die innerfamiliäre Problematik verschärft. Im Gespräch hatten Beraterin und Klientin allerdings vereinbart, zunächst einmal die Vorbereitung auf die Examen ins Auge zu fassen und die Familienproblematik auszusetzen, bis die Examen bestanden worden seien.

Nie ist es möglich, gleichzeitig unterschiedliche Anliegen zu bearbeiten. Prioritäten müssen gesetzt werden. Die folgenden Fragen enthalten eine Checkliste, die Sie zusammen mit Ihren Klienten durchgehen können:

1. Welches Ihrer Anliegen ist von größter Bedeutung?
2. Welches Anliegen verursacht Ihnen die größten Schwierigkeiten?

3. Welches Thema würde für Sie den größten positiven Effekt haben, wenn wir es im Gespräch klären könnten?
4. Welche Themen betreffen Sie unmittelbar und welche könnten wir hintenan stellen?
5. Welches Thema könnte am leichtesten angegangen und gelöst werden und würde ihm/ihr ein Erfolgserlebnis bringen?
6. Welches Problem eignet sich für die Beratung im Gespräch und welche Probleme sollten auf andere Weise angegangen werden?

Prioritäten setzen heißt, zusammen mit den Klienten entscheiden, welches ihrer Probleme Vorrang gegenüber anderen hat und deshalb vorerst im Zentrum der Beratungsarbeit stehen sollte.

Vermitteln von Grundwerten

Ich habe schon darauf hingewiesen, daß eine wirksame Beratungsbeziehung von den Grundwerten der Akzeptanz und des Verstehens gekennzeichnet ist. Den Klienten diese Grundwerte zu vermitteln, bedeutet die Möglichkeit einer zwischenmenschlichen Beziehung, welche die Voraussetzung für eine aktive Einbindung der Klienten ist. Es reicht nicht, daß wir erwarten, daß unsere Klienten wissen, daß wir sie akzeptieren und verstehen. Wir müssen es *demonstrieren* und wir müssen es *kommunizieren* (vermitteln) und zwar sowohl verbal – in dem, was wir sagen – als auch nichtverbal – in dem, wie wir es sagen und wie wir uns gegenüber unseren Klienten verhalten.

Die beschriebenen Strategien hängen miteinander zusammen und sind von gleich großer Bedeutung. Ich kann keine Prioritäten setzen ohne vorangegangene adäquate Exploration. Exploration aber ist mit Wahrscheinlichkeit unmöglich, wenn Klienten sich nicht akzeptiert und verstanden fühlen. Die Liste der Strategien ist deshalb keine Speisekarte in dem Sinne, daß man sich entscheiden kann, welche man verwendet und welche man vermeidet. Sie alle müssen verwendet werden, wenn die Ziele der Anfangsphase erreicht werden sollen. Natürlich hängt die unterschiedliche Betonung der Strategien von den unterschiedlichen Klienten und den unterschiedlichen Sitzungen ab. Ein Klient beispielsweise, der sehr genau weiß, was sein Problem ist, braucht weniger Zeit für die gemeinsame Exploration und dafür vielleicht mehr Zeit für das Setzen von Prioritäten. Bei einer Klientin, die Sie bereits aus früherer Arbeit kennen, brauchen Sie weniger Zeit in den Aufbau einer tragfähigen zwischenmenschlichen Beziehung zu investieren. Im nächsten Kapitel werde ich mich mit den Fertigkeiten befassen, die bei der Umsetzung dieser Strategien von Bedeutung sind, um die Ziele der Anfangsphase zu erreichen. Vorher möchte ich jedoch genauer auf das Erstgespräch mit einem neuen Klienten eingehen.

Das Aufnahmegespräch

Hoffnungen und Erwartungen

Eine Beratungsbeziehung beginnt, wenn Beratene und Beraterin sich gegenüber sitzen und zum ersten Mal miteinander sprechen. Aber vorher schon gibt es in der Vorstellung der kommenden Klienten so etwas wie Bilder und Hoffnungen ebenso wie Befürchtungen über die Berater. Die Klienten mögen sich in eine Beziehung zu Ihnen phantasieren und auch Phantasien über Sie als Person entwickeln. Klienten bringen ein Bündel von Hoffnungen und Erwartungen in den Beratungsprozeß ein. Sie hoffen beispielsweise auf eine schnelle Lösung, auf handfeste Ratschläge oder auf eine »richtige« Antwort auf ihre Fragen (Mearns und Dryden 1989; Oldfield 1993). Sie mögen die Hoffnung haben, daß Sie die einzige Person sind, die ihnen helfen kann, oder die Befürchtung, daß niemand ihnen helfen könne. Selbstverständlich haben Klienten auch vorangegangene Erfahrungen mit Entlastungsgefühlen und der Rückkehr von Hoffnung und Energie in der Erwartung, daß jemand ihnen zuhört und ihre Sorgen teilt (dazu siehe Storr 1980).

Dies zu akzeptieren bedeutet nicht, die potentiellen Klienten anzuschwärzen, sondern die Tatsache zu unterstreichen, daß selbst die anscheinend robustesten und erfolgreichsten Klienten stabile Vorstellungen davon haben, was mit ihnen geschieht, wenn sie anfangen, gegenüber den Beratern das zu enthüllen, was sie für ihr Versagen halten. Es ist in der Tat nicht leicht, sich beraten zu lassen. Und Ihre Wachheit gegenüber möglichen Hoffnung, Erwartungen und Phantasien Ihrer Klienten wird Ihnen helfen, im Gespräch Situationen herzustellen, in denen sie diese artikulieren, erforschen

44

und erproben können. Die Hoffnungen und Erwartungen Ihrer Klienten können Ihnen einen wertvollen Zugang verschaffen, um deren Entwicklung zu verstehen und zu verstehen, wie sie ihre eigenen Anliegen verstehen.

Aber auch wir als Beraterinnen sind nicht immun gegenüber vorlaufenden Erwartungen und Befürchtungen. Wir stellen uns vor, wie unsere Klienten aussehen mögen, was sie wollen können und was es bedeuten wird, mit ihnen zu arbeiten. Unsere Phantasien können durch eine Stimme am Telefon angeregt werden (»klingt wie obere Mittelklasse«); oder sie können durch unangemessene Bemerkungen angestoßen werden, wenn Ihnen ein Klient am Telefon »empfohlen« wird: »Ich hab' da einen wirklich schwierigen Fall für Sie. Es könnte ganz interessant für Sie sein, ihn festzunageln.« Oder aber Sie lesen eine schriftliche Notiz, beispielsweise »Vorsicht – er hat Anwandlungen von Gewalttätigkeit«. Es wird notwendig und sinnvoll sein, daß Sie sich Ihrer eigenen Phantasien, Gefühle und Erwartungen bewußt werden. Wenn es Ihnen nicht gelingt, das, was Ihre eigenen Ideen und Phantasien sind, von dem zu trennen, was wirklich zu Ihren Klienten gehört, wird es in der Tat das, was Sie hören, verstehen und bewerten, beeinflussen und bestimmen.

Der erste Kontakt

Es kann sein, daß Sie vor der ersten Sitzung schon Kontakt mit Ihren Klienten hatten. Wenn Sie die Möglichkeit hatten, mit ihnen durch das Telefon zu sprechen, so werden Sie nicht nur darauf geachtet haben, was Ihre Gesprächspartner sagen, sondern auch, auf welche Weise sie dies tun: Sprechen sie beispielsweise zögernd oder mit Tränen in der Stimme? Und Sie selber werden sich bemühen, nicht nur zu erfahren, was Ihre Gesprächspartner von Ihnen wollen, sondern Sie werden auch versuchen, ihnen mitzuteilen, daß Sie eine empathische und akzeptierende Zuhörerin sind.

Im folgenden nenn ich Ihnen eine Checkliste von Fragen, die man neuen Klienten vor der ersten Sitzung stellen sollte:

1. Wer hat sie an Sie verwiesen und aus welchen Gründen?
2. Über welche Probleme wollen sie sprechen?

3. Befinden sie sich in einer krisenhaften Situation – und wenn dies der Fall ist, worin besteht diese Krise?

4. Haben sie schon eine andere Beratungsstelle besucht? Wenn es sich um einen Arzt oder Psychiater handelt, können Sie sicherstellen, daß Sie die Erlaubnis bekommen, ihn um Informationen zu bitten?

5. Wenn es nicht möglich ist, einen Termin mit den potentiell Ratsuchenden zu vereinbaren, würden sie Wert darauf legen, daß man sie weitervermittelt?

6. Gibt es sonst noch etwas, was sie am Telefon mit Ihnen klären möchten?

Sie werden sich sicherlich auch bemühen, die erste Sitzung als eine »Probesitzung« darzustellen. Damit meine ich eine Sitzung, nach der beide Beteiligte entscheiden können, ob sie künftig zusammenarbeiten wollen oder nicht. Die Verhandlung darüber beginnt in der Tat mit dem ersten Gespräch.

Eröffnung

Es würde wahrscheinlich angemessener sein, von einer Eröffnungsphase zu sprechen. Die Eröffnung selbst umfaßt mehr als die einführenden Bemerkungen, die Sie und die Klientin machen. Als Beraterin verfolgen Sie während dieser Phase folgende Ziele:

1. *Sie bemühen sich, die Klientin zu akzeptieren* – oder mit anderen Worten, zu prüfen, daß Sie den Menschen sehen, von dem Sie meinen, daß Sie ihn sehen.

2. *Sie überprüfen Informationen,* die Sie vor der Sitzung von anderen oder im vorangehenden Kontakt mit der Klientin erhalten haben. Beispielsweise:

   Beraterin: Ich habe hier einige Aufzeichnungen über Ihr Gespräch mit ...vor mir liegen, und ich habe sie gelesen. Aber um Sie kennenzulernen, würde ich es hilfreich finden, wenn Sie selber mir sagen würden, worin Sie Ihr Anliegen sehen.

Oder:

Beraterin: Als wir kurz am Telefon miteinander sprachen, sagten Sie mir, daß Sie wegen folgender Sache besorgt seien ...Vielleicht können Sie mir jetzt noch einmal sagen, wie Sie Ihr Problem sehen.

3. *Ein Muster entwickeln* (Rowan 1983). Klienten erwarten und wünschen gleichzeitig, daß Sie aus einer Reihe von Gründen die Kontrolle übernehmen. Beispielsweise glauben sie, daß sie selber hilflos sind; oder sie haben Angst, den ersten Schritt zu tun und dabei schmerzliche Erfahrungen preiszugeben. Sie werden sich dann bemühen, ihnen zu helfen, ihr Anliegen auf eine Weise zu betreiben, durch die das Muster entwickelt wird, daß Sie den Löwenanteil des Gesprächs übernehmen und damit auch die Verantwortung für die gemeinsame Gesprächsarbeit. Wenn Sie selber zuviel reden, zu viele Ratschläge geben und zu viele Fragen stellen, wird der Eindruck entstehen, daß Sie Ihre eigene Tagesordnung in das Gespräch einbringen und die Klienten einladen, dieser Tagesordnung zuzustimmen und selber reaktiv zu bleiben.

Die folgende Anleitung beispielsweise wird möglicherweise die Wirkung haben, daß die Klienten daraus die Schlußfolgerungen ziehen, das Gespräch werde auf der Basis von »Frage und Antwort« geführt werden:

Beraterin: Der Arzt hat also gesagt, er könne nichts finden, was auf eine physische Krankheit hinweist, ist das richtig? Sie leiden unter Angstzuständen und können nicht schlafen, bitte sagen Sie mir, worin diese Angstzustände bestehen und wann sie auftauchen.

Eine Beraterin, die eine offenere Eingangssituation herstellen möchte, um der Ratsuchenden sowohl einen Orientierungspunkt zu geben, als auch die Möglichkeit zu öffnen, dort anzufangen, wo sie selber es wünscht, würde vielleicht sagen:

Beraterin: Soweit ich verstanden habe, haben Sie mit Ihrem Arzt über Angstzustände und Schlaflosigkeit gesprochen. Wir wollten unser heutiges Gespräch ebenfalls damit beginnen – oder möchten Sie mit einem anderen Thema anfangen?

4. Sie sollten Ihren Klienten Hinweise darauf geben, *wie lange Sie verfügbar sind* – beispielsweise: »Wir haben jetzt genau 50 Minuten für unser gemeinsames Gespräch«.

5. Geben Sie bitte auch einige Informationen darüber, *wie Sie arbeiten* – beispielsweise, ob Sie sich selber Notizen machen oder ob Sie das Gespräch mit einem Kassettenrecorder aufnehmen möchten.

Im folgenden gebe ich einige einführende Bemerkungen wieder:

– »Es würde mich interessieren, zu erfahren, was Ihnen durch den Kopf gegangen ist, als Sie heute hierher kamen.«
– »Ich möchte Sie bitten, mir zu sagen, was in Ihrer Sichtweise das Problem ist.«
– »Zunächst einmal: Was möchten Sie von mir wissen, welche Informationen wären für Sie hilfreich, um das Gespräch zu beginnen?«
– »Darf ich Sie nach Ihren Vorstellungen fragen, was heute hier geschehen und besprochen werden sollte?«
– »Wie sind Sie zu der Entscheidung gekommen, sich beraten zu lassen?«
– »Ich kann mir denken, daß Ihnen jetzt eine Reihe von Gedanken und Erwartungen durch den Kopf gehen, und ich hätte gern gewußt, welche es sind.«

Jetzt möchte ich die Perspektive wechseln und über eine Reihe von Vorstellungen sprechen, die eine neue Klientin ausdrücken könnte.

Was erwartet man von mir? Es gibt eine Menge Leute, die noch niemals Klienten in einem Beratungsgespräch gewesen sind und die deswegen auch keine Ahnung haben, wie und wo sie das Gespräch beginnen sollen. Es ist deswegen wenig hilfreich, zu sagen: »Fangen Sie an, wo Sie wollen«, oder »Fangen Sie einfach dort an, wo es Ihnen am leichtesten fällt« , – weil den Klienten im Augenblick vielleicht überhaupt nichts am leichtesten fällt.

Nehmen wir an, eine Klientin sagt beispielsweise: »Ich weiß eigentlich überhaupt nicht, was ich hier soll. Vielleicht könnten Sie mir einige Fragen stellen.« Darauf könnten Sie antworten:

- »Haben Sie eine Vorstellung, wie Sie anfangen möchten?«
- »Haben Sie eine besondere Frage auf dem Herzen, die Sie beantwortet haben möchten?«
- »Es ist sicher nicht einfach für Sie, das Gespräch zu beginnen, nachdem Sie jetzt hier sind ...«
- »Sie haben am Telefon erwähnt, daß Sie über ... reden möchten. Vielleicht sollten Sie damit beginnen?«
- »Bitte sagen Sie mir: Welche Probleme beschäftigen Sie im Augenblick am meisten?«

Ich denke, es ist wichtig, sich die Zeit zu nehmen, um zusammen mit den Ratsuchenden ein klares Verständnis der wechselseitigen Erwartungen zu erreichen. Es besteht eine Spannung zwischen Ihrer Bemühung, das Bedürfnis der Klienten nach Informationen zu befriedigen, dabei zu vermeiden, allzuviel von sich selber zu erzählen und gleichzeitig sicherzustellen, daß die Bestimmung der Schwerpunkte im Gespräch in der Entscheidungsgewalt der Klienten bleibt oder zu ihnen zurückkehrt. Man wird ihre Fragen beantworten müssen, und zwar auf eine solche Weise, daß sie selber eingebunden bleiben und ermutigt werden, ihrerseits weitere Fragen zu stellen oder eigene Erklärungen abzugeben. Als Beraterin werden Sie auch darauf achten, daß Sie selber ausdrücklich betonen, daß die Entscheidungen, die getroffen werden, daß die Ziele, die gesetzt werden und daß Handlungen, die angebahnt werden, in der Verantwortung unserer Gesprächspartner liegen; daß wir sie unterstützen und ihnen helfen werden – aber daß wir nicht für sie entscheiden und in ihrem Namen handeln werden.

Wie wir arbeiten. Es gibt Klienten, die haben den Wunsch, zu erfahren, welchen Theorien wir anhängen und welche Techniken und Strategien wir benutzen. Sie haben vielleicht auch ursprünglich vernünftige, aber möglicherweise verformte Ideen über spezielle Ansätze der Arbeit an ihren Problemen. Sie müssen fähig sein, klar, präzise und ohne falschen Fachjargon die Beratungsansätze zu erklären, denen Sie folgen. Dabei können Sie etwa folgendes sagen:

Ich werde versuchen, Ihnen genau zuzuhören und Sie zu ermutigen, das, was Sie sagen, auch noch weiter auszuführen. Wenn wir uns dann besser kennengelernt haben, werde ich Ihnen auch meinerseits sagen, worüber zu sprechen ich für hilfreich halten werde – oder auch, welche zusätzlichen Themen und Handlungsmuster ich aus dem Gespräch auftauchen sehe. Ich glaube nämlich, daß Sie dadurch, daß Sie über Ihre Beschwernisse sprechen und daß wir sie aus verschiedenen Sichtwinkeln betrachten, von sich aus Wege entdecken, um Ihre Probleme aus eigener Kraft besser bearbeiten oder vielleicht sogar lösen zu können.

Ein solcher Hinweis ist nach meiner Überzeugung *besser* als etwa die folgende Erklärung:

Nun, wenn Sie mich nach meiner Orientierung fragen: Ich folge grundsätzlich einer humanistischen und existentialistischen Orientierung – allerdings beziehe ich mich auch auf kognitive und behaviouristische Ansätze, sofern sie von Nutzen sind. Das Hauptziel meiner Arbeit mit Klienten ist darauf gerichtet, ihre Aktivität und Intentionalität zu befördern. Zu Beginn unserer Arbeit werde ich mich darauf konzentrieren, empathisch auf die Formulierung Ihrer Probleme zu reagieren, in einer späteren Phase werde ich eher konfrontativ arbeiten und dabei alle Widersprüche aufgreifen, die Sie mir im Gespräch anbieten. Meint Hauptinteresse gilt dabei der Unterstützung Ihres zielgerichteten Handelns.

Es ist durchaus denkbar, daß die zuletzt abgedruckte Aussage die Sache selber trifft. Aber sie teilt nicht das mit, was in einer Sitzung tatsächlich geschehen wird. Insofern ist sie eher verwirrend als erklärend. Die instrumentell gehandhabte Fachsprache wird für die meisten Klienten bedeutungslos erscheinen und in ihren Ohren wirken, als würden Sie aus einem Lehrbuch zitieren.

Das dahinterliegende Modell des Fortschreitens von einer Bewertung durch die Wiederholung und Bearbeitung dieser Bewertung zum Handeln ist ein Pfad, auf dem Ihnen nicht alle Klienten folgen werden. Es kann sein, daß sie andere Vorstellungen von Beratung haben als Sie. Dieses Modell enthält eine Reihe von Werten, und es mag Klienten geben, die mit diesen Werten nicht übereinstimmen. Ihre Lebenserfahrungen und ihr kultureller Hintergrund mag nicht besonders gut geeignet gewesen sein, um sie darauf vorzubereiten, ihre eigenen Wege zu gehen und ihren eigenen Bedürfnissen zu folgen. Ich schreibe dies nicht, um jene, die zögern, sich selber in den Prozeß der Beratung aktiv einzubeziehen, als widerspenstig oder obstinat zu schelten, sondern, um zu erkennen, daß wir und unsere Klienten von sehr unterschiedlichen Ausgangspunkten in den Beratungsprozeß eintreten. Es wird notwendig sein, daß Sie verschiedene Aspekte des Beratungsmodelles ins Auge fassen, das Sie benutzen, und daß Sie selber die Werte, für die Sie stehen, sehr deutlich vor Augen haben müssen. Es wird Klienten geben, die entscheiden, daß das, was Sie ihnen bieten können, nicht das ist, was sie wollen und daß sie deshalb ihre Hilfe anderswo besser finden werden – beispielsweise bei einem anderen Berater oder bei einer anderen Beratungsstelle.

Werden die Klienten beurteilt werden? Manchmal fürchten Klienten eine bewertende Beurteilung. Es kann sein, daß dies Teil ihres Problems ist. Es kann sein, daß sie ihr Leben lang beurteilt, als fordernd, aber nicht gebend verurteilt und deshalb auch auf eine harsche Weise behandelt worden sind. In einem solchen Falle sagen Sie vielleicht:

Ich sitze nicht hier, um zu beurteilen, ob Sie etwas richtig oder falsch gemacht haben, ob Sie wert oder unwert sind. Ich sitze hier und bin willens, Ihnen zu helfen, Ihre Probleme zu lösen. Das aber heißt auch, daß ich Sie auffordern werde, auf alle die Sachen zu schauen, von denen ich denke, daß sie unproduktiv sind. Ich bin daran interessiert, Ihnen zu helfen, damit Sie das kriegen, was Sie wollen.

Auf diese Weise kann die Beraterin ihr Engagement unterstreichen, mit der Klientin zu arbeiten und kann gleichzeitig signalisieren, daß sie dazu einlädt, möglicherweise nicht hilfreiche Verhaltensweisen zu untersuchen und zur Sprache zu bringen. Auf der anderen Seite ist es gewöhnlich nicht adäquat, daß man Klientinnen schon im ersten Stadium des Beratungsprozesses mitteilt, daß man sie nicht bewertet. Zunächst einmal wird es notwendig sein, Akzeptanz und Verständnis sowohl verbal als auch nichtverbal im

Beratungsprozeß zu demonstrieren, ehe man dies zur Sprache bringen kann. Die folgenden beiden Wortwechsel sind Beispiele von Eröffnungsgesprächen. In beiden Fällen stellen sich Beraterin und Klientin einander vor.

1. Beispiel: Die Klientin Jenny ist von einer Kollegin weitergereicht worden, die keine Beratungszeit mehr zu Verfügung hatte. In einem ersten Telefongespräch hat sie mitgeteilt, daß sie und ihr Partner sich kürzlich getrennt hätten. Sie wirkt im Telefongespräch außerordentlich unglücklich. Sie sagt, daß sie nicht in ärztlicher Behandlung wäre und daß sie kein Medikament einnehmen würde.

Beraterin: Nehmen Sie bitte Platz (weist auf einen Stuhl).

Jenny: Vielen Dank (sie blickt auf ihre Knie).

Beraterin: Sie haben am Telefon gesagt, daß Ihr Partner Sie kürzlich verlassen hat und daß Sie sich sehr unglücklich fühlen würden. (Die Beraterin eröffnet das Gespräch mit einer Feststellung und versucht dabei, möglichst nahe bei den Worten der Klientin zu bleiben).

Jenny: (zögernd) Ja, das ist richtig. Wissen Sie, jetzt wo ich hier bin, finde ich es schwer, wo ich anfangen soll. Es ist so viel passiert in letzter Zeit. Ich hätte nie gedacht, daß ich einmal solche Hilfe brauche.

Beraterin: Sie haben manche schmerzliche Erfahrung gemacht. Es ist schwer für Sie, einen Anfang zu finden.

Jenny: Ja, das ist richtig. Ich habe gedacht, es wäre leicht, einfach alles auszusprechen. Aber es ist eben gar nicht leicht. Sonst bin ich nicht so schweigsam. Aber das Leben hat mich inzwischen herumgewirbelt. Nichts ist mehr so, wie es früher war, und ich fühle mich schrecklich.

Beraterin: Vielleicht sollten Sie damit anfangen: Was Sie in Ihrem Leben herumgewirbelt hat und wie Sie sich dabei fühlen.

Jenny: (in einem Anflug von Wut) Mein Leben ist auseinandergefallen – das ist es, was ich fühle. Ich wache auf, ich stehe auf, ich gehe zur Arbeit, ich komme nach Hause und ich gehe zu Bett. Ich fühle mich ausge-

trocknet und ziellos. Ich laufe durch die Wohnung –
ich fühle mich zwecklos. Er ist vor drei Monaten weg-
gegangen, und ich habe das Gefühl, ich sollte inzwischen darüber hinaus sein. Aber ich habe den Eindruck, ich fühle mich inzwischen nur noch schlimmer.
Ich frage mich, was wohl schiefgelaufen ist. Manchmal gebe ich mir selber die Schuld, und manchmal
gebe ich sie ihm.

Das Ziel der Beraterin war es im Eröffnungsgespräch, Jenny dazu
zu bringen, das Gespräch zu beginnen. Sie achtete sowohl auf das,
was Jenny, sagte als auch auf die Art und Weise, wie sie es sagte. Ihr
Ziel war es, der Gesprächspartnerin zu zeigen, daß sie sie akzeptier-
te und auch verstand. Sie folgte einem Gesprächsmodell, in dem die
Klientin das meiste selber sagte und sich nicht darauf verließ, daß
die Beraterin die Tagesordnung vorgab.

2. *Beispiel:* Philipp ist zu der Beraterin geschickt worden, weil er
sich über häufig unerträgliche Kopfschmerzen beklagte, die mit
einem hohen Grad von Angst einhergingen. Sein Hausarzt hatte
nichts gefunden, was auf eine physische Krankheit hindeutete. Die
Beraterin hatte keinen vorgängigen Kontakt mit Philipp, und die
Hintergrundinformationen stammten aus einem Telefonkontakt
mit dem behandelnden Arzt.

Beraterin: Ich habe in Erinnerung, daß Dr. A. angeregt hat, daß
Sie zu mir kommen. Die Information, die er mir über
das Telefon gegeben hat, war, daß Sie häufig über
schlimme Kopfschmerzen klagten und Angstzustände hätten.

Philipp: Ja, er hat mir gesagt, ich sollte Sie aufsuchen.
Offensichtlich ist das alles im Kopf (er zuckt die
Schultern und blickt ungläubig).

Beraterin: Das klingt fast, als würden Sie denken, er wollte Sie
loswerden. Ich kann mir vorstellen, daß Sie sich darüber Ihre eigenen Gedanken machen.

Philipp: Ja. Ich weiß, daß er mir helfen möchte. Aber es ist, als
würde er seine Hände in Unschuld waschen. »Es ist

alles im Kopf« – das klingt so vage. Ich bin halt ein trivialer Fall.

Beraterin: Ihre Beschwerden erscheinen vielleicht zu trivial. (Die Beraterin macht einen Unterschied zwischen der Person Philipp und seinen Beschwerden.)

Philipp: Na ja! Und ich sollte eben in der Lage sein, mich selber zu kontrollieren! Ich bin immer einer gewesen, der unter irgend etwas leidet. Aber doch nicht in diesem Umfang. Diese Angstgefühle ... Manchmal ist es wirklich mehr so etwas wie Panik ... Das kommt von irgendwo und trifft mich so einfach! Ich würde mich nicht wundern, wenn ich irgendwann verrückt würde! Denken Sie, daß ich es bin?

Beraterin: Nach den Informationen, die mir Dr. A. gegeben hat, glaube ich nicht, daß Sie verrückt werden. Dafür brauche ich mehr Beweise als Kopfschmerzen und Angstzustände. Es klingt eher so, als ob Sie Angst hätten, daß Sie es werden könnten und daß Sie dies so sehr beunruhigt. (Die Beraterin beantwortet die Frage von Philipp und benutzt diese Antwort, um ihn zu weiteren Erkundungen seines Zustandes anzuregen.)

Philipp: Ja – so ist es. Ich weiß nicht, was mit mir passiert. Es ist so, als könnte ich mich nicht mehr kontrollieren. Ich habe Angst, daß ich ausflippe – bei der Arbeit, bei Besprechungen. Ich kann mir schlaflose Nächte einfach nicht leisten. Meine Vorgesetzten fördern mich, und ich möchte erfolgreich sein. Ich habe meine Arbeit bisher gut gemacht, und nun ist es fast so, als wollten mich meine Angstzustände stoppen und mich klein halten.

In dieser Eröffnungsphase des Gespräches akzeptiert die Beraterin zunächst einmal Philipps Ressentiments im Hinblick auf die Überweisung des behandelnden Arztes an die Beratungsstelle. Die Beraterin hat den Eindruck, daß Philipp keine vertrauensvolle Zusammenarbeit mit ihr entwickeln wird, wenn sie nicht von vornherein seine Gefühle bei der Überweisung akzeptiert. Seine Frage, ob er wohl verrückt werden würde, beantwortet sie so gut sie kann.

Checkliste

Die Anfangsphase eines Erstgespräches sollte folgendes enthalten:

1. *Die Etablierung einer Arbeitsroutine:* Die Ratsuchenden sprechen, und Sie hören zu. Halten Sie Ihre Bemerkungen so kurz und so punktgenau wie möglich.

2. *Antworten auf Fragen des Klienten:* Sie sollen so ehrlich und direkt wie möglich sein.

3. *Die Klärung von Erwartungen,* was alles im Beratungsprozeß geschehen wird, soll angebahnt werden.

4. Ebenfalls angebahnt werden soll ein *Bewußtsein der gemeinsamen Verantwortung* für alles, was im Beratungsprozeß geschieht.

Explorieren

Ihr Ziel beim Erstgespräch wird sein, ein möglichst klares Verständnis der Anliegen zu gewinnen, mit denen die Klienten zu Ihnen kommen.

Wenn ich schreibe »mit denen Sie kommen«, so meine ich Themen, die sowohl vorrangig ihre Vorstellungen bestimmen können als auch solche, die sie als ein Versuchsballon benutzen, um Ihre Reaktionen zu testen, ehe sie sich entscheiden, ob sie mit Ihnen ihre wirklichen Hauptprobleme besprechen wollen. An den Themen zu arbeiten, die im Erstgespräch zunächst zur Sprache kommen, ist oftmals quälend. An ihnen zu arbeiten ist manchmal wie die Kleideranprobe bei einer Modenschau. Im übrigen habe ich den Begriff »möglichst klares Verständnis« benutzt, um die Tatsache anzudeuten, daß die wirkliche Klärung der Themen und das Erarbeiten eines gemeinsamen Verständnisses eine Menge Zeit in Anspruch nimmt. Vielleicht sind sich die Klienten selber noch nicht im klaren, was sie wirklich betrifft, und selbst wenn sie es wären, so dauert es häufig mehrere Sitzungen, bis sie sich Ihnen gegenüber öffnen. Aber auch wenn sie beginnen, ihre eigentlichen Probleme im Gespräch zu erforschen, ist es wahrscheinlich, daß sie neue Aspekte ihrer Schwierigkeiten entdecken, oder daß die Themen, auf die sie sich zunächst konzentrieren, ihre eigentlichen und wirklich schmerzlichen Probleme lediglich verschleiert haben.

Sie werden sicherlich auch den Wunsch haben, das Umfeld zu erkunden, in dem die Probleme Ihrer Klienten auftauchen. Mit »Erkundung des Umfeldes« meine ich die Anregung an Ihre Klienten, den Blick auch einmal auf mit dem »eigentlichen« Problem verwandte Bereiche ihres Lebens zu richten. Wenn eine Klientin Ihnen von ihren Schwierigkeiten am Arbeitsplatz erzählt, so werden Sie an irgendeiner passenden Stelle fragen, wie es mit ihren Beziehungen außerhalb des Arbeitsplatzes steht. Wir alle leben in einem sozialen Zusammenhang, und ein Problem in einem Segment unseres Lebens mag auf andere Bereiche ausstrahlen. Das Gegenteil kann aber auch der Fall sein. Es gibt Klienten, die sehr erfolgreich in allen Teilbereichen ihres Lebens sind – bis auf den einen. Da ist z.B. der Klient, der über eine erfolgreiche Karriere verfügt und ein ausgesprochen positives und stabiles (und außerdem noch realistisches) Bild von sich selber hat. Und der dennoch immer wieder an dem Versuch, persönliche Beziehungen aufzubauen, scheitert. Die Frage nach dem weiteren Umfeld der Klienten ist deshalb eine Hilfe, um Arbeitshypothesen zu entwickeln und den Beratungsvertrag vorzubereiten. Die folgenden Fragen mögen Ihnen helfen, Ihre Explorationen mit Ihren Klienten zu bewerten:

- Auf welche Anliegen hat sich der Klient konzentriert?
- Welche wichtigen Bereiche sind ausgelassen worden – haben wir nicht exploriert?
- Was bewirken die Anliegen für den Klienten?
- Wer außer dem Klienten ist von dem Problem betroffen?
- Wann tauchen die zur Sprache gebrachten Probleme typischerweise auf?
- Was hat der Klient schon versucht, um mit dem Problem fertigzuwerden?
- Welche Unterstützung hat der Klient?

Bewertung

Bewertung ist keine Tätigkeit, die allein auf die erste Sitzung oder auf die Anfangsphase des Beratungsprozesses beschränkt ist. Sie bleibt über den gesamten Beratungsprozeß aktuell. Aber während der ersten Sitzung werden Sie bewerten müssen. In welchem Umfange Beratung dem Klienten helfen wird, das zu erreichen, was er erreichen möchte. Beratung ist sehr zeitintensiv, arbeitsintensiv und kostet gewöhnlich Geld. Es gibt andere Interventionen, die möglicherweise angemessener sein könnten. Sie werden sich auch fragen müssen, wie sinnvoll es für Sie ist, mit einem speziellen Klienten zu arbeiten. Es gibt beispielsweise Themen in Ihrem eigenen Leben, welche die Beratungsarbeit behindern könnten. Wäre dies der Fall, so müßten Sie adäquate Supervision sicherstellen oder den Klienten an eine andere Beraterin weiterreichen. Die Bewertung schließt auch die Formulierung eines vorläufigen Beratungsplanes ein. Indem ich den Bezugsrahmen von *Arbeit, Beziehungen* und *Identität* eingeführt habe, möchte ich Ihre Aufmerksamkeit darauf richten, daß Sie entscheiden müssen, welche Bereiche für den Klienten von zentraler Bedeutung sind, und auf welche dieser Bereiche Sie sich in Ihrer Arbeit konzentrieren wollen. Wenn Sie sich erst einmal entschieden haben, mit einem bestimmten Klienten zu arbeiten, dann müssen Sie sich jetzt mit dem Beratungsvertrag befassen.

Einen Vertrag schließen

Ein Vertrag ist eine spezielle Form der Selbstverpflichtung für Beraterin und Klientin im Hinblick auf klar definierte Tätigkeiten und Handlungen.

»Eine spezielle Form der Selbstverpflichtung«. Das bedeutet im allgemeinen, daß die folgenden Bedingungen klar ausgesprochen werden:

1. *Zahl der Sitzungen.* Manchmal ist es nützlich, zunächst einen Vertrag über eine bestimmte Zahl von Sitzungen zu schließen und danach die Arbeit rückblickend zu bewerten. Sie sagen dann

etwa: »Ich schlage vor, daß wir zunächst einmal einen Vertrag über sechs Sitzungen machen und uns dann ansehen, wie weit wir gekommen sind. Was halten Sie davon?« Einer Klientin, die fragt, »wie lange wird das alles dauern?« könnten Sie ähnlich antworten, indem Sie etwa sagen: »Ich bin mir darüber im Augenblick noch nicht im klaren, ich schlage vor, daß wir zunächst einmal sechs Sitzungen ins Auge fassen und uns dann ansehen, wie weit wir gekommen sind. Das bedeutet die Möglichkeit weiterer Sitzungen, wenn Sie dies wünschen. Aber ich bin nicht sicher, was Ihre Erwartungen sind.«

2. *Die Aufeinanderfolge von Sitzungen.* Die Zeitspanne zwischen den Sitzungen sollte so gewählt werden, daß eine Kontinuität der Arbeit gewährleistet ist.

3. *Zeitpunkt.* Im Idealfall bieten Klienten eine bestimmte und feste Tageszeit während der Woche an. Das ist aber nicht immer möglich.

4. *Länge der Sitzungen.* Die übliche Länge einer Sitzung beträgt 50 Minuten. Das ist genügend Zeit für eine intensive Arbeit, aber nicht zu lange, daß die beiden Beteiligten ermüden oder unfähig werden, sich zu konzentrieren. Auf jeden Fall ist es wichtig, daß Sie pünktlich für den Klienten bereit sind, selbst wenn er sich verspätet.

5. *Bezahlung.* Sie müssen deutlich sagen, was Ihr Honorar ist, bzw. wer Ihre professionelle Bemühung bezahlt. Andere Themen sind: Ob Ihr Honorar ausgehandelt werden kann und wie Sie bezahlt werden wollen, beispielsweise wöchentlich oder monatlich. Dabei sollten Sie den Klienten auch sagen, wie Sie es mit Sitzungen halten, die ausfallen. Beispielsweise können Sie entscheiden, daß Sie kein Honorar für Sitzungen nehmen, welche von den Klienten spätestens eine Woche im voraus abgesagt worden sind.

Wenn Sie diese Arrangements mit Ihren Klienten getroffen haben, haben Sie einen mündlichen Beratungsvertrag geschlossen. Das geschieht in der Regel am Ende der ersten Sitzung.

Klar definierte Tätigkeiten und Handlungen. Diese Formulierung bezieht sich auf das, was Klienten erreichen möchten; was sie am Ende als Ergebnis erwartet. Wie ich schon geschrieben habe, ist einer der Gründe für die Exploration, den Klienten bei der Entscheidung zu helfen, welche Veränderungen in ihrem Leben sie wirklich wünschen. Dieser Teil des Vertrages wird deshalb möglicherweise mehrere Sitzungen in Anspruch nehmen, weil sich Klienten oftmals über ihre Ziele noch unklar sind. Es kann sein, daß sie vage sind und Ihnen beispielsweise erzählen, daß sie einfach glücklicher sein möchten oder weniger deprimiert oder weniger isoliert. Ihre Rolle ist in diesem Falle, ihnen zu helfen, ihr Anliegen konkreter zu artikulieren, damit ein wünschenswertes Ergebnis formuliert werden kann, auf das sie beide hinarbeiten können. Dabei kann die Technik des *Kontrastierens* hilfreich sein.

Kontrastieren bedeutet, daß Sie die Klienten auffordern, sich vorzustellen, daß sie sich anders verhalten würden als bisher. Ich gebe ein Beispiel. Eine Klientin spricht über ihre Scheu und über ihr fehlendes Selbstvertrauen. Sie sagt, daß sie sich in bestimmten sozialen Situationen verlegen fühlt und Angst hat, auf Leute zuzugehen, die sie nicht kennt. Sie sagt auch, daß sie bei der Arbeit häufig bei Beratungen nichts sagt, selbst wenn sie durchaus vernünftige Beiträge machen könnte. Die Beraterin fragt sie, was sie in der Beratung erreichen möchte.

Klientin: Ich glaube, ich möchte einfach nicht mehr so scheu sein.

Beraterin: Wie würden Sie sich denn verhalten, wenn Sie nicht scheu wären?

Klientin: Ich weiß nicht. Ich hab' darüber noch nicht nachgedacht.

Beraterin: Wenn Sie sich aber nun vorstellen, daß Sie sich gern auf einer Party oder bei der Arbeit anders verhalten würden – was für ein Bild haben Sie dann davon?

Klientin: Na ja! Ich würde leicht und frei sprechen, ich würde mich entspannt fühlen und ich würde wissen, was man macht, um eine Konversation in Gang zu halten.

Die Klientin hat eine konstruktive Alternative entwickelt, die ihr gegenwärtiges Verhalten ersetzen soll, unter dem sie leidet. Wenn

Beratung eine Hilfe bedeuten soll sich zu ändern, dann müssen Klienten und Beraterin wissen, welche Art von Änderung gemeint ist. Durch die Beschreibung eines kontrastierenden Verhaltens macht die Klientin es möglich, ein klares Teilergebnis der Beratung zu formulieren.

Klienten setzen sich manchmal Ziele, von denen Sie denken, sie seien unrealistisch, nicht innerhalb Ihrer Kompetenz als Expertin oder wenig hilfreich. Sie möchten gern das neu formulieren, was die Klientin vorgebracht hat und bieten deshalb einen vorläufigen Vertrag an. Beispielsweise in dem folgenden Fall:

Klientin: Was mir wirklich Sorgen macht, ist mein Sohn. Er arbeitet in der Schule nicht mit. Er wird, denke ich, beim nächsten Examen durchfallen. Was ich brauche, ist eine Unterstützung, wie ich ihn dazu bringen kann, einen Sinn in der Schule zu sehen.

Beraterin: Das macht Ihnen offensichtlich große Sorge. Ich möchte gern mit Ihnen diese Ihre Sorge weiter erforschen und herausfinden, wie Sie Ihren Sohn beeinflussen können. Aber ich bin nicht sicher, ob ich Ihnen helfen kann, ihn wieder zur Mitarbeit und zum Schulerfolg zu verhelfen.

Das Ziel der Klientin ist unrealistisch. Wir können zwar das Verhalten von anderen beeinflussen, aber allgemein gesprochen haben wir mehr Kontrolle über unser eigenes Verhalten. Die Beraterin reformuliert zunächst einmal das Ziel und sagt, wieweit sie glaubt, helfen zu können. Das ist eine positivere und akzeptierendere Eröffnung einer ersten Sitzung als die Feststellung, was man als Beraterin nicht tun könne.

Vertrag zwischen Beraterin und Klientin. Verträge sind nicht etwas, um lediglich die Klienten auf der Spur zu halten. Sie sind eine ausgehandelte Selbstverpflichtung, welche die Grenzen für die gesamte Arbeit und für alle Beteiligten setzt. Weil ein Vertrag ausgehandelt worden ist, kann er auch durch neues Aushandeln verändert werden.

Schließlich soll der Vertrag etwas über die Vertraulichkeit der Beratung aussagen. Die Grenzen der Vertraulichkeit müssen klar benannt werden, und beachten Sie bitte auf jeden Fall Hinweise in der Sprache, der Körpersprache oder im Zögern ihrer Klienten, die darauf hindeuten, daß eine weitere Diskussion über diesen Aspekt notwendig ist oder daß zusätzliche Informationen gewünscht werden. Eine klare allgemeine Formulierung im Hinblick auf Vertraulichkeit könnte etwa folgendermaßen lauten:

Was wir in diesen Beratungssitzungen sagen und tun, ist vertraulich. Und jetzt sage ich etwas, was ich jedem Klienten sage. Wenn ich den Eindruck habe, daß Sie in Gefahr sind, sich selber oder anderen Schaden zuzufügen, werde ich andere Hilfe einschalten müssen. Dabei werde ich, wo immer das möglich ist, die Angelegenheit vorher mit Ihnen besprechen.

Eine Studentenberaterin beispielsweise konnte es noch spezifischer so formulieren:

Was Du mir sagst, bleibt vollständig zwischen uns. Ich werde der Hochschule nichts davon mitteilen. Wenn irgendwann einmal Du oder ich das Gefühl haben sollten, daß Du eine andere Art von Hilfe brauchst, dann möchte ich, daß wir dies diskutieren und zusammen entscheiden, welche andere Hilfe sinnvoll und angemessen sein könnte.

Ich fasse zusammen: Ein Vertrag setzt der Beratungsbeziehung Grenzen. Er soll helfen sicherzustellen, daß eine Arbeitsbeziehung entsteht und aufrechterhalten wird, die den Klienten innerhalb klarer Grenzen Spielraum, Freiheit und Verbindlichkeit zusichert. Ein Vertrag hält uns als Berater auch am Rande des Lebens unserer Klienten und auf diese Weise in einer hilfreichen Distanz.

Checkliste: Vereinbarungen

1. Anzahl der Sitzungen – wann gibt es einen Rückblick?

2. Aufeinanderfolge der Sitzungen

3. Tages- und Uhrzeiten

4. Länge (zwischen 50 Minuten und einer Stunde)

5. Bezahlung (wann, wie und wieviel)

6. Vertraulichkeit

7. Ziel der Beratungsarbeit

Abschluß

Wir wollen uns jetzt kurz ansehen, wie die erste Sitzung beendet werden kann:

– Vermitteln Sie Ihren Klienten zunächst eine positive Erfahrung. Einige von ihnen haben schlechte und demütigende Erfahrungen mit solchen Sitzungen gehabt. Sie mögen fürchten, daß sie nach allem, was sie mitgeteilt haben, von der Beraterin zurückgewiesen werden könnten.

– Signalisieren Sie Ihr Engagement an der Sache. Sie können das tun, indem Sie die Hauptpunkte des Vertrages zusammenfassen und Tag und Uhrzeit des nächsten Treffens bestätigen.

– Enden Sie also mit einer positiven Note. Anerkennen Sie die Bemühungen Ihrer Klienten, indem Sie etwa sagen: »Ich finde es gut, wie Sie heute offen über schwierige und für Sie manchmal auch schmerzliche Anliegen gesprochen haben.«

Auf jeden Fall sollten Sie gegen Ende der ersten Sitzung auf irgendeine Weise das folgende tun:

– Erinnern Sie die Klienten an die Zeit, die noch zur Verfügung steht, indem Sie etwa sagen: »Wir haben noch 15 Minuten und ich wüßte gern, ob es auch noch andere Themen gibt, die Sie zur Sprache bringen möchten?«

- Fassen Sie die Hauptpunkte der Sitzung zusammen – auch, um Ihr eigenes Verständnis des Geschehens zu überprüfen.
- Machen Sie einen Vorschlag, mit welchem Thema die nächste Sitzung begonnen werden soll.

Im übrigen werde ich das Problem des Sitzungsendes im Detail im 5. Kapitel behandeln.

Checkliste: Erste Sitzung

1. Kontakt herstellen

2. Einführung

3. Explorieren der angegebenen Themen und verwandter Gebiete

4. Bewertung – der Beginn einer vorläufigen Bewertung der Klienten und ihrer Anliegen

5. Vertrag – was der Klient erreichen möchte

6. Ende – Betonung positiver Aspekte der Sitzung

3. Grundlegende Fertigkeiten der Beratung

Dieses Kapitel befaßt sich mit Fertigkeiten. Ich habe den Terminus »Grundlegende Fertigkeiten« verwendet, weil ich denke, daß er angemessen für die Arbeit in der Anfangsphase der Beratung ist, daß er aber gleichzeitig die Basis für die komplexeren Strategien enthält, welche Sie in den folgenden Phasen des Beratungsprozesses verwenden werden. Wenn solche Fertigkeiten als »grundlegend« oder »basal« beschrieben werden, so bedeutet das nicht, daß ihr Gebrauch auf die Anfangsphase einer Beratungsbeziehung beschränkt bleibt, oder daß es sich um eine einfache Fertigkeit handelt, die in späteren und in intensiveren Phasen der Beratung keinen Raum mehr beanspruchen dürfe. Diese grundlegenden Fertigkeiten sind für die gesamte Beratungsbeziehung von entscheidender Bedeutung und werden in unterschiedlicher Kombination und Abfolge immer wieder auftauchen. Ich beginne in diesem Kapitel mit dem »*Präsent sein*« und »*Zuhören*« und fahre mit *reflektierenden* und *sondierenden* Fertigkeiten fort.

Präsent sein

Präsent sein und Zuhören sind Fertigkeiten, die sich wechselseitig ergänzen und beeinflussen. Es ist nicht möglich, für Klienten dazusein, ohne ihnen zuzuhören. Auf der anderen Seite versetzt es Sie in eine gute Position, um sowohl die verbalen als auch die nichtverbalen Botschaften Ihrer Klienten wahrzunehmen (Egan 1986). Ich habe beide Fertigkeiten zum Zwecke der Analyse voneinander getrennt, obwohl diese Trennung eine künstliche ist.

Präsent sein ist eine Basis dafür, daß Sie Ihren Klienten zuhören und sie beobachten können. Es ist die Art und Weise, in der Sie durch Ihr nichtverbales Verhalten mitteilen, daß Sie »bei ihnen sind«, daß Sie auf sie achten und daran interessiert sind zu erfahren, was sie zu sagen haben. Die Art und Weise, in der Sie da sind, enthält eine kraftvolle Aussage, und die Wirkung dessen, was Sie sagen, wird immer dann gemindert werden, wenn Ihr nichtverbales Verhalten Ihren verbalen Botschaften widerspricht (Argyle 1988).

Lassen Sie mich kurz auf einige der Weisen eingehen, in der Sie bei Ihren Klienten sind.

1. *Haltung*. Ihre Haltung sollte offen sein und die Mitteilung enthalten, daß Sie bereit und willens zum Zuhören sind. Suchen Sie eine Position, die für Sie selber komfortabel ist, so daß Sie dem Klienten direkt in die Augen sehen können, sitzen Sie aufrecht und möglichst entspannt. Schlaff im Stuhl zu hängen oder sich zu räkeln, ist wenig geeignet, Ihre Aufmerksamkeit beim Zuhören zu signalisieren.

2. *Augenkontakt*. Sie werden darauf achten, dauerhaften und direkten Augenkontakt mit dem Klienten zu halten. Das bedeutet nicht, daß Sie den Klienten mit einem starren Blick fixieren sollen, es bedeutet vielmehr, daß immer dann, wenn die Klienten Sie ansehen, sie Ihrem Blick begegnen. Die Beachtung der Muster, mit denen Ihre Klienten den Augenkontakt mit Ihnen su-

chen, kann übrigens nützliche Hinweise darauf geben, was Ihre Klienten denken und fühlen. Aber jede Klientin und jeder Klient unterscheiden sich voneinander, und die Augenkontakte allein sagen noch nicht viel aus, sondern müssen durch andere Aspekte des Verhaltens substantiiert werden. Ivey (et al. 1987) bemerkt dazu übrigens, daß es angemessen sein kann, den Augenkontakt auszusetzen, wenn sich Klienten unsicher fühlen. Das kann helfen, daß sie dennoch an den Themen bleiben, die ihnen offensichtlich unangenehm sind.

3. *Gesichtsausdruck.* Was für ein Gesicht sollten Sie machen? Auf jeden Fall sollten Sie sich bewußt machen, daß Ihr Gesichtsausdruck auf jeden Fall Informationen transportiert, ob Sie das nun beabsichtigen oder nicht. Ein ruhiger und konzentrierter Gesichtsausdruck ist auf jeden Fall eine Hilfe für Klienten, um auszudrücken, was sie wirklich fühlen. Es mag sein, daß Sie in Ihrem Gesichtsausdruck den Ausdruck Ihrer Klienten spiegeln. Sie freuen sich, wenn Ihre Klienten sich darüber freuen, daß Sie über Fortschritte berichten können. Wenn sie aber selber über ihre Enttäuschungen und Verletzungen lachen, dann sollten Sie in dieses Lachen nicht einstimmen. Es mag seinerseits verletzend und wenig hilfreich wirken.

4. *Sitzposition.* Sie sollten sicherstellen, daß Sie in einer angemessenen Entfernung von ein bis zwei Metern von Ihren Klienten sitzen und daß die Sitzflächen der Stühle von gleicher Höhe sind. Wenn Sie mit einem Paar sprechen, stellen Sie sicher, daß jeder von ihnen auf die beiden anderen mit der gleichen Leichtigkeit blicken kann. Jacobs (1985) gibt einige hilfreiche Hinweise zur Anordnung der Stühle. Indem man Klienten einen angemessenen räumlichen und zeitlichen Spielraum verschafft, schafft man ihnen angemessene physische und zeitliche Bedingungen für die ungestörte Entfaltung ihrer Probleme.

Indem Sie auf eine angemessene Weise für Ihre »Klienten da sind« vermitteln Sie, daß Sie sie akzeptieren. Wenn dieses Verhalten sprechen könnte, würde es sagen:»Ich interessiere mich dafür, was Sie zu sagen haben. Ich bin bereit und willens, Ihnen meine Aufmerksamkeit zu schenken, und ich bin wirklich daran interessiert zu verstehen, wie Sie selber Ihr Anliegen wahrnehmen und erfahren.« Bevor ich mich nun den Fertigkeiten des Zuhörens zuwende, möchte ich noch ein paar Worte über die Beobachtung von Klienten erklären.

Beobachten

Wenn Sie gegenüber Ihren Klienten wirklich »präsent sind«, sind Sie in einer guten Position, um sie zu beobachten. Denn Sie werden nicht nur verbale, sondern auch nichtverbale Mitteilungen machen. Der Ton ihrer Stimme, die Satzmelodie, ihre Gesten und ihre Körperhaltung werden entweder mit ihren verbalen Botschaften übereinstimmen oder im Gegensatz zu ihnen stehen. Klienten zu beobachten bedeutet deswegen eine Hilfe, um ihre verbalen Botschaften besser verstehen zu können. Sie lernen dadurch die Signale, die sie aussenden und die Fingerzeige, die sie geben, besser zu deuten. Sie werden beispielsweise registrieren, daß eine Klientin lächelt, wenn man sie verletzt, während eine andere schmale Augen bekommt und beginnt, schnell und zornig zu sprechen.

Wenn die verbalen und die nichtverbalen Signale nicht zusammenpassen, bedeutet dies eine Einladung zur weiteren Exploration. Klienten mögen sich ihrer Gefühle nicht bewußt sein – oder der Bedeutung dieser Gefühle nicht gewahr. Dabei ist es wichtig, *wie* Sie darauf reagieren. Sie sollten Ihre Beobachtungen eher beiläufig formulieren und kein großes Thema daraus machen. Betrachten wir die folgenden Beispiele.

Klientin A: (mit flacher Stimme, sieht sich dabei im Raum um und seufzt) Ja, ich hab' mich gefreut, als sie mich fragte, ob sie für drei Monate bei uns bleiben könne. Ich komme eigentlich gut mit meiner Mutter aus.

Beraterin: Ich hab' den Eindruck, Sie sagen das nicht sehr überzeugend und ich wüßte gern, ob Ihr Seufzen etwas bedeutet hat.

Klientin A: (blickt verlegen) Nun, ich hab' Ihnen doch gesagt, ich war froh und, aber das mag schrecklich klingen, jetzt fängt sie an, mir auf die Nerven zu gehen und ich wünsche, sie würde abreisen.

Klient B:	(laut, schnell und in harschem Ton): Es hat mich wirklich irritiert. Er hätte nicht so mit mir sprechen sollen; nicht vor anderen Leuten!
Beraterin.	Ihre Stimme deutet mir mehr als nur Irritation an. Sie klingen ausgesprochen ärgerlich.
Klient B:	Ja, wenn ich wieder darüber spreche, fühle ich richtig den Ärger in mir aufsteigen. Ich war so aufgebracht. Ich bin einfach weggegangen. Ich konnte nicht antworten.

In beiden Fällen sagt die Beraterin, was sie bemerkt hat und lädt ihre Klienten ein, die Widersprüche zwischen ihrer verbalen Aussage und ihrer nichtverbalen Botschaften zu erkunden. Im ersten Beispiel konzentriert sich die Beraterin auf die Widersprüche zwischen Aussage und Gefühl; im zweiten Beispiel versucht sie, dem Klienten zu helfen, die Tiefe seiner Gefühle wahrzunehmen.

Es ist nicht meine Absicht zu behaupten, daß bestimmte Haltungen oder Gesten bestimmte Bedeutungen haben. Ich will nur andeuten, daß sie möglicherweise *etwas* bedeuten. Sie werden deshalb Ihre Klienten sorgfältig beobachten und jeden kleinen Hinweis registrieren müssen. Wenn sich das Verhältnis zwischen Ihnen und Ihren Klienten stabilisiert hat, können Sie Ihre Beobachtungen auch ansprechen. Das sollte auf eine beiläufige Weise geschehen, die es dem Klienten ermöglicht, sich selber zu erforschen und daraus größeres Selbst-Verständnis zu erzielen. Beobachtungen, die Sie Ihren Klienten als Tatsachen vorhalten, werden in aller Regel Abwehrreaktionen hervorrufen.

Eine Schlußbemerkung. Ich habe eine künstliche Unterscheidung zwischen dem nichtverbalen Verhalten von Beratern und Klienten gemacht. Nichtverbale Kommunikation ist aber ein dynamischer Prozeß. Sie und Ihre Klienten reagieren auf einander und auf die Signale, die sowohl auf der bewußten als auch auf der unbewußten Ebene zwischen uns ausgetauscht werden. Jede Diskussion des nichtverbalen Verhaltens unserer Klienten sollte sinnvoller Weise eine Diskussion unseres eigenen nichtverbalen Verhaltens einschließen. Es kann nämlich sein, daß wir mit unserem eigenen Verhalten das Verhalten der Klienten hervorgerufen haben, das uns hinterher Sorge bereitet oder auch unsere Aufmerksamkeit in Anspruch nimmt. Ein einfaches Beispiel soll diesen

Punkt illustrieren. Ein Praktikant beklagte sich bei mir, daß er Schwierigkeiten in der Herstellung eines Kontaktes zu einer Klientin gehabt habe, weil sie so zögernd und ängstlich gewesen wäre. Ein Video-Mitschnitt des Interviews zeigte deutlich, daß er sich, sobald sie anfing zu reden, Notizen machte. Das hatte unter anderem die Unterbrechung des Augenkontaktes mit ihr zur Folge. Ohne nichtverbale, aber bestätigende Signale von ihm wurde sie unsicher, zögerte und hörte schließlich auf zu reden.

Jetzt möchte ich mich mit dem Zuhören befassen.

Zuhören

Zuhören ist eine komplexe und vielfältige Fertigkeit. Es schließt ein aktives Präsent sein ein, die rein physische Aufnahme der Botschaft und ihr mentales Verstehen und eine Interpretation der Botschaften der beiden Kanäle durch das, was andere sagen und gleichzeitig tun. Ihr Ziel beim Zuhören ist es, daß Verstehen zwischen Ihnen und Ihren Klienten zu erleichtern und eine gemeinsame Übereinstimmung darüber zu erzielen, was das Anliegen Ihrer Klienten ist und wie Sie dieses Anliegen selber erfahren. Aber wenn Sie nun Ihren Klienten intensiv und konzentriert zuhören, dann sind Sie kein Schwamm, der die Informationen und Botschaften Ihrer Klienten einfach und ohne Filter aufsaugt. Denn das Maß der Informationen, die zwischen Ihnen und Ihren Klienten fließen, ist zu groß, als daß Sie jede einzelne Information speichern und auf sie reagieren könnten. Auf diese Flut von Informationen reagieren Sie deshalb auf verschiedene Weise: Sie sortieren die Information und entscheiden, auf welche Sie reagieren wollen; Sie bilden Hypothesen darüber, was die anderen sagen und was sie zu sagen vermeiden; Sie versuchen zusätzliche Klarheit über Aspekte zu gewinnen, die bisher unklar geblieben sind. Das heißt: Sie hören aktiv zu. »Aktives Zuhören« bedeutet, daß wir mit Ziel und Zweck zuhören und *gleichzeitig* das mitteilen, was wir gehört haben.

Im nächsten Kapitel werde ich mich mit der Frage beschäftigen, wie wir auf unsere Klienten reagieren. In diesem Kapitel und auf das Zuhören bezogen, möchte ich einen Bezugsrahmen vorstellen.

Ein Bezugsrahmen für Zuhören

Der folgende Bezugsrahmen liefert ein einfaches und nützliches System, um die Informationen zu klassifizieren, die Klienten uns mitteilen.

– *Erfahrungen.* Was Klienten als geschehen wahrgenommen haben; was andere tun oder nicht tun; sagen oder nicht sagen.
– *Verhalten.* Wie Klienten handeln; was sie sagen und tun.
– *Gefühle.* Was sie bei ihrem Verhalten und angesichts ihrer Erfahrungen fühlen.
– *Gedanken.* Was Klienten über ihr Tun oder Nichttun sagen und verstehen, welchen Sinn sie ihrem eigenen Verhalten und dem Verhalten anderer unterlegen; welche Meinungen und Überzeugungen sie von sich selber und von anderen und von den Ereignissen ihres Lebens haben.

Dieser Bezugsrahmen kann hilfreich sein, um den Gesprächsprozeß zu analysieren. Beispielsweise können Sie wahrnehmen, daß einer Ihrer Klienten ohne Schwierigkeiten darüber spricht, was er tut und was er über sein eigenes Verhalten und das Verhalten anderer denkt. Aber Gefühle kann er nicht mit dergleichen Leichtigkeit ausdrücken und über Gefühle kann er auch nicht reden. Das mag dazu führen, daß Sie sich entscheiden, ihn zu bitten, sich in eine Beziehung zu seinen Gefühlen zu setzen und darüber nachzudenken und zu sprechen.

Dem Schweigen zuhören

Kommunikation zwischen Ihnen und Ihren Klienten findet auch statt, wenn eine oder beide schweigen. Schweigen kann eine sehr wirksame Weise sein, um »Bände zu sprechen«. Deshalb werden wir dem Schweigen genauso zuhören müssen wie den Worten. Durch sorgfältiges Präsent sein in den Beratungssitzungen erhalten wir in der Regel einige Hinweise darauf, was unsere Klienten denken und fühlen, wenn sie schweigen. Beispielsweise werden Sie herausfinden, ob sie dann gespannt sind, festgefahren, gelangweilt, feindlich oder nachdenklich. Indem Sie diese Informationen haben und benutzen, können Sie entscheiden, wann und wie Sie intervenieren. Es gibt Berater, die sagen, daß sie niemals das Schweigen ihrer Klienten brächen und immer darauf warten, daß jene das Gespräch fortsetzen. Das scheint mir eine vernünftige Strategie zu sein. Immer angewandt kann es jedoch bedeuten, daß einigen Klienten niemals geholfen wird, im Beratungsprozeß voranzukommen. Wenn Sie jedoch diejenige sind, die immer wieder von neuem und allein das Schweigen bricht, sollten Sie das in der Supervision zur Sprache bringen. Es kann sein, daß Sie, indem Sie Ihre Klienten bitten zu sprechen, den Wunsch haben, die Zeit besser für sich selber zu verwenden. Auf das Schweigen zu hören und das Schweigen kreativ zu benutzen, bedeutet, eine angemessene Balance herzustellen zwischen der Geduld, die notwendig ist, um den Klienten beim Nachdenken zu helfen und der Notwendigkeit, sie mit ihrem eigenen Unbehagen zu konfrontieren. Das folgende Beispiel soll illustrieren, wie man dennoch ein Schweigen brechen könnte.

Die Klientin, die in den letzten Minuten über ihre Probleme am Arbeitsplatz ziemlich sprunghaft gesprochen hat, schweigt plötzlich und blickt aus dem Fenster. Ihr Gesichtsausdruck wird traurig und ihre Augen verschwimmen. Das Schweigen dauert einige Minuten.

Beraterin: Ich hätte gern gewußt, woran Sie jetzt denken.
Klientin: Ach! Das ist nicht viel!
Beraterin: Sie sehen traurig aus und Ihre Augen werden trübe.
Klientin: Also – das ist verrückt! Wenn Sie es wirklich wissen wollen: Ich hab' an die Einkäufe gedacht, die ich heute gemacht habe, bevor ich zu Ihnen kam. Ich bin rumgerannt, um ein Geschenk für meine Mutter zu kaufen. Ich habe es so schwierig gefunden, etwas Vernünftiges zu finden. Ich hab' etwas gefunden, aber ich bin damit nicht zufrieden. Ich glaub' nicht, daß es das richtige ist.
Beraterin: Heißt das: Was immer Sie aussuchen – es wird niemals gut genug sein?
Klientin: (fängt an zu weinen) Ja, was immer ich tue, wie sehr ich mich anstrenge, niemals mache ich es recht. Ich bin eben niemals gut genug. Das ist es, was ich die meiste Zeit über fühle: Ich bin nicht gut genug.

Hier brach die Beraterin das Schweigen, gab eine sehr detaillierte Rückmeldung über das, was sie sah und lud die Klientin ein zu sagen, was während des Schweigens in ihr vorging. Indem sie dies tat, ermutigte sie die Klientin, das fundamentale Thema der Einschätzung ihres Selbst-Wertes anzusprechen.

Filter beim Zuhören

Keiner von uns hört auf eine vollständige distanzierte Weise zu. Wir alle benutzen Filter, welche die Informationen von unseren Klienten passieren müssen. Der Bezugsrahmen, den wir benutzen, um die Informationen unserer Klienten zu organisieren, enthält notwendigerweise ein verfärbtes Bild, weil bestimmte Aspekte der Interaktion ausgefiltert werden. Einige der entscheidenden Behinderungen für ein aktives Zuhören sind die folgenden:

1. *Kultur.* Ein Bewußtsein von unserer eigenen Kultur und der Kultur unserer Klienten wird für das Zuhören und das Verstehen nützlich sein. Das ist von besonderer Bedeutung in der Zusammenarbeit mit Klienten aus unterschiedlichen Kulturkreisen. Aber kulturelle Normen und Werte lassen sich nur mit großen Schwierigkeiten überschreiten. Und das kann bedeuten, daß Sie mit Ihren Klienten die Möglichkeit diskutieren sollten, Berater zu finden, die demselben kulturellen Milieu entsprechen wie sie oder zumindest die Frage anzusprechen, wie Ihre Klienten denken und fühlen, wenn Sie mit jemandem arbeiten, der einen anderen kulturellen Hintergrund hat (siehe dazu auch Ivey et al. 1987; d'Ardenne und Mahtani 1989).

2. *Werte.* Es ist wichtig, daß wir uns unserer eigenen Werte bewußt sind, und daß wir, soweit das möglich ist, davon Abstand nehmen, sie ohne weiteres auf unsere Klienten zu übertragen.

3. *Selbstbetroffenheit.* Die meisten von uns haben Schwierigkeiten in ihrem eigenen Leben erfahren, die im Hinblick auf bestimmte Themen Vorurteile bilden und unsere Offenheit gegenüber den gleichen Problemen bei anderen mindern.

Andere Behinderungen für das aktive Zuhören seien erwähnt:

- wenn Sie Ihre Antwort zu dem überlegen, was der Klient gerade gesagt hat;
- wenn Sie nach einer Bestätigung für Ihre Hypothesen suchen und deshalb Informationen des Klienten ignorieren, die diesen Hypothesen widersprechen;
- wenn Sie in die Defensive kommen oder Ihr eigenes Verhalten inadäquat empfinden, sobald Klienten versuchen, Sie zu korrigieren.

Aktives Zuhören ist dennoch, einschließlich der Kenntnis der Filter, die wir alle verwenden, und der Themen aus unserem eigenen Leben, die unsere Wahrnehmung behindern, eine basale Fertigkeit für das Verstehen unserer Klienten. Zuhören ist wichtig, aber es ist nicht genug. Klienten brauchen mehr. Wir selber müssen reden, damit unsere Klienten merken, daß sie gehört und verstanden worden sind. Ich möchte deshalb nun die Fertigkeiten des Reflektierens und des Sondierens als Möglichkeiten der verbalen Reaktion auf Klienten diskutieren.

Reflektierende Fertigkeiten

Reflektierende Fertigkeiten sind Fertigkeiten, die uns in die Lage versetzen, unser Verstehen der Perspektive der Klienten und ihres Bezugsrahmens mitzuteilen. Manchmal wird diese Fertigkeit als »Verständnis des internen Bezugsrahmens« bezeichnet. Sondierende Fertigkeiten auf der anderen Seite enthalten »die Perspektive des externen Bezugsrahmens« (Nelson-Jones 1988). Wer sondiert, der antwortet aus dem eigenen Bezugsrahmen. Wer reflektiert, bezieht sich auf den Bezugsrahmen seines Partners.

Ich betrachte reflektierende Fertigkeiten als die wichtigste einzelne Gruppe von Fertigkeiten im Repertoire des Beraters. Sie sind wertvoll, um Vertrauen zu schaffen, um Exploration zu ermutigen und um eine zu frühe Schwerpunktbildung zu problematisieren. Sie sind ein Medium, um empathisches Verstehen und Akzeptieren mitzuteilen – die sondierenden Fertigkeiten tun dies nicht. Die Benutzung reflektierender Fertigkeiten hilft uns, der Spur des Denkens und Fühlens unserer Klienten zu folgen; auf eine vorsichtige Weise zu überprüfen, ob wir richtig verstanden haben; um dem Gespräch vom Standpunkt unseres Bezugsrahmens zumindest eine minimale Richtung zu geben. All diesen Fertigkeiten gemeinsam ist, daß sie den Klienten widerspiegeln, was sie gesagt haben – allerdings in den eigenen Worten des Beraters. Es gibt drei reflektierende Fertigkeiten:

1. Wiederholen,
2. paraphrasieren und
3. zusammenfassen.

Ich will diese drei Fertigkeiten der Reihe nach vorstellen.

Wiederholen

Es bedeutet, den Klienten entweder einzelne Worte oder kurze Sätze, die sie selber verwendet haben, zurückzugeben. Das kann unter Umständen eine wirksame Weise sein, das Gespräch zu fördern. Ich gebe dafür ein Beispiel:

Klientin: Ich habe das Gefühl, ich werde dauernd bestraft.

Beraterin: hmhm, bestraft …

Klientin: Ja. Ich habe wirklich eine Menge Mühe und Nachdenken in diesen Aufsatz gesteckt und die Rückmeldung war niederschmetternd. Ich war wirklich richtig am Boden. Ich denke, ich hätte auch eine bessere Note verdient. Ich traue jetzt meinem eigenen Urteil nicht mehr.

Die Beraterin wiederholte einfach ein Wort, das die Klientin im Gespräch betont hatte und das offensichtlich emotional aufgeladen war. Die Wiederholung ermutigte die Klientin zu weiteren Ausführungen und lieferte zusätzliche Informationen über den Bezugsrahmen der Klientin. Es war weniger auffordernd als eine Frage (»Was meinen Sie damit: bestrafen?«). Dennoch liefert die Wiederholung der Klientin einen sehr vorsichtigen Hinweis darauf, daß sie, wenn sie wolle, noch mehr zu diesem Wort sagen könne.

Wiederholen ist auch eine nützliche Fertigkeit, um den Focus eines Gesprächs im Auge zu behalten. Zum Beispiel:

Klientin: Ich fühlte mich deplaziert wie ein Fisch ohne Wasser. Ich kannte niemanden. Das passiert mir selten. Oh!

Ich kannte tatsächlich jemanden, aber er war so sehr mit anderen Leuten beschäftigt ... Wo war ich stehengeblieben?

Beraterin: Sie fühlten sich wie ein Fisch ohne Wasser.

Klientin: Ich stand so neben mir – so ohne jedes Selbstvertrauen. Ich dachte, na, bin ich eben nicht so interessant wie andere Leute. Da ist es wieder, ich ziehe mich wieder selber nach unten.

Die Intervention der Beraterin bestand darin, durch ihre Wiederholung die Klientin daran zu erinnern, was sie zuletzt im Rahmen ihres Hauptthemas gesagt hatte und sie dadurch zu ermutigen fortzufahren.

Eine Warnung vor übertriebenem Gebrauch. Betrachten Sie das folgende Beispiel, in dem die Beraterin lediglich die Worte des Klienten wiederholt:

Klient: Ich fühlte mich so elend.

Beraterin: Elend ...

Klient: Ja, und niedergeschlagen. Ich frage mich manchmal, ob ich mich jemals wieder glücklich fühlen werde.

Beraterin: Glücklich ...

Klient: Ja, zuhause in einer neuen Beziehung.

Das Gespräch klingt gestelzt und konstruiert. Dennoch scheint es ein paar zusätzliche Informationen zu bringen über das, was der Klient sich eigentlich wünscht. Auf jeden Fall sollten Berater über eine breite Skala von Fertigkeiten verfügen. Nur eine von ihnen zu benutzen und auf andere zu verzichten ist langweilig, klingt gekünstelt und mag viele Klienten irritieren.

Paraphrasieren

Paraphrasieren meint eine Wiederholung der Kernbotschaft unserer Klienten in unseren eigenen Worten. Es soll den Klienten signalisieren, daß wir ihr Anliegen verstanden haben (Gilmore und Fraleigh 1980). Der Bezugsrahmen ist beim Paraphrasieren der des

75

Klienten. Die Absichten, die mit dieser Fertigkeit verbunden werden können, sind folgende:

1. *Unsere Wahrnehmung dessen zu überprüfen, was Klienten gesagt haben.* Paraphrasieren erlaubt es sowohl dem Berater als auch dem Klienten zu prüfen, ob ein gemeinsames Verständnis des besprochenen Problems existiert.

2. *Dabei die Grundwerte von Akzeptanz und Verstehen vermitteln.* Akzeptanz und Verstehen sind Grundhaltungen, die sich nicht nur in einer einzelnen Fertigkeit einfangen lassen. Dennoch ist die Entwicklung dieser Fertigkeit *eine* Möglichkeit, den Klienten zu vermitteln, daß wir »bei ihnen sind«, daß wir uns bemühen, ihre Sichtweise zu verstehen und daß wir dieses Verständnis noch einmal überprüfend zur Disposition stellen. Wenn wir dabei wirklich bei der Sache und bei der Person unserer Klienten sind, haben wir gute Ausgangsvoraussetzungen, um akzeptieren und verstehen zu können.

3. *Informationen zu sammeln, wie Klienten sich und ihr Anliegen sehen.* Paraphrasieren ist eine gute Fertigkeit zur Informationssammlung. Es zeigt den Klienten, daß wir ihnen folgen. Es läßt ihnen Raum, um zu sagen, was sie für wichtig halten. Natürlich gibt es auch vielerlei Möglichkeiten, um unsere Klienten direkt um Informationen zu bitten und die Richtung des Gesprächs an einigen Punkten direkt zu steuern. Ich werde diese Strategien im Zusammenhang mit der Fertigkeit des Sondierens vorstellen.

4. *Eine vertrauensvolle Beziehung aufbauen.* Klienten sind häufig beschämt und fühlen sich verletzbar. Vielleicht sind sie noch sehr unsicher, ob sie Ihnen vertrauen können und ob Sie ihnen mit Ernsthaftigkeit und Respekt begegnen. Das Paraphrasieren ist *ein* Weg, ihnen zu zeigen, daß Sie das, was die Klienten sagen, ohne Be- und Verurteilung entgegennehmen.

Damit das Paraphrasieren wirkungsvoll werden kann, muß es selbstverständlich akurat sein. Das wäre es nicht, wenn das meiste dessen, was Sie beim Paraphrasieren sagen, von den Klienten als nicht korrekt oder einfach nicht »auf den Punkt gebracht« zurückgewiesen werden müßte. Paraphrasieren ist eine Schlüsselfertigkeit für die Ziele der Anfangsphase. Es erlaubt uns, auf eine akzeptierende und nicht bewertende Weise zu reagieren. Das folgende Beispiel soll dies illustrieren.

Die Klientin spricht über ihr Zuhause und wie sie sich selber sieht.

Klientin: Ich glaub', ich hab' mich immer als Versagerin gefühlt. Ich hab' keine Universität besucht wie mein Bruder und ich bin auch nicht in so einem Power Job. Alles, was er gemacht hat, ist gutgegangen. Mit minimalen Anstrengungen hat er das meiste rausgeholt. Ich mußte immer hart arbeiten, um dorthin zu kommen, wo ich bin.

Beraterin: Sie vergleichen das, was Sie erreicht haben mit dem Ihres Bruders. Und Sie nennen sich selber eine Versagerin.

Klientin: Ja! Also eben nicht erste Klasse! In meiner Familie ist er der Überflieger; ich wackele eher still vor mich hin. Verstehen Sie mich bitte nicht falsch. Ich bin ganz stolz auf einige der Dinge, die ich erreicht habe. Ich hab' eine Wohnung, ich hab' einen Job und ich hab' einen Wagen ... (sie schaut dabei etwas traurig aus)

Beraterin: Sie scheinen betrübt. Es ist so, als wollten Sie sagen: Das alles reicht noch nicht.

Klientin: Ich glaube nicht, daß es reicht. Ich glaube, ich denke, ich hätte mehr machen sollen. Aber das ist eben leichter, wenn Ihnen alles auf einem silbernen Teller serviert wird, nicht wahr?

Beraterin: Sie sind wütend, weil es Ihr Bruder besser hatte – so wie Sie es sehen.

Klientin: Ja ... (bitter), ich bin wütend und aufgebracht. Mein Bruder hatte alles – Unterstützung – Ermutigung. Meine Mutter hat mir dieser Tage gesagt, es sei immer leichter für den Zweitgeborenen. Das ist er! Ich hab' den Weg geebnet und die Schlachten geschlagen.

Beraterin: Sie sind ärgerlich wegen der Hilfe, die ihm zuteil wurde.

Die Beraterin benutzt die Technik des Paraphrasierens, um der Klientin mitzuteilen, daß sie sie versteht, aber auch, um sie zu ermutigen, ihre Gefühle auszudrücken.

Paraphrasieren bringt uns nahe an unsere Klienten heran, ohne uns in Argumente mit ihnen zu verwickeln oder den Eindruck heimlichen Einverständnisses hervorzurufen. Es eignet sich besonders, um starke Gefühle und Angriffe von Klienten ohne aggressive oder defensive Reaktionen zur Kenntnis zu nehmen. Dafür ein Beispiel:

Klient: (mit starker Stimme) Für Sie ist das ja in Ordnung. Aber was wissen Sie über Fehlschläge? Sie hat doch nie jemand zurückgewiesen oder in die Ecke gestellt. Alles, was Sie tun müssen, ist dazusitzen und zuzuhören. Ich bin doch derjenige, der mitten im Schlamassel sitzt.

Beraterin: Sie sind ärgerlich, daß ich Ihnen nicht nachfühlen kann, was Sie gerade durchmachen.

Klient: Darauf können Sie Gift nehmen! Was ich durchgemacht habe, mit Ihnen, mit meiner Exfrau, mit allen!

Beraterin: Und ich weiß nicht, was das Leben für Sie bedeutet.

Klient: Nein! (nach einer Weise langsamer und ruhig) Ich schätze, niemand kann das wirklich, und das ist mein Problem.

Paraphrasieren ist eine hervorragende Fertigkeit auch für Klienten herauszufinden, was sie meinen. Denn damit wir sie als Berater verstehen können, müssen sie sich auch selber verstehen. Ein Beispiel:

Klientin: Ich bin so nutzlos: Die ganze Woche habe ich gezittert, ob ich den Job nehmen soll oder nicht. Ich kann mich nicht entscheiden. Manchmal denke ich, ich wäre verrückt, wenn ich ihn nicht nehme, dann denk' ich wieder, er ist nicht das, was ich wirklich will.

Beraterin: Sie sind unentschieden. Jetzt haben Sie den Job und Sie wissen nicht mehr, ob Sie ihn wirklich wollten.

Klientin: (nach einer Pause) Nein! Wenn ich Sie das jetzt sagen höre, dann merke ich: Ich will den Job. Aber ich bin nicht sicher, ob ich ihn nehmen sollte. Ich hab' einfach Angst, daß ich keinen Erfolg haben werde. Ich möchte nicht versagen.

Hier macht sich die Klientin angesichts der Paraphrase der Beraterin klar, daß das, was sie sagte, nicht das sei, was sie eigentlich meinte.

Leitlinien beim Paraphrasieren

– Seien Sie vorläufig und bieten Sie Ihre Wahrnehmung dessen, was der Klient gesagt hat, als schwebende Frage an;
– vermeiden Sie es, dem Klienten etwas zu erzählen, ihn zu informieren oder für ihn eine Situation zu definieren;
– bleiben Sie respektvoll – urteilen Sie nicht – seien sie weder ironisch noch sarkastisch;
– benutzen Sie Ihre eigenen Worte; die einfache Wiederholung der Worte der Klienten ist nicht Paraphrasieren, sondern Restating (wiederholen) und würde bei häufigem Gebrauch wie eine Farce erscheinen;
– achten Sie auf die Tiefe der Gefühle im Ausdruck Ihrer Klienten und versuchen Sie eine ähnliche Ebene zu treffen;
– fügen Sie dem, was die Klienten sagen, nichts hinzu, vermeiden Sie auch eine Bewertung oder das Angebot einer Interpretation;
– bleiben Sie bei sich selber und geben Sie nicht vor zu verstehen, wenn Sie nicht verstehen. Dann sollten Sie etwa sagen: »Ich möchte Sie ja verstehen. Lassen Sie mich deshalb fragen …«;
– seien Sie kurz und direkt;
– halten Sie Ihre Stimme auf einer möglichst gleichmäßigen Höhe, eine Stimme, die Widerstand, Skepsis oder Mißtrauen signalisiert, würde keine Akzeptanz transportieren.

Zusammenfassen

Zusammenfassungen sind wesentlich länger als Paraphrasen. Sie sollen bedeutsame Aspekte eines Gesprächs auf eine organisierte Weise zusammenfassen. In der Anfangsphase des Beratungsprozesses werden die Zusammenfassungen das sein, was Ivey (et al. 1987) als »begleitende Zusammenfassungen« bezeichnet. Sie enthalten das, was die Klienten gesagt haben, und enthalten nicht oder werden nicht bestimmt von Ihren eigenen Hypothesen. Sie sind dann besonders nützlich, wenn sie auf kohärente Weise das wiedergeben, was die Klienten gesagt haben, und auf diese Weise einen Rückblick auf die bisherige Arbeit erlauben. Lassen Sie mich zwei mögliche Zusammenfassungen betrachten, welche die Beraterin am Ende der Sitzung mit jener Klientin geben könnte, die sich mit ihrem Bruder vergleicht.

Beraterin: Nach alldem, was Sie bis jetzt gesagt haben, fühlen Sie sich ärgerlich und wütend. Über die unfaire Weise, wie Sie von Ihren Eltern behandelt worden sind. Sie vergleichen sich mit Ihrem Bruder und sehen sich in dem, was Sie erreicht haben, Ihrem Bruder unterlegen.

Beraterin: Sie haben über die Konkurrenz mit Ihrem Bruder gesprochen und wie Ihre eigenen Schlachten den Weg für ihn geebnet haben. Es bewegt Sie aber auch, daß Sie nicht so erfolgreich waren, wie Ihre Eltern offensichtlich erwarteten.

Jede der beiden Zusammenfassungen enthält einen Versuch, den bisherigen Hauptinhalt der Sitzung zusammenzufassen. Zusammenfassen kann folgenden Zwecken dienen:

1. *Es kann helfen, Inhalte und Gefühle zu klären.* Klienten präsentieren uns oftmals komplizierte Anliegen und Themen. Wenn sie in Bedrängnis sind, präsentieren sie dies nicht in einer für den Berater geordneten Weise. Wir müssen uns deshalb versichern, ob wir die wirklich wichtigen Punkte erfaßt haben. Wir müssen uns auch versichern, daß wir den Klienten tatsächlich ebenso akkurat folgen wie wir glauben, daß wir es tun. Wir sagen dann: »Ich möchte mal prüfen, ob ich Sie wirklich verstanden habe«, um dann das zusammenzufassen, was die Klienten in Ihrer Wahrnehmung gesagt haben;

2. *Es liefert einen Rückblick auf die Arbeit.* Zusammenfassen ist eine Art Bestandsaufnahme, die den Klienten die Möglichkeit

eröffnet, entweder Mißverständnisse zu korrigieren oder dem Gesagten etwas hinzuzufügen oder es zu modifizieren;

3. *Es kann helfen, die Sitzung zu beenden.* Wenn die Zusammenfassung benutzt wird, um das Gespräch zu beenden, sollte der Zusammenfassung hinzugefügt werden, was die Klienten vor der nächsten Sitzung zu tun versprochen haben und welche Themen in der nächsten Sitzung behandelt werden sollen;

4. *Es kann benutzt werden, die nächste Sitzung zu eröffnen.* Zusammenfassungen sind sehr nützlich, um den Beginn der folgenden Sitzung zu erleichtern, weil sie für die Berater wie für die Klienten einen gemeinsamen Start darstellen können. Ein Beispiel:

> *Beraterin:* Ich habe noch mal über die letzte Sitzung nachgedacht. Wir haben im wesentlichen davon gesprochen, daß Sie sich in einer Falle fühlen. Auf der Arbeit, in Ihrer Beziehung. Möchten Sie dieses Thema wieder aufgreifen oder gibt es andere Themen, auf die Sie sich heute konzentrieren möchten?

Zusammenfassungen wie diese sollten beiläufig gemacht werden, weil es sonst so aussieht, als wollten Sie damit die Tagesordnung für die Sitzung endgültig festklopfen. Bei beiläufiger Benutzung kann die Zusammenfassung jedoch ein Bindeglied zwischen einzelnen Sitzungen sein;

5. *Es kann helfen, Prioritäten zu setzen und Schwerpunkte zu bilden.* Klienten brauchen eine Hilfe bei dem Erkennen der wichtigen Punkte ihrer Anliegen und bei der Herstellung von Prioritäten. Die Rahmen für das Zuhören und die Organisierung des Inhaltes, die ich im zweiten und dritten Kapitel erwähnt habe, werden es Ihnen ermöglichen, »aktiv zuzuhören«, um die Klienten bei diesen beiden Aufgaben zu unterstützen. Während jedes Stadiums des Beratungsprozesses erhalten wir eine Menge Informationen; beispielsweise über das Selbstbild unserer Klienten und ihre unterschiedlichen Anliegen, aber auch, wie sie andere Menschen sehen. Dabei werden wir Hypothesen über das bilden, was sie sagen und über das, was sie nicht sagen. Wir werden versuchen, durchgängige Muster und Leitthemen zu erkennen als Teile der Landkarte, die ihre Sichtweise auf ihre Welt darstellt;

6. *Es kann helfen, den Beratungsprozeß voranzubringen.* Um voranzukommen, brauchen wir eine Entscheidung über die Richtung, die der Beratungsprozeß nehmen könnte. In einem allgemeinen Sinn können alle Fertigkeiten, die wir in diesem Buch erwähnen, bei angemessener Verwendung Instrumente sein, um die Beratung voranzubringen. Manchmal werden wir die Beratung durch die Einführung eines neuen Schwerpunktes vorwärts bewegen wollen. Der Schwerpunkt kann sich auf den gesamten Prozeß beziehen oder auf eine einzelne Sitzung – beispielsweise wenn es darum geht, einen Beratungsvertrag auszuhandeln.

Ich befasse mich jetzt mit zwei speziellen Typen von Zusammenfassungen, die nützlich sein können um einen Schwerpunkt zu bilden, Prioritäten zu setzen und die Explorationsphase in Richtung auf einen Beratungsprozeß voranzutreiben. In der Fachliteratur werden diese beiden Typen als »Gang zum Kreuzweg« und »Figur-Grund-Perspektive« (Gilmore 1973) bezeichnet.

Der Gang zum Kreuzweg. Es gibt in vielen Sitzungen Situationen, in denen Sie sicher sind, Themen oder Themenfelder oder unterschiedliche Facetten eines Themas zu identifizieren, über die ein Klient gerade spricht. Unterstellt, daß dieser Klient viele verschiedene Anliegen hat und auch bisher bei ihnen geblieben ist und weiter unterstellt, daß eine Entscheidung notwendig wird, in welcher Reihenfolge diese unterschiedlichen Themen behandelt werden sollen, ist die »Kreuzweg-Situation« eine Möglichkeit, den Klienten zu helfen, eine Wahl zu treffen. Dabei müssen verschiedene Aspekte der Themen ins Auge gefaßt werden. Dabei kann eine »begleitende Zusammenfassung« hilfreich sein und eine Aufforderung an den Klienten, sich bewußt zu entscheiden, auf welchem Thema der Schwerpunkt zunächst liegen soll. Dazu ein Beispiel:

Klientin: (bei der Exploration ihrer Einstellungen zur Arbeit) Nein wirklich, ich bin unzufrieden mit den Dingen wie sie sind. Ich fühle mich nicht gefordert. Sicher – ich bin in dem Sinn gefordert, daß ich zuviel langweilige Verwaltungsarbeit machen muß; aber das ist keine Anforderung an die Entwicklung meiner Fähigkeiten. Als ich das meiner Chefin gesagt habe, hat sie mir geantwortet: »Gerade die Details in der Verwaltungsarbeit müssen stimmen. Das sind überhaupt die wichtigsten Dinge.« Ich hab' das Gefühl, ich werde überhaupt nicht ernstgenommen. Ich möchte, daß das akzeptiert wird, was ich sage. Wenn das, was ich mache, wirklich so wichtig ist, warum werde ich dann nicht besser bezahlt und warum nimmt dann keiner von meiner Arbeit Notiz?

Beraterin: Wenn ich Sie richtig verstehe, dann scheinen es drei Sachen zu sein, die Sie im Hinblick auf Ihre Arbeit bewegen: Daß Sie nicht gefordert werden; daß Sie mit Verwaltungsarbeit gelangweilt und vollgestopft werden; und daß Sie sich mit Ihrer Chefin nicht so gut verstehen wie Sie es gern möchten. Worauf sollten wir uns jetzt konzentrieren?

Klientin: Ich glaub' auf meine Chefin. Wenn ich sie für meine Ideen gewinnen könnte, dann wäre ich frei für mehr interessantere Arbeit. Aber alle meine Versuche, mit ihr darüber zu sprechen, enden mit einem Patt. Ich verstehe überhaupt nicht, was da passiert. Nach jedem Gespräch mit ihr bin ich frustriert und sage mir »wozu das alles?«.

Die Zusammenfassung der Beraterin organisiert den bisherigen Inhalt der Sitzung und nennt drei Aspekte im Anliegen der Klientin. Die Zusammenfassung bleibt offen und läßt der Klientin die Möglichkeit der Wahl für einen der drei Aspekte.

Es mag Situationen geben, in denen Sie nicht mit Ihren Klienten über die Wahl des zunächst zu diskutierenden Themas übereinstimmen. Vielleicht denken Sie, daß Ihre Klienten wichtige Gegenstände vermeiden wollen oder Sie glauben einfach, daß es angemessener wäre, mit einem anderen Thema zu beginnen. Aber in den meisten Fällen sollte die Wahl bei Ihren Klienten liegen.

Figur-Grund-Perspektive. In dieser Variante sagt die Beraterin, welches in ihrer Wahrnehmung der wichtigste Inhalt für den Klienten ist. Dabei mag eine Rolle spielen, daß der Klient über diesen

Gegenstand mit starken Emotionen gesprochen hat, oder daß er häufiger zu ihm zurückgekehrt ist. Die Beraterin mag auch eine Hypothese darüber gebildet haben, daß dieser Gegenstand eine »besonders harte Nuß« von allerdings zentraler Bedeutung darstellt. Wenn er deshalb zuerst bearbeitet würde, hätte der Klient mehr Energie frei, um andere Themen zu behandeln. Der Begriff von »Figur und Grund« bedeutet: Wenn ein Aspekt im Anliegen eines Klienten im Vordergrund seines bewußten Denkens steht, dann geraten andere Aspekte ins Hintertreffen oder bilden den Hintergrund. Aber was im Vordergrund steht, mag von Fall zu Fall wechseln. Manche Klienten wüßten gar nicht, daß sie bestimmten Themen eine solche Aufmerksamkeit zuwenden. Betrachten wir das folgende Beispiel:

Klientin: (spricht über ihren Streß) Im Augenblick zerrt es an mir in vielen Richtungen. Ich fühle mich sehr zerrissen. Meine Mutter ist alt und ist im Laufe der letzten Jahre merklich anfälliger geworden. Letzte Woche ist sie hingefallen. Sie hat sich nicht wirklich verletzt, aber es war ein Schock. Für uns alle. Ich hab' keine Ahnung, wie lange sie noch für sich selber sorgen kann und ich denke, sie würde es gern sehen, wenn wir sie zu uns nähmen. Aber mein Partner möchte das nicht – und um ehrlich zu sein: ich auch nicht. Ich habe einen Job in Aussicht, auf den ich seit Jahren hingearbeitet habe und ich bin entschieden, daß ich im Leben Erfolg haben werde. Aber da gibt es wieder ein Problem. Der neue Job bedeutet, daß ich reisen muß. Das alles sind Veränderungen und der Zwang, sich ihnen anzupassen. Einiges ist ja positiv, wie der neue Job; anderes ängstigt mich, wie die Pflegebedürftigkeit meiner Mutter.

Beraterin: Es scheint mir, daß bei allen Veränderungen und neuen Herausforderungen, die auf Sie zukommen, die Sorge für die notwendig werdende Pflege Ihrer Mutter für Sie im Vordergrund steht. Sie klangen sehr besorgt, als Sie über sie gesprochen haben. Sehen Sie das auch so?

Klientin: Ja, sie geht mir wirklich nicht aus dem Kopf. Ich wollte diesen neuen Job und ich werde auch mit den Anforderungen fertig, die er enthält. Ich würde mich wohler fühlen, wenn ich wüßte, daß es mehrere alternative Möglichkeiten gäbe, mich um Mutter zu kümmern. Ich wäre dann nicht so zerrissen.

Beraterin: Wäre es nicht sinnvoll, daß wir heute darüber sprechen? Gemeinsam herausfinden, welche Ideen, aber auch welche Ängste Sie haben, sich um Ihre Mutter zu kümmern?

Die Beraterin benutzt eine kurze Zusammenfassung, um ihr Verständnis dessen zu formulieren, was sie für das für die Klientin im Vordergrund stehende Problem hält. Von daher machte sie einen Vorschlag für die Tagesordnung der Sitzung. Wenn Sie aus mehreren Problemen, mit denen Ihre Klienten kommen, ein Thema herausgreifen, das Sie als im Vordergrund stehend vermuten, so bleibt es wichtig, diese Option als einen Vorschlag anzubieten und auf einen Kommentar der Klienten zu warten. Es kann sein, daß sie anderer Meinung sind, und daß sie deshalb die verschiedenen Sichtweisen offen und auf eine nicht defensive Weise explorieren wollen.

In diesem Abschnitt habe ich einen Überblick über reflektierende Fertigkeiten gegeben. Diese Fertigkeiten versorgen den Berater mit sehr wenig invasiven Instrumenten, um Klienten zu ermutigen, zu explorieren, zu klären und Schwerpunkte zu setzen. Es ist unmöglich, im Beratungsprozeß nicht auch direktiv zu sein. Was Sie als das zentrale Anliegen Ihrer Klienten betrachten, was Sie sich entschließen zurückzuspiegeln, was Sie auslassen oder nicht beachten, das alles sind Weisen, durch die Sie sowohl die Inhalte als auch die Richtung ihrer Bearbeitung beeinflussen. Aber in dieser Anfangsphase der Beratung, in der Sie Ihre Klienten kennenlernen, werden Sie Wert darauf legen, soviel Spielraum wie möglich offen zu halten, damit die Klienten möglichst unbeeinflußt von Ihrer eigenen Perspektive sagen können, was sie glauben, sagen zu sollen. Alle reflektierenden Fertigkeiten werden Ihnen dabei helfen. Aber nun wende ich mich den sondierenden Fertigkeiten zu.

Sondierende Fertigkeiten

Sondieren als ein Begriff hat eine invasive (eindringende) Komponente oder – wie eine Praktikantin es einmal gesagt hat »wir sollten diese Fertigkeit mit Sorgfalt und Zurückhaltung benutzen; wir geraten dabei auf ein Gelände, auf das wir nicht eingeladen worden sind.«

Im Sondieren ist die Vorstellung von Beratern eingeschlossen, welche Themen anzusprechen wichtig wäre. Wenn wir die Technik des Sondierens benutzen, dann geht die Kontrolle über den Inhalt des Gesprächs vom Klienten auf den Berater über und der Berater ist dabei vergleichsweise direktiver als beim Praktizieren der Instrumente des reflektierenden Fragens, des Paraphrasierens und des Zusammenfassens. Das ist nicht falsch oder gefährlich, wenn es vernünftig und umsichtig verwendet wird. Berater jedoch, die sich auf das Sondieren kaprizieren, wirken leicht, als würden sie ein Verhör durchführen oder laden ihre Klienten ein, auf eine rezeptive Weise Fragen zu beantworten. Trotz dieses Vorbehalts ist das Sondieren eine wichtige Technik im Beratungsgeschehen. Es gibt Situationen, in denen es angemessen ist, zusätzliche Informationen von Klienten zu erhalten und sie zu ermutigen, spezieller und konkreter zu sein als sie es bisher waren. Die Berater können Klienten auf Gebiete aufmerksam machen, die sie einer weiteren Betrachtung für wert halten. Zu den Fertigkeiten des Sondierens gehört das Fragen und eine beiläufigere Form der Frage, das »Statement«. Mit ihnen werde ich mich jetzt ausführlicher beschäftigen.

Fragen

Ich möchte zunächst verschiedene Typen von Fragen vorstellen und mich dann mit ihren möglichen Wirkungen befassen und mit der Technik, sie zu stellen.

Offene Fragen. Sie sind sinnvoll, sowohl um Informationen zu erhalten, als auch, um Klienten in den Prozeß des gemeinsamen Suchens einzubinden. Offene Fragen fordern eine ausführlichere Antwort heraus als »geschlossene Fragen« (Ja/nein oder Vorgabe mehrerer Möglichkeiten). Sie beginnen in der Regel mit »was«,

»wo«, »wie«, »wer«. Wenn eine Klientin beispielsweise darüber spricht, daß sie sich mit ihrem Partner streitet, dann können Sie fragen: »Was passiert gewöhnlich, wenn Sie sich streiten?« Oder: »Womit beginnt Ihr Streit gewöhnlich?« Oder: »Wann streiten Sie sich in der Regel?« Oder: »Wo geschieht dies gewöhnlich?« Oder: »Wer ist normalerweise der erste, der einlenken möchte?«

Vermeiden Sie Fragen, die *allzu* offen sind. Beispielsweise fragte eine meiner Kolleginnen zu Beginn einer Sitzung: »Was glauben Sie, was für eine Person Sie sind?« Solche Fragen sind nicht zu beantworten oder die Antworten sind wenig aussagekräftig. Außerdem setzen sie Klienten unter einen unnötigen Druck.

Hypothetische Fragen. Das sind offene Fragen, die sich darauf beziehen, was in der Zukunft passieren könnte. Sie können Klienten einladen, über ihre eigenen Gedanken und die Gedanken anderer zu spekulieren, über Gefühle und Verhaltensweisen. Die Phantasien und Ängste, die in ihnen enthalten sind, können jedoch entmutigend wirken und Klienten von notwendigen Handlungsschritten abhalten. Sie können hilfreich sein, um Klienten zu helfen, ihre Ängste zu artikulieren und sie in der relativen Sicherheit der Beratungsbeziehung zu explorieren. Wenn man Ängste und Befürchtungen erst einmal in Worte gefaßt hat, sind sie für Betrachtung und Modifikation zugänglich. Im folgenden Beispiel beklagt sich eine Klientin, daß sie sich von ihrer Freundin ausgenutzt fühlt.

Klientin: Seit zwei Monaten schuldet sie mir Geld und ich weiß, ich sollte sie daran erinnern. Aber ich kann's einfach nicht.

Beraterin: Was, glauben Sie, würde wohl passieren, wenn Sie sie bitten würden, Ihnen das Geld zurückzugeben?

Klientin: Oh! Ich weiß es nicht. Ich hab' nie darüber nachgedacht. Ich denke, das würde sie aufbringen.

Beraterin: Und was würde dann passieren?

Klientin: Sie würde ärgerlich werden. Sie würde mir sagen, daß ich sie unter Druck setze. Und das würde das Ende unserer Freundschaft sein!

Die Klientin beginnt damit, ihre Angst zu identifizieren und fährt fort, darüber nachzudenken, wie wahrscheinlich es ist, daß ihre

Freundin sie zurückweist und was das für sie bedeuten wird. Indirekt spricht sie auch über ihre Schwierigkeit, mit dem Ärger von Menschen fertigzuwerden, denen sie sehr nahe steht.

Hypothetische Fragen sind auch wertvoll, um Klienten zu helfen, sich positive Ergebnisse vorzustellen oder sich alternative Verhaltensweisen zu überlegen. Einen Klienten, der seine Scheu ausdrückt, auf eine Anforderung »nein« zu sagen, könnte man fragen: »Was meinen Sie, würde wohl passieren, wenn Sie zu ihr »nein« sagen würden?« Oder: »Was wäre Ihrer Meinung nach die schlimmste Sache, die passieren könnte, wenn Sie zu ihr »nein« sagen würden?«

Wenig hilfreiche Fragen. Im Beratungsgespräch gibt es eine Reihe von wenig hilfreichen Fragen, an die wir allerdings im Alltagsleben gewöhnt sind.

»Warum-Fragen«. Warum-Fragen werden oftmals dadurch verschleiert, daß sie als »wie kommt das?«-Fragen gestellt werden. Sie sind in der Beratung deshalb wenig hilfreich, weil sie Klienten dazu verführen, nach »Ursachen« und »Gründen« zu suchen. Natürlich möchten Klienten häufig wissen und verstehen, warum sie so sind, wie sie sind. Warum sie die Gedanken denken, die sie denken. Warum sie depressiv sind oder immer wieder erfolglose Beziehungen eingehen. Es ist auch unstrittig, daß Beratung darauf abzielt, ihnen zu helfen, ihr Selbst-Verständnis zu erhöhen und ihnen Einsichten in die Weisen zu ermöglichen, auf die sie immer wieder andere Menschen einladen, sich ihnen gegenüber so zu verhalten, wie sie es tun. Aber ein Verständnis von Klienten über sich selber würde schwerlich durch eine Antwort auf die einfache Frage »warum« geweckt. Eine gemeinsame Erforschung ihrer Gedanken, Werte, Glaubensvorstellungen, Verhaltensweisen und Ängste ist mit Wahrscheinlichkeit fruchtbarer, damit sie sich einen Reim auf sich selber und ihre Sichtweise der Welt machen können.

Außerdem führen Antworten auf die Frage »warum« nicht zum Handeln. Was Klienten meistens fehlt, sind die Kenntnisse und die Fertigkeiten, um neue Handlungsweisen zu entwickeln. Ihnen muß geholfen werden, diese Fertigkeiten zu gewinnen.

Geschlossene Fragen. Sie laden Klienten dazu ein, entweder »ja« oder »nein« zu sagen. Sie haben keinen explorativen Wert und können auch den aufgewecktesten Klienten zum Schweigen bringen. Der wiederholte Gebrauch solcher geschlossener Fragen führt in eine eskalierende Spirale. Der Klient sagt weniger und weniger und der Berater fragt mehr und mehr. Nehmen wir das folgende Beispiel:

Beraterin: Haben Sie Ihrer Frau gesagt, daß Sie sich für diesen Job beworben haben?
Klient: Na ja (Pause), nein, noch nicht.
Beraterin: Werden Sie das tun?
Klient: Ja, wahrscheinlich.
Beraterin: Denken Sie, daß sie was dagegen haben wird?
Klient: Ja, bestimmt.
Beraterin: Ist es sehr schwer für Sie, mit ihr zu reden?
Klient: Ja. Das denke ich schon.

Dieser Klient wird mit einer Batterie von Fragen konfrontiert. Er wird weder ermutigt das Terrain zu erforschen, noch, was er schon gesagt hat, zu erweitern. Die Beraterin folgt ihrer eigenen Tagesordnung und beackert ein Gelände, das ihr gerade wichtig scheint. Die Sitzung nimmt einen Kontrollcharakter an, der Klient fühlt sich gequält, um nicht zu sagen verurteilt. Ich möchte jetzt die Sitzung mit Hilfe unterschiedlicher Frage-Formen rekonstruieren.

Beraterin: Haben Sie Ihrer Frau gesagt, daß Sie sich für den Job beworben haben?
Klient: Na ja (Pause), nein noch nicht.
Beraterin: Es klingt so, als würden Sie zögern, es ihr zu erzählen.
Klient: Ja, das stimmt. Ich weiche dem aus. Ich denke, sie würde sich aufregen, weil sie nicht umziehen will. In mir ist ein winziger Rest, der tatsächlich hofft, daß ich den Job nicht bekomme. Das würde eine Menge Unruhe bringen. Sie hat hier ihre Arbeit und ihren Freundeskreis. Ich habe das nicht, weil ich dauernd auf Reisen bin. Unser soziales Leben liegt tatsächlich in ihrer Hand.
Beraterin: Sie sind zerrissen zwischen dem Wunsch, die neue Arbeit zu nehmen und dem Wunsch für Ihre Frau, die Dinge zu lassen so wie sie sind.

Klient: (gedehnt) Hm, das ist es wohl, denke ich.

Beraterin: Ich merke, daß Ihre Stimme so tonlos klingt.

Klient: Ich fühl' mich im Augenblick plötzlich auch richtig ärgerlich und wütend. Es ist, als ob ich sagen würde, »wie kann sie mich auch zurückhalten!«

Beraterin: Wie kann sie Sie zurückhalten!

In diesem zweiten Beispiel verwendet die Beraterin die Techniken der geschlossenen Frage (zu Beginn), des Paraphrasierens und der Wiederholung. Das Interview gewinnt dadurch einen wesentlich stärker explorativen Charakter und der Klient erhält die Möglichkeit, sich über seine Gefühle klarer zu werden. Selbstverständlich gibt es Situationen, in denen offene Fragen einen Umweg zum Erhalt notwendiger Informationen wären. Es wäre beispielsweise närrisch, daß Sie einen Klienten fragen würden: »Wie kontrollieren Sie Ihre depressiven Tendenzen?« wenn Sie eigentlich eine Antwort auf die Frage erwarten würden: »Nehmen Sie gegen Ihre Depressionen irgendeine Art von Medikament?«

Entweder-Oder-Fragen. Solche Fragen sind wenig hilfreiche Variationen von geschlossenen Fragen. Sie wirken restriktiv, weil sie den Klienten lediglich zwei Alternativen präsentieren, wo es möglicherweise wesentlich mehr geben würde. Außerdem enthalten diese Fragen meist zwei Alternativen, die Ihrem eigenen Bezugsrahmen entstammen und nicht aus der Exploration mit Klienten gewonnen worden sind. Nehmen wir ein kurzes Beispiel:

Beraterin: Werden Sie es ihr morgen sagen, oder werden Sie warten, bis sie Sie fragt?

Klient: Weder noch. Ich glaube, ich sag's ihr überhaupt nicht.

Serienfragen. Sie sind unökonomisch, weil die Anhäufung mehrerer Fragen in einer Intervention für Klienten entweder verwirrend oder überwältigend wirkt. Klienten beantworten in der Regel nur eine der Fragen oder fragen zurück. Im folgenden Beispiel benutzt die Beraterin eine Serienfrage als Reaktion auf eine Aussage ihrer Klientin.

Klientin: Ich mach' mir wirklich Sorgen um meinen Sohn. Er bleibt nachts lange weg. Er antwortet mir rüde und sagt mir, ich solle mich um meine eigenen Sachen kümmern, wenn ich ihn frage, wo er gewesen ist. Er macht seine Hausaufgaben nicht. Ich habe wirklich Sorge, daß er von der Schule fliegen wird.

Beraterin: Haben Sie mit einem Lehrer gesprochen oder seinen Klassenlehrer? Hat er eine Freundin? Oder denken Sie, daß hinter Ihrem Rücken etwas Finsteres vor sich geht?

Klientin: Nein. Das denke ich nicht.

Die Beraterin hat gleichzeitig eine Reihe von geschlossenen Fragen gestellt; aus der Antwort war nicht zu entnehmen, welche dieser Fragen von der Antwort betroffen sein sollte. Die Interaktion wurde ziemlich undurchsichtig. Die Beraterin fuhr fort:

Beraterin: Wollen Sie damit sagen, daß Sie nicht denken, daß er eine Freundin hat?

Klientin: Nein. Was ich meinte, daß ich nicht denke, daß hinter meinem Rücken etwas Finsteres vor sich geht.

Die Fragerin hätte von Anfang an durch eine offene Frage oder durch Paraphrasieren diese Schwierigkeit vermeiden können. Beispielsweise:

Beraterin: Sie klingen sehr besorgt über Ihren Sohn. Was berührt Sie am meisten?

Klientin: Ich glaub' nicht, daß es etwas Ernsthaftes ist – so wie Drogen. Ich denke, ich bin besorgt, daß er von der Schule muß, weil seine Examensnoten so schwach sind. Also – eigentlich macht mich seine Flegelhaftigkeit richtig krank. Sie zieht mich zu Boden.

Leitfragen. Solche Fragen bedeuten für Klienten häufig, entweder offen oder verdeckt, daß eine bestimmte Antwort erwartet wird, oder daß dahinter Werte, Glaubenssätze und Gefühle stehen, welche die Klienten haben oder erfahren sollen. Manchmal sind es die nichtverbalen Zeichen der Beraterin, die die Botschaft tragen. Die Botschaft lautet: »So sollten Sie nicht denken oder fühlen!«

Klient: Manchmal fühle ich mich so ärgerlich und frustriert, wenn er überhaupt nicht aufhört zu weinen, daß ich schreien und ihn schütteln könnte.

Beraterin: Wollen Sie damit sagen, daß Sie das Gefühl haben, Sie könnten Ihren Sohn verletzen?

Die »Botschaft« der Beraterin besteht nicht nur in der Wahl ihrer Worte, sondern im wesentlichen in dem diese Worte begleitenden nichtverbalen Verhalten. Stellen Sie sich vor, daß Sie selber eine Antwort geben würden: Einmal mit einem schockierten Gesichtsausdruck und einem wütenden Ton in der Stimme; und dann stellen Sie sich die gleiche Antwort vor mit direktem Augenkontakt, gleichmäßig verhaltener Stimme und einem besorgten Ton. Beim ersten Male ist es sehr wahrscheinlich, daß der Klient den Eindruck gewinnt, das, was er gesagt habe, sei schockierend, unakzeptabel und solche Gefühle solle man nicht haben. Im zweiten Falle entsteht dieser Eindruck nicht. Es entsteht vielmehr der Eindruck einer gewißen besorgten Offenheit, er könnte dem Klienten helfen, seine gegenwärtigen Gedanken und Gefühle zu erforschen. Ich will damit nicht sagen, daß man potentiell bedeutsame und ernsthafte Informationen seiner Klienten ignorieren sollte, sondern daß man das, was man denkt und fühlt nicht durch suggestive Fragen oder verdeckte Signale suggerieren sollte. Ein anderes Beispiel:

Schülerin: Ich weiß wirklich nicht, was ich machen werde, wenn ich das Abitur geschafft habe. Das ist das Problem. Ich hab' genug vom Lernen und von Prüfungen.

Beraterin: Meinen Sie nicht, daß die meisten Schüler so denken wie Sie, und daß Sie später realisieren, wie wichtig weiterführende Qualifikationen sind?

Hier macht die Beraterin zwei Fehler: Sie kommuniziert ihre eigenen Prinzipien und generalisiert sie außerdem noch. Sie ist überzeugt von der Idee, daß »dies eine vorübergehende Phase ihrer Klientin sei und daß man in der nicht aufgeben sollte«. Solche Leitfragen (wir können sie auch Suggestivfragen nennen – C.W.M.) bewirken, was ihr Name verspricht. Sie leiten und kontrollieren, indem sie eine bestimmte Richtung angeben und damit eine Exploration dessen verhindern können, was der Beraterin angemessen erscheint und was vielleicht auch wirklich vernünftig wäre.

Wie man fragt:

– Direkt – vermeiden Sie Umschweife oder exzessive Begründungen und Erläuterungen der Frage.
– Knapp – seien Sie speziell und kurz.
– Klar – sagen Sie ohne Umschweife, was Sie wissen wollen.
– Sagen Sie wann immer es geht, warum Sie fragen. Beispielsweise: »Ich möchte mir Klarheit verschaffen: Was ist gestern wirklich auf der Arbeit passiert?«
– Wenn Sie die Antwort des Klienten paraphrasieren, haben Sie eine gute Möglichkeit zu überprüfen, ob Sie die Botschaft verstanden haben.
– Verbinden Sie Ihre Frage wann immer es geht mit dem, was der Klient vorher gesagt hat durch ein Statement. Beispielsweise: »Sie haben erwähnt, daß Sie sich verletzt fühlten. Was haben Sie wirklich zu ihr gesagt?«

Die Wirkung von Fragen. Fragen haben sowohl positive als auch negative Effekte. Einige von ihnen sind bereits erwähnt worden. Allgemein kann man sagen, daß Fragen, zur rechten Zeit gestellt, klar und offen formuliert, meistens positive Effekte haben werden. Sie werden:

1. Klienten sowohl beim Focussieren helfen als auch dabei, konkret zu werden. Beispiel:

Klientin: Mein Partner findet ein Haar in jeder Suppe, die ich koche. Das geht mir auf die Nerven.
Beraterin: Sie scheinen ärgerlich, weil alles, was Sie machen, falsch zu sein scheint.
Klientin: Na ja! Nicht alles.
Beraterin: Wobei kritisiert er Sie dann gewöhnlich?

Hier fragt die Beraterin eine offene Frage, um die Klientin einzuladen, ihre Einschränkung zu präzisieren.

2. Fragen helfen Informationen zu sammeln. Im gegebenen Beispiel antwortete die Klientin:

Klientin: Na, gewöhnlich kritisiert er mich, weil ich kein Geld mehr habe. Aber ich zahle es ihm immer zurück. Ich weiß nicht, worin das Problem besteht. Mein Geld geht einfach weg und ich erreiche niemals den Punkt, wo ich etwas sparen könnte.

Damit haben Beraterin und Klientin ein besseres Verständnis von den speziellen Aspekten dieser Partnerschaft.

3. Fragen können ein neues Feld für das Gespräch eröffnen. Beispielsweise sagt eine Klientin, daß sie sich depressiv und wertlos fühlt:

Beraterin: Was sagen Sie zu sich selbst, wenn Sie deprimiert sind und traurig?
Klientin: Ich sage mir, daß mich niemand versteht und daß ich mich niemals anders fühlen werde als jetzt. Manchmal sag' ich mir auch, daß das Leben für mich keinen Sinn mehr hat.

Fragen sind in sich selbst niemals falsch oder nicht hilfreich. Aber der exzessive Gebrauch von Fragen produziert mit Wahrscheinlichkeit eine Reihe negativer Effekte. Beispielsweise:

1. *Es erhöht die Kontrolle des Beraters.* Selbst wenn Sie offene Fragen stellen, bedeutet das nicht notwendig, daß Sie der Spur des Klienten folgen. Es kann sein, daß Sie dennoch Ihrer eigenen Agenda folgen, wie das folgende Beispiel zeigt:

Klientin: Mein Partner hat an allem etwas auszusetzen, was ich mache.
Beraterin: Wie lange sind Sie schon zusammen?
Klientin: Zwei Jahre und ich frag' mich manchmal, wie lange ich das noch aushalte.
Beraterin: Was haben Sie persönlich an ihm attraktiv gefunden?
Klientin: Weiß ich nicht. Als ich ihn das erste Mal sah, hab' ich ihn überhaupt nicht gemocht. Ich wünsche, ich hätte meinem Gefühl getraut.

Fragen dieser Art können Klienten dazu einladen, passiv zu sein und die Erwartung produzieren, daß die Beraterin am Ende selber eine Antwort gibt oder eine Erklärung versucht (Benjamin 1974).

2. *Es verhindert Exlorationen.* Der exzessive Gebrauch von Fragen kann dazu führen, daß eine Beratungssitzung ein Frage- und Antwortspiel wird, in dem wenig wechselseitiges Verstehen entwickelt werden kann. Klienten werden nicht die Möglichkeit und die Ermutigung finden zu sagen, was für Sie wichtig ist. Sie werden sich zurückziehen und apathisch werden, weil sie den Eindruck haben, sie würden auf Fragen antworten, die ihnen selber nicht relevant erscheinen. In solchen Situationen be- schäftigen sich Berater häufiger mit der Frage, was sie fragen sollen, anstatt dem Klienten zuzuhören und wirklich »präsent zu sein«.

Antworten auf Fragen von Klienten

Manchmal, um neue Inhalte einzuführen oder vielleicht auch als Verteidigung gegen die Zumutung zu explorieren, fragen Klienten auch Berater. Außerdem wünschen sie häufig Informationen von uns. Beispielsweise fragt ein potentieller Klient, der schon Erfahrungen in der Beratung gemacht hat, nach dem, was so zu erwarten sei. Zunächst einmal müssen Sie sich einstimmen, um die offene oder verborgene Botschaft dieser Frage zu entschlüsseln und sicherzustellen, daß Ihre Antwort weitere Explorationen erleichtert. Sie müssen sich auch darüber im klaren sein, daß es eines gewissen Mutes bedarf, um dem Berater Fragen zu stellen, und müssen sensibel gegenüber der möglichen Angst sein, die in der Frage enthalten sein könnte. Deshalb ist es wichtig, daß Sie diese Fragen ernst nehmen und für das weitere Gespräch benutzen. Oftmals eröffnen Sie den Zugang zu wirklichen Anliegen Ihrer Klienten. Im Folgenden gebe ich drei solche Fragen wieder, ihre möglichen Bedeutungen und mögliche Antworten.

1. »Denken Sie, ich sei verrückt?«

Je nachdem, wie Sie den Klienten verstehen, welche Erfahrungen Sie mit seinen Anliegen haben und in welcher Weise die

Frage gestellt wurde, können Sie folgende Hypothesen entwikkeln, was der Klient denken mag:

- »Beratung ist nur was für Verrückte«;
- »Meine Mutter ist depressiv und ich denke, ich könnte es auch sein«;
- »Ich fühl' mich außer Kontrolle. Ich kann meine Stimmungen nicht mehr verstehen«.

Selbstverständlich können Sie auch noch andere Alternativen entwickeln. Hier sind ein paar mögliche Antworten:

- »Es klingt so, als wären Sie besorgt, Sie könnten es sein. Möchten Sie dazu noch mehr sagen?« (Das wäre eine Paraphrase mit einer anschließenden Frage, die zur weiteren Exploration einladen soll);
- »Ich denke, Sie sind unglücklich und verwirrt. Ich glaube nicht, daß Sie verrückt sind« (Statement, das dem Klienten feedback gibt);

2. *»Was, meinen Sie, sollte ich jetzt tun?«*

Mögliche Reaktionen könnten sein:

- »Was möchten Sie jetzt tun?« (Offene Frage);
- »Ich denke, deshalb sitzen wir hier, um herauszufinden, was Sie tun könnten« (Feststellung);
- »Wenn Sie Ihre Phantasie spielen lassen, was sehen Sie sich dann tun?« (Offene Frage).

3. *»Denken Sie, daß ich ihn zu sehr dränge, sich zu erklären?«* (Es geht um die Partnerschaftsbeziehung einer Klientin)

Mögliche Antworten könnten sein:

- »Das klingt so, als ob Sie befürchten würden, ihn zu sehr zu bedrängen – meinen Sie das?« (Paraphrase mit einer angehängten Frage);
- »Ich weiß nicht recht, im Hinblick worauf Sie möchten, daß er sich erklärt« (Feststellung);
- »Was erwarten Sie denn von dieser Beziehung?« (Offene Frage);

- »Es scheint so, als ob Sie und Ihr Partner gegenwärtig unterschiedliche Dingen wollen« (Paraphrase).

Fragen müssen nicht direkt und nicht unmittelbar beantwortet
werden. Ich möchte auch nicht den Eindruck erwecken, daß Sie
vermeiden sollten, Ihren Klienten Informationen zu geben oder
Ihren Klienten zu sagen, was Sie denken. Aber in frühen Phasen
des Beratungsprozesses sind Klienten oftmals sehr verletzlich. Sie
mögen eine Menge »Expertenschaft« in Sie investieren und damit
den Wunsch verbinden, einen konkreten Ratschlag zu erhalten
oder gesagt zu bekommen, was sie tun sollten. Wir werden in dieser
Phase akzeptieren müssen, daß ihre Fragen eben jene drängende
Qualität haben, und dürfen uns nicht dazu hinreißen lassen, konkrete Handlungsschritte vorzuschlagen oder unsere eigene Sichtweise der Dinge aufzudrängen. Wichtig dabei bleibt, daß wir die
Beziehung zu unseren Klienten als eine Beratungsbeziehung aufrechterhalten und sie nicht umdefinieren. Wie wir konkret reagieren, hängt von einer Reihe von Überlegungen ab:

- Was ist in der Sitzung vorausgegangen?
- Welche Antworten, glauben Sie, erwartet die Klientin?
- Was, denken Sie, steckt hinter der Frage?
- Welche Informationen braucht die Klientin nach Ihrer Überzeu-
gung?
- Welche Antwort würden Sie als eine »therapeutische Antwort«
bezeichnen?

Feststellungen treffen

Feststellungen sind häufig eine mildere Form als Fragen. Fragen
werden von Klienten vor allem in der Frühphase des Beratungsprozesses als aufdringlich oder inquisitorisch aufgenommen. Statt
beispielsweise zu fragen »Was hält eigentlich Ihr Partner von dieser
Idee?«, könnten Sie eher beiläufig sagen »Es würde mich interessieren zu wissen, was Ihr Partner davon hält«.
Feststellungen sind, wie Fragen auch, wertvolle Instrumente, um
Informationen zu erhalten, um den Focus zu wechseln und um
Klienten zu helfen, spezieller und konkreter zu werden. Wie auch

bei Fragen können Sie bei Feststellungen zunächst in einer Paraphrase oder einer Zusammenfassung festhalten, was bisher gesagt worden ist, um damit anzuerkennen, was die Klienten bisher zum Verständnis des Ganzen beigetragen haben. Die folgenden Beispiele sollen zeigen, wie man Statements benutzen kann, um einen Wechsel von Gesprächsgegenständen und Gesprächsrichtungen anzubahnen. In jedem Fall faßt die Beraterin zunächst kurz zusammen und lädt dann die Klientin ein, fortzufahren, indem sie ein Statement benutzt. Dabei erinnern Sie sich bitte, daß der Hauptzweck von Explorationen darin besteht, Klienten zu befähigen, konkret über ihre eigenen Gedanken, Gefühle und Verhaltensweisen zu sprechen.

Den Focus von anderen auf sich selber richten. Die Klientin hat in längeren Ausführungen über ihre Beziehung zu ihrem Ehemann gesprochen und wie er sie und die Kinder behandelt.

> *Beraterin:* Sie haben mir eine Menge über Ihren Mann und sein Verhalten Ihnen gegenüber und gegenüber den Kindern erzählt. Ich denke, ich habe ein klares Bild von dem, was er sagt und tut. Was ich gern wissen würde, ist, wie Sie darauf reagieren.

Bewegung vom Vagen zum Konkreten. Der Klient hat über eine bevorstehende Reorganisation an seinem Arbeitsplatz gesprochen.

> *Beraterin:* Sie haben über Probleme am Arbeitsplatz gesprochen und dabei die verschiedenen Leute erwähnt, die davon betroffen sind. Ich bin insbesondere daran interessiert zu wissen, um welche Probleme es sich im einzelnen handelt.

Bewegung vom Diffusen zum Zentrierten. Der Klient hat über seine Beziehung gesprochen und dabei verschiedene Male Geldprobleme erwähnt.

> *Beraterin:* Wir haben darüber gesprochen, daß Sie Ihre Beziehung verbessern wollen. Sie haben dabei verschiedene Punkte berührt. Sie haben dabei auch Geldfragen

erwähnt, und ich hätte gern gewußt, ob Geld für Sie eine große Rolle spielt.

Bewegung vom Inhalt zu den damit verbundenen Gefühlen. Die Klientin hat davon gesprochen, daß sie nicht die Unterstützung und Beförderung erhält, die sie möchte. Dabei zeigt sie allerdings kaum Gefühle.

> *Beraterin:* Sie haben verschiedentlich erwähnt, wieviel Ihnen an dieser Beförderung liegt. Ich denke mir, daß damit auch Gefühle verbunden sind, über die wir bisher noch nicht gesprochen haben.

Statements sind eine alternative Form von Sondierungen, in vielen Fällen sind sie milder als direkte Sachfragen.

Die Fertigkeiten, die wir bisher genannt und diskutiert haben, sind grundlegende Fertigkeiten für den gesamten Beratungsprozeß und die Strategieentwicklung. Um Beratungsprozesse voranzubringen, brauchen wir die Beherrschung dieser basalen Fertigkeiten des aktiven Zuhörens, des Reflektierens, der Paraphrase, des Fragens und des Treffens von Feststellungen. Diese Fertigkeiten können in unterschiedlichen Kombinationen und Abfolgen verwendet werden, um sich unterschiedlichen Gesprächsverläufen anzupassen und um den Beratungsprozeß voranzubringen. Die folgenden Strategien des Herausforderns, des Ziele-Setzens und der Handlungs-Planung, die ich in den Kapiteln 4 und 5 diskutieren werde, erfordern eine gewisse Virtuosität im Hinblick auf diese fundamentalen Fertigkeiten. Es ist unabdingbar, daß Sie in der Lage sind, über die volle Bandbreite dieser basalen Fertigkeiten zu verfügen. Es reicht nicht aus, in der einen Fertigkeit erfahren zu sein und andere Fertigkeiten zu vermeiden. Wenn Sie beispielsweise gern und erfolgreich klare, offene Fragen stellen können, werden Sie Ihr Repertoire erweitern müssen, damit es auch reflektierende Fertigkeiten enthält. Dann werden Sie darauf vorbereitet sein, flexibel auf Klienten zu reagieren, Interventionen auszuwählen, die Ihre Klienten befähigen und stimulieren und sich in die Lage zu versetzen, sensibel und überzeugend zu beraten.

Konkretisieren

Zum Schluß werde ich darstellen, wie bedeutsam es ist, selber konkret zu sein und Klienten zu helfen, über ihre Gedanken, Gefühle und Verhaltensweisen konkret zu sprechen. Vagheit ist keine angemessene Basis für erweitertes Selbstverständnis oder für das Setzen von Zielen oder das Planen von Handlungen. Nehmen wir das folgende Beispiel: Eine Klientin berichtet, daß in ihrer Familie alle Gefühle außerhalb von Glück und Zufriedenheit als »dumme Gefühle« bezeichnet worden seien. Sie pflegte zu sagen »Ich bin heute in einer dummen Stimmung« oder »Ich fühl' mich irgendwie außen vor«. Wenn diese Klientin Bedeutsamkeit in ihren Gefühlen entdecken soll, dann muß sie zunächst einmal das identifizieren, was sie tatsächlich fühlt. Konkret über Gefühle zu sprechen bedeutet in diesem Beispiel, Gefühle zu diskriminieren (als voneinander unterscheidbar darzustellen) und sie auf einen übergeordneten Begriff zu bringen.

Die Fertigkeit, konkret zu sein, setzt auf der anderen Seite ein aktives Zuhören voraus; das bedeutet ein Hinhören auf die verbalen und nichtverbalen Äußerungen der Klienten und ein Registrieren der Spezifitätsebene, auf der die Klienten sprechen. Erst dann werden Sie in der Lage sein, Klienten zu helfen, auf eine spezielle Weise zu beschreiben, was sie denken, fühlen und tun. Klienten werden häufig ängstlich, wenn man sie auffordert, spezieller über sich zu reden. Häufig ist Vagheit ein Schutz gegen eine allzu dichte Beschäftigung mit den eigenen Problemen. Es mag beispielsweise weniger schmerzlich und beschämend für einen Klienten sein zu sagen »Ich halte nicht viel von mir selber« als »Ich bin zu dick und unattraktiv, und ich denke, andere Leute sehen das genauso.«

Der direkteste Weg, um Klienten zu helfen, konkret zu werden, besteht darin, selber konkrete Beispiele anzubieten. Ich gebe einige Beispiele.

Eine Klientin hat über ihr fehlendes Selbstvertrauen gesprochen und berichtet, daß eine Freundin ihr gesagt habe, daß sie »sich selber heruntermachen würde«.

Beraterin: Was wäre ein Beispiel, wie Sie sich selber heruntermachen? (Offene Frage, um ein konkretes Beispiel herauszufordern)

Die Beraterin könnte auch ein konkretes Beispiel beisteuern, indem sie fragt:

> *Beraterin:* Wenn Sie sich selber sagen, daß Sie dumme Fragen stellen, ist das dann ein Beispiel, wie Sie sich selber heruntermachen? (Geschlossene Frage mit einem konkreten Beispiel)

Das folgende Beispiel zeigt eine Mischung verschiedener Fertigkeiten, um einem Klienten zu helfen, spezifischer zu werden. Der Klient spricht darüber, daß er das Aufnahmegespräch für einen neuen Job nicht bestanden habe.

> *Klient:* Ich glaube, es war einfach unrealistisch, darauf zu hoffen, daß ich den Job bekommen würde.
>
> *Beraterin:* Unrealistisch? (Wiederholung).
>
> *Klient:* Ja – sie wollten fünf Jahre Erfahrung, und ich hatte nur drei.
>
> *Beraterin:* Als Sie sich bewarben, dachten Sie schon, daß Ihre Erfahrungen nicht ausreichend sein würden. (Paraphrase).
>
> *Klient:* Ja, so war es. Aber ich hatte andere Dinge anzubieten, und ich dachte, sie könnten die fehlende Erfahrung kompensieren.
>
> *Beraterin:* Welche »anderen Dinge« hatten Sie anzubieten? (Offene Frage).
>
> *Klient:* Gute Qualifikationen – bessere jedenfalls als die Person, die die Stelle dann letztendlich bekommen hat. Mein Aufstieg in der Firma ging sehr schnell. Ich habe bewiesen, daß ich schnell lernen kann und daß ich Verantwortung übernehme.

Jetzt spricht der Klient konkret über seine Gedanken und Erfahrungen. Wenn wir Klienten nicht ermutigen, konkret zu werden, so erweisen wir ihnen einen Bärendienst, weil sie sich dann nicht in jenem expliziten und zielgerichteten Denken üben, das die notwendige Voraussetzung für Handlungen und Veränderungen ist.

Zusammenfassung

Dieses Kapitel hat sich mit Fertigkeiten befaßt, die in der Anfangsphase eines Beratungsprozesses von Bedeutung sind. Ich habe diese Fertigkeiten als Reflektierende oder Eruierende beschrieben. Die reflektierenden Fertigkeiten sind Wiederholung, Paraphrase und Zusammenfassung. Sie sind von Bedeutung, um ein Verständnis der Probleme zu erreichen, so wie die Klienten diese Probleme sehen. Die eruierenden Fertigkeiten schließen Fragen und Feststellungen ein und sind nützlich, um zusätzliche Informationen zu sammeln und den Focus des Gesprächs zu wechseln.

Im nächsten Kapitel werde ich diskutieren, wie Klienten ermutigt werden können, durch Herausfordern ihre eigenen Probleme neu zu bewerten und dabei ein größeres Maß an Selbst-Verständnis zu gewinnen, und wie die beiden Fertigkeiten dieses Kapitels benutzt werden können, um Klienten auf eine wirksame Weise herauszufordern.

4. Die Mittelphase: Neubewertung und Herausforderung

Fertigkeiten
Die grundlegenden Fertigkeiten, die ich im Kapitel 3 vorgestellt habe, bilden die Basis für die obengenannten komplexen Strategien.

Dieses Kapitel stellt die Ziele, Strategien und Fertigkeiten vor, die in jener Beratungsphase von Bedeutung sind, die der Anfangsphase folgt. In ihr sollen Probleme definiert und einer vorläufigen Bewertung unterzogen werden.

Die Mittelphase hat das übergeordnete Ziel, den Klienten zu helfen, sich selber und ihre Anliegen in einem neuen und ihnen mehr Kraft vermittelnden Licht zu sehen. In der Anfangsphase der Beratung sind wir damit beschäftigt gewesen, die Probleme der Klienten in ihrem eigenen Bezugsrahmen zu verstehen. In dieser Phase

werden wir versuchen sie zu beeinflussen, damit sie diesen Bezugsrahmen an ihre Situation anpassen und dabei unterschiedliche
Sichtweisen auf ihre Probleme annehmen lernen. Die Hauptstrate-
gie, die Sie dabei verwenden werden, um Ihre Klienten zu beeinflussen, nennt man »Herausfordern«. Es ist die Herausforderung,
die Klienten stimuliert, ihren gegenwärtigen Bezugsrahmen in Frage zu stellen und neu zu sehen und dabei Sichtweisen zu entwikkeln, die für sie neue Spielräume enthalten.

Die Arbeit in dieser Phase baut auf der Arbeit der Anfangsphase auf und entwickelt deren Ergebnisse. Denn wenn Sie kein klares Verständnis dessen haben, was Ihre Klienten bewegt und wie
sie ihre eigenen Anliegen interpretieren, können Sie sie auch nicht
ermutigen, neue Einsichten zu entwickeln. Aber Herausfordern ist
auch eine kräftige Strategie, welche Anforderungen an die Klienten stellt, einen Blick auf Teilbereiche ihrer selbst zu riskieren, den
sie bisher möglicherweise vermieden haben.

Herausforderungen basieren auf einer Vertrauensbeziehung, in
der die Klienten wissen, daß sie sowohl akzeptiert als auch verstanden werden. In Verbindung mit diesen Strategien werde ich
zeigen, wie die reflektierenden und sondierenden Fertigkeiten
(die ich in Kapitel 3 vorgestellt habe) als Herausforderung für
Klienten benutzt werden können. Diese Fertigkeiten sind der
kommunikative Part der Herausforderung. Beide gemeinsam entscheiden über die Wirksamkeit der Gesamtstrategie und die erfolgreiche Erfüllung der Ziele, die für diese Phase kennzeichnend
sind. Ich möchte jetzt in eine Diskussion der drei Hauptziele der
Mittelphase eintreten.

Ziele

Die Probleme neu bewerten

Ich benutze diesen Terminus, um zu zeigen, daß Klienten ein vertieftes Selbstverständnis gewinnen sollen, und daß sie ihre Probleme aus neuen Sichtwinkeln sehen und dabei neue Handlungsmög-
lichkeiten erschließen sollen. Das schließt ein, daß sie ihre Anliegen in einem neuen Licht und aus etwas größerer Distanz sehen
können. Watzlawick hat diesen Prozeß »reframing« genannt
(1974), Reddy nennt ihn »redefining« (1987) und Egan spricht von

»neuen Perspektiven« (1986). Ohne eine Neubewertung wären Klienten mit Wahrscheinlichkeit in ihren alten Sichtweisen auf sich selbst, auf andere und auf die Gesellschaft gefangen, die für einen Teil ihrer Probleme und ihrer Handlungsschwäche mitverantwortlich sind. Wenn sie nun neue Sichtweisen und Selbst-Erfahrungen gewinnen, setzen sie sich in die Lage, neue Möglichkeiten für Veränderungen zu sehen. Diese neuen Möglichkeiten sind wiederum eine Voraussetzung für die nächsten Schritte der Formulierung neuer Ziele und der Umsetzung in konkretes Handeln. Wenn Klienten sich selbst und ihre Probleme neu bewerten, bedeutet dies, daß sie die Bedeutung, die diese Probleme für sie haben, verändern und damit auch die möglichen Konsequenzen.

Neubewertung bedeutet nicht, die konkreten Fakten noch einmal einer Diskussion zu unterziehen. Das ist wichtig zu wissen. Ich will es an einem Beispiel verdeutlichen. Die Klientin Barbara hat kürzlich ihren 40. Geburtstag gefeiert. Sie erzählt ihrer Beraterin, daß sie sich elend und deprimiert fühlt. Ihre Stimme ist voller Enttäuschung, denn die 40 ist ein Meilenstein für sie. Bis dahin wollte sie eine dauerhafte Beziehung und Kinder haben. Sie glaubt, daß sie, nachdem sie dieses Ziel bis zum 40. Geburtstag nicht erreicht hat, es nun niemals mehr erreichen wird.

Neubewertung bedeutet in diesem Beispiel nicht, daß man ihr Alter oder ihre Gefühle diskutieren sollte. Es bedeutet auch nicht, daß man sie beruhigen, ihr gut zureden oder sich mit ihr solidarisieren sollte. In Barbaras Fall bedeutet Neubewertung, ihr zu helfen, ein neues Konzept zu entwickeln, was es bedeutet, 40 Jahre alt zu sein. Denn das, was sie gern erreicht hätte, hat mit dem 40. Geburtstag keineswegs seine natürliche Grenze erreicht. Nicht die konkreten Fakten ihres chronologischen Alters terrorisieren sie, sondern ihre Sichtweise auf die 40 ist der Käfig, den sie sich selber gebaut hat.

Eine Metapher, die diesen Prozeß illustriert, ist die Metapher vom Rahmen eines Bildes. Unterschiedliche Farben und Materialien des Rahmens und unterschiedliche Gestaltungsformen können unterschiedliche Aspekte des jeweiligen Bildes hervorheben und bereichern. Unterschiedliche Farben und Tönungen können entweder unterstrichen oder unterdrückt werden. Es gibt Rahmen, die nichts tun, um das Bild ins rechte Licht zu setzen. Es erscheint vielmehr eintöniger und weniger interessant als ohne Rahmen. In beiden Fällen ist das Bild dasselbe geblieben; durch den Rahmen sind jedoch unterschiedliche Aspekte auf seine Farben und Formen intensiviert worden und haben als Konsequenz dazu geführt, daß der Betrachter zwei unterschiedliche Bilder wahrnimmt.

Was die Neubewertung so effektiv macht, ist die Erfahrung, daß es weniger leicht ist, zu alten Sichtweisen auf die Realität zurückzukehren, wenn man erst einmal Alternativen erblickt und erfahren hat. Oder um zu der Metapher des Bilderrahmens zurückzukehren: Wenn wir erst einmal gesehen haben, wie ein passender Rahmen und ein passendes Passepartout das Bild zu seiner eigentlichen Wirkung bringen, ist es schwer, sich einen anderen Rahmen als gerade diesen vorzustellen.

Um Klienten zu helfen, sich und ihre Situation neu zu bewerten, ist es zunächst notwendig, daß sie ihre gegenwärtigen Sichtweisen der Realität sowohl verstehen als auch in Rechnung stellen. Das war ja die Arbeit in der Anfangsphase. Klienten verstehen ihre Probleme und Anliegen auch ohne Beratung. Aber sie verstehen in einer speziellen Weise und diese spezielle Weise ist oftmals verengend und lähmend. Da ist zum Beispiel Pamela. Sie beklagt sich, daß nichts von dem zur Kenntnis genommen und anerkannt wird, was sie für ihren Ehemann und ihre Familie tut. Im Beratungsgespräch wird deutlich, daß das, was Pamela als Hilfen für ihre Familie ansieht, in einer anderen Sichtweise als Einmischung, Belehrung und Erstickung eigener Aktivitäten erlebt werden könnte. Jack auf der anderen Seite sieht sich selbst als stark, umgänglich und als immer bereit zur Diskussion. Häufig versucht er, mit seiner Beraterin zu »diskutieren«, wie er es nennt. Dabei beginnt ihr klarzuwerden, daß man Jacks Diskussionsfreude auch als Dominanzstreben und Streitsucht bezeichnen könnte. Die Beraterin erlebt selber, wie sie sich verbal von ihm in die Enge getrieben fühlt, und vermutet, daß seine Familie und seine Freunde möglicherweise ähnliche Erfahrungen mit ihm machen.

Es kann für Klienten sehr schmerzlich sein, wenn sie sich der Erkenntnis nähern, daß sie selber wenigstens teilweise Architekten ihres eigenen Elends sind. Es gehört eine gehörige Portion Mut dazu, sich klarzumachen, was man bisher nur dunkel geahnt und permanent übersehen hat. In einem solchen Falle ist die Unterstützung in einer respekt- und vertrauensvollen Beziehung ebenso notwendig wie die Herausforderung als Basis für eine neue Sichtweise. Aus diesem Grund verbinde ich die folgenden beiden Ziele als wichtige Teilziele mit der Neubewertung innerhalb der Mittelphase der Arbeit.

Die Arbeitsbeziehung aufrechterhalten

Die Beziehung, die Sie in der Anfangsphase mit Ihren Klienten entwickelt haben, ist der zwischenmenschliche »Kraftquell«, aus dem gespeist Sie Ihren Einfluß auf Ihre Klienten entwickeln können, um unterschiedliche Betrachtungsweisen ihrer Anliegen ins Auge zu fassen und weiter zu entwickeln (Strong 1968). Damit meine ich, daß Klienten Sie als akzeptierende, kompetente, vertrauenswürdige Praktikerin erlebt haben, die »auf ihrer Seite des Tisches sitzt«. Es liegt auf der Hand zu vermuten, daß sie Beratern nicht zuhören oder die von ihnen vorgeschlagenen Perspektiven nicht in Erwägung ziehen werden, wenn sie zu ihnen kein Vertrauen haben und ihnen keine Kompetenz zutrauen.

Neubewertung erfordert auch Explorationen auf einer neuen und tiefergreifenden Ebene, als dies in der Anfangsphase der Beratung der Fall war. Es nimmt möglicherweise für einige Klienten eine Menge Zeit in Anspruch, um zu verstehen, daß neue Sichtweisen für sie eine wirkliche Bedeutung haben. Die befriedigende zwischenmenschliche Beziehung ist deswegen von erheblicher Bedeutung, damit sie sich frei fühlen, sich selbst in Frage zu stellen und neue Erfahrungen mit sich zu machen. Tiefere Explorationen aber bedeuten auch, daß Ihre Beziehung zu Ihren Klienten unvermeidlich emotional dichter werden wird. Diese Dichte im Zusammenhang mit Ihrer besseren Kenntnis Ihrer Klienten kann für Sie beide befriedigend sein. Es muß aber gleichzeitig bedeuten, daß Sie eine hinreichend »objektive Distanz« wahren und die Beziehung weiterhin als eine Beratungsbeziehung definieren.

Schließlich werden Klienten, die herausgefordert werden, sich im allgemeinen unbehaglich fühlen. Alte Sichtweisen auf sich und die Welt loszulassen und sich zu ändern, mag für sie mit großen Risiken behaftet sein. Auch deshalb ist die Aufrechterhaltung einer unterstützenden und verstehenden zwischenmenschlichen Beziehung bedeutungsvoll, damit sie dieses ihr Unbehagen aussprechen und ihren Frieden mit den damit verbundenen Ängsten machen können.

Die Arbeit am Vertrag fortsetzen

Ich habe vielfach betont, daß Beratung eine vertragliche Beziehung darstellt. Alle Versuche, Klienten zu ermutigen, ihre Prozesse neu zu bewerten, sollten die Formulierungen des Vertrages nicht aus den Augen verlieren, den Sie geschlossen haben. Mit anderen Worten: Sie werden sich immer wieder die Frage stellen müssen, ob das, was Sie gerade tun, Klienten hilft, den Vertrag zu erfüllen. Wir wollen uns nun detaillierter mit einzelnen Herausforderungsstrategien beschäftigen.

Strategien

Ich beginne mit der Darstellung des Herausforderungsprozesses und befasse mich zunächst mit jenen Aspekten des Verhaltens von Klienten, die es herauszufordern gilt. Ich entwickle dann einige Leitlinien für die Herausforderung und wende mich schließlich der Darstellung der Hauptstrategien zum Herausfordern zu.

Herausfordern

Herausfordern im Beratungsprozeß heißt Infragestellen, Diskutieren, Stimulieren und Hervorrufen. Das folgende Beispiel mag illustrieren, wie die Herausforderung einer Klientin hilft, ihre Anliegen neu zu bewerten.

Margarete war Lehrerin. Kürzlich war sie im Lehrerkollegium einer großen Schule in eine leitende Stellung vorgerückt. Sie hatte Energie und war ambitioniert, um es noch weiter zu bringen. Aber ihre neue Stellung entwickelte sich negativ. Um es genauer zu sagen: sie hatte eine ausgesprochen schlechte Arbeitsbeziehung zu einem älteren Kollegen. Er hatte ebenfalls eine leitende Stellung im Kollegium, und sie mußte mit ihm sehr eng zusammenarbeiten, wenn sie die Aufgaben erfüllen wollte, die ihre neue Stellung enthielt. Aber sie beklagte sich über seine Engstirnigkeit, über sein obstruktives Verhalten und sein flegelhaftes Benehmen ihr gegenüber.

Noch während sie berichtete, wurde es der Beraterin klar, daß

Margarete eine Person war, die auf schnelle Änderungen eingestellt war und die mit Hingabe daran arbeitete, diese zu bewirken. Sie glaubte, daß die schlechten Beziehungen zu dem älteren Kollegen, der eine Schlüsselstellung einnahm, nicht nur sie persönlich belasten, sondern auch ihre weitere Arbeit behindern würden.

Während der ersten Sitzung hörte die Beraterin sorgfältig dem Anliegen von Margarete zu. Sie würdigte die Lebendigkeit der Klientin, aber sie erfuhr auch deren Enthusiasmus als »überwältigend«. Ihr wurde klar, daß Margarete sich fast ausschließlich auf das Verhalten ihres Kollegen konzentrierte und ihn in einem Ton tadelte, der einen Anflug von »Oberlehrerhaftigkeit« enthielt. Die Beraterin entwickelte für sich selber die Hypothese, daß der Kollege von Margarete möglicherweise durch die Aktivität der für ihn neuen Kollegin überwältigt wurde und sich in die Defensive gedrängt fühlte. Sie fand auch Zeichen dafür, daß Margarete im Eifer, ihre Ideen durchzusetzen, als starr und dogmatisch erscheinen könnte.

In der zweiten Sitzung berichtete Margarete weiter über ihre Probleme am Arbeitsplatz und unterstrich die fehlende Bereitschaft ihres Kollegen, sich für Veränderungen einzusetzen.

Margarete: Er ist absolut rigide und nicht ansprechbar. Die Dinge müssen sich aber ändern. Sie können nicht so bleiben wie bisher. Manche seiner Ideen sind so altmodisch. Ich fühle mich ausgesprochen frustriert, weil ich in dem neuen Job nicht so schnell vorwärts komme wie ich es gern möchte. Es ist wie im dunklen Mittelalter.

Die Beraterin schätzte ein, daß ihre Beziehung zu Margarete inzwischen stark genug wäre, um eine Herausforderung zu versuchen. Sie entschied sich, Margarete ihre eigene Wahrnehmung dessen mitzuteilen, was sie gesagt hatte, und sie zu ermutigen, sich dabei auf ihr (Margaretes) Verhalten zu konzentrieren.

Beraterin: (beiläufig) Ich bin nicht sicher, ob das, was ich Ihnen jetzt sagen werde, für Sie Sinn macht. In der kurzen Zeit, in der wir bisher miteinander gesprochen haben, habe ich Sie als eine kraftvolle und entschiedene Frau kennengelernt; als eine, die in ihrer Arbeit etwas erreichen will. Ich bin nicht sicher, ob Ihr Kollege Ihre Entschiedenheit, in der Schule Dinge zu ändern, nicht als Bedrohung empfindet. Was denken Sie darüber? (Herausforderung durch das Angebot einer anderen Sichtweise.)

Margarete: (mit Überraschung) Ich bin keine Bedrohung. Er hat viel mehr Erfahrung als ich. Und auf jeden Fall will ich ja mit ihm zusammenarbeiten. Wenn er nur nicht so obstruktiv wäre und aus jeder Kleinigkeit eine Affäre machen würde.

Beraterin: Sie sehen ihn als jemanden, der Ihnen viele Schwierigkeiten macht. Und Sie werden die Veränderungen in der Schule nicht bewerkstelligen können, ehe er sich nicht geändert hat. (Sie fordert heraus, indem sie die Schlußfolgerung aus dem unterstreicht, was Margarete gesagt hat.)

Margarete: (langsam) Also – ich weiß nicht. Ich hab' mich eigentlich immer als jemanden gesehen, der bereit ist, anderen auf halbem Wege entgegenzukommen. Ich will nicht mit ihm kämpfen. (Pause) Ich hab' mich bisher nicht als so kraftvoll gesehen und als eine Bedrohung, womit könnte ich ihn denn bedrohen?

Beraterin: Haben Sie eine Idee?

Margarete: Hm! (Sieht verwirrt aus) Man hat mir gesagt, ich sei jemand, der keine Geduld mit Dummköpfen habe. Vielleicht ist es das. Vielleicht hat ihn das als jemanden erscheinen lassen, der keinen Wandel will, und nicht als jemanden, der sich in die Enge gedrängt fühlt. Ich will ja weiterkommen mit meiner Arbeit, und vielleicht bin ich dabei zu schnell gewesen.

Die Herausforderung durch die Beraterin soll Margarete ermutigen, andere Sichtweisen auf sich als eine kraftvolle Frau und auf ihr Verhalten als drängend und zurückweisend und nicht als zugewandt und enthusiastisch ins Auge zu fassen. Sie ventiliert dabei die Möglichkeit, daß sie zu schnell zuviel gewollt hat und daß sie deswegen zu schnell mit dem Etikett bei der Hand war, wer sich dem widersetze sei »obstruktiv«. Die Beraterin hatte nicht die Absicht, das bisherige Verhalten von Margarete zu tadeln, sondern sie zu ermutigen, auf andere Weise auf ihr Verhalten und das ihres Kollegen zu schauen. Diese Entwicklung einer anderen Perspektive könnte der Klientin helfen, die Situation neu zu bewerten und sich für einen neuen Versuch zu entscheiden, der eine bessere Chance enthielte, das zu bekommen, was sie wollte.

Herausforderung bedeutet nicht, daß es eine *richtige Weise* geben würde, auf Situationen zu schauen, oder daß es nur die eine »Realität« geben würde, innerhalb derer die Beraterin operiere und in die nun auch die Klientin eintreten sollte. Herausforderung enthält vielmehr die Absicht, Klienten zu einer tieferen Exploration ihres Problems zu verhelfen und dabei zu einer Neubewertung von sich selbst und ihrem Anliegen zu kommen. Ich möchte nun sagen, was ich mit »tieferer Exploration« meine.

Tiefe Exploration. Sie enthält eine Qualität und eine Intensität, welche die Exploration der Anfängerphase noch nicht hatte. Das bedeutet, daß sie sowohl das Potential für erneuerte Energien durch ein klareres Selbst-Verständnis enthält als auch neue Unbehaglichkeiten, die mit dem Verlust alter Perspektiven verbunden sein mögen. Der Focus tieferer Exploration liegt sowohl auf dem, was Klienten entweder verborgen oder nur verschwommen bewußt ist, als auch auf dem, was sie selber vermeiden, ignorieren oder übersehen. Diese Verteidigungsstrategien sind im Rahmen der Hilfe bei der Überwindung »blinder Flecken« beschrieben worden (Egan 1986).

Im Hinblick auf die Entwicklung von Fertigkeiten bedeutet dies, daß wir lernen müssen, auf das zu hören, was die Klienten sagen und also auf das, was sie in dem Gesagten einschließen, auf das sie indirekt hinweisen oder auch auf das, was sie nicht sagen. Diese Art von Zuhören ist ein Zuhören auf das, was nicht ausgedrückt wird und ein Verständnis der möglichen Bedeutung des Nichtausgedrückten für den Klienten. Egan bezeichnet es als eine *fortgeschrittene Empathie* (1986). Indem Sie ein tieferes Verstehen für Ihre Klienten entwickeln und ihnen dies auch auf angemessene Weise mitteilen, beeinflussen Sie wiederum die tiefe Exploration und das größere Selbst-Verständnis der Klienten (Truax und Carkhuff 1967).

Dieses tiefere Verstehen und die Handlungen von Beratern, es zu demonstrieren, ist nur schwer schriftlich zu beschreiben. Das meiste in den dafür signifikanten Interaktionen ist sowohl subtil als auch nicht verbal: Gesichtsausdruck, Sprachmelodie und Tonfarbe, Körpersprache oder ein schneller Blick. Tieferes Verstehen bedeutet auf eine genauere Weise zu reflektieren, was unsere Klienten mitteilen. Es hängt von unserer Fähigkeit ab, die tiefere Bedeutung der Botschaften unserer Klienten aus der Verpackung herauszulösen, mit der sie diese Botschaften verbal umgeben mögen. Die folgenden Techniken mögen einige Wege zeigen, auf denen Sie tiefere Exploration in Gang setzen können.

1. *Auf das konzentrieren, was Klienten andeuten oder in das Gesagte einschließen.* Betrachten Sie bitte das folgende Beispiel. Josephina spricht über ihre Unzufriedenheit am Arbeitsplatz und sagt, sie ziehe eine Kündigung in Erwägung.

Josephina: Ich kann nicht sehen, wie sich die Situation verbessern soll. Ich habe keine Schwierigkeiten, einen anderen Job zu finden. Ich wäre auch bereit, in der Zwischenzeit Aushilfsarbeit zu machen, bis ich etwas vernünftiges Bleibendes gefunden habe. Ich hab' mir auch schon Antworten überlegt, warum ich den jetzigen Job kündigen will.

Beraterin: Das klingt, als hätten Sie sich schon entschieden zu kündigen.

Josephina: Ja, das hab' ich. Ich höre mich noch sagen, daß ich die Arbeit nur mache, weil ich denke, ich sollte hier noch eine Weile bleiben. Ich bin noch nicht lange genug hier, und ich sollte deshalb nicht so schnell wieder kündigen.

Die Beraterin hat ein tieferes Verständnis dadurch angebahnt, daß sie die Aufmerksamkeit der Klientin darauf richtete, was ihre explizite Aussage noch enthielt. Dabei sprach die Klientin über einige der »Regeln«, nach denen sie ihr Leben ausrichtete und die sie bisher daran gehindert hatten, zu handeln – nämlich zu kündigen.

2. *Das Identifizieren von Themen und Mustern.* Indem Sie Ihren Klienten aktiv und sorgfältig zuhören, können Sie unter Um-

ständen Muster oder Leitthemen entdecken, die das Leben Ihrer Klienten durchziehen und eine Erklärung dafür abgeben können, was mit ihnen gegenwärtig geschieht. Indem Sie diese Muster erkennen, verhelfen Sie Ihren Klienten zu einer Art Kohärenz, wo sie vielleicht bisher nur Chaos wahrgenommen haben. Klienten geben häufig Hinweise auf solche Muster in ihrem Leben, indem sie beispielsweise sagen: »Das bin wieder einmal typisch ich.« Oder: »So etwas passiert mir laufend.« Wir wollen dafür ein Beispiel geben. Jeanette beklagt sich, daß sie von ihren Freunden ausgenützt wird. Sie erwarten, daß sie sie unterstützt. In einer vorangegangenen Sitzung hatte sie der Beraterin erzählt, daß sie sich um sich und ihre jüngere Schwester gekümmert habe, als sie beide noch klein waren, weil ihre Mutter immer auf Arbeit gehen mußte.

Jeanette: Ich bin fertig mit Rosi. Gestern abend hat sie mich wieder angerufen. Aber sie fragt nie, wie es mir geht. Sie erzählt mir immer und immer wieder ihre Probleme. Ich habe ihr zugehört und habe gesagt, was ich davon halte. Aber sie hat nur gesagt, sie wolle das nicht hören. Sie sagte: »Bei dir ist alles ganz anders. Du bist ja so tüchtig.« Es kann sein, ich bin es wirklich.

Beraterin: Sie haben mir letzte Woche erzählt, daß Sie sich um sich selber und Ihre Schwester kümmern mußten. Jetzt müssen Sie sich um Freunde kümmern und zwar mehr, als Sie es offensichtlich wollen. Das vermittelt mir ein Bild eines Menschen, der sich bisher schon eine Menge in seinem Leben um andere gekümmert hat. Sich um andere Sorgen zu machen, scheint so etwas wie ein Muster für Sie zu sein. Oder entdecke ich zu viel in dem, was Sie gesagt haben?

Die Beraterin benutzt eine Zusammenfassung, um anzuerkennen, was Jeanette gesagt hat, und ihr ein Interpretationsmuster anzubieten. Sie unterstreicht den vorläufigen Charakter dieses Angebots, indem sie die Klientin nach ihrer Meinung fragt. Jeanette fährt fort, die Bedeutung dieses Themas zu explorieren, und erhält auf diese Weise ein vertieftes Verständnis von ihrer Person und ihren Beziehungen zu anderen.

3. _Verbindungen herstellen._ Klienten sehen manchmal nicht die Verbindungen zwischen Ereignissen, die ihnen helfen würden, ein tieferes Verständnis ihrer selbst zu gewinnen, und ihren Anliegen. Verbindungen herstellen ist so etwas wie die Vervollständigung eines Puzzles. Die einzelnen Teile haben ihre Bedeutung, wenn sie zusammengesetzt worden sind, sie haben diese Bedeutung nicht, wenn sie als Einzelteile betrachtet werden. Ich gebe ein Beispiel. Nancy erzählt, daß sie sich die meiste Zeit über erschöpft, angespannt und irritierbar fühlt. Sie hat Angst, daß sie depressiv sein könnte, und zitiert aus einem Buch über Depressionen, das sie gelesen hat. Nachdem sie eine Weile zugehört hat, erwidert die Beraterin:

Beraterin: Sie haben mir einiges über Ihre Arbeit und über Ihre Familie erzählt. Aber ich hab' noch keinen exakten Eindruck darüber, wie Ihre tägliche Routine eigentlich aussieht.

Nancy: Ich bin gewöhnlich bis sieben Uhr früh auf der Arbeit, damit ich alles fertigmachen kann, noch bevor die anderen ankommen. Dafür kann ich ein bißchen eher aufhören, sagen wir um fünf Uhr am Nachmittag. Dann hole ich Ben von der Tagesmutter ab. Gewöhnlich gebe ich ihm seinen Tee und spiele mit ihm bis gegen sieben. Dann ist es Zeit, mit der Ins-Bett-geh-Routine anzufangen. Bis halb acht ist er dann im Bett, und dann mache ich das Abendessen, wenn John Spätschicht hat. Wir essen dann gegen 8.30 Uhr. Das ist es.

Beraterin: Ihrer Beschreibung entnehme ich, daß Ihre Erschöpfung und Ihre Irritierbarkeit vielleicht mehr mit Überarbeitung zu tun hat als mit Depressionen. Ich möchte wissen, was Sie gedacht und gefühlt haben, als Sie das eben erzählten.

Nancy: Ich hab' mir gedacht: »Wie zur Hölle schaff' ich das eigentlich alles!« Ich konnte richtig fühlen, wie ich mutlos wurde, als ich Ihnen das alles erzählt habe. Vorher – bis ich Ihnen das alles erzählt habe, habe ich überhaupt nicht richtig begriffen, wie vollgestopft mein Leben im Augenblick ist. Vielleicht haben Sie recht. Ich fühle mich irritierbar, weil ich übermüdet und überarbeitet bin – nicht etwa wegen der Depressionen.

Diese Klientin machte die Verbindung zwischen der Arbeit und ihren familiären Verpflichtungen nicht und fühlte sich dennoch erschöpft und leicht zu irritieren. Sie fuhr fort zu explorieren, weswegen möglicherweise ihre Sichtweise auf sich als einer depressiven Person einen Vorzug hatte gegenüber der schlichten Aussage, »einfach nur müde zu sein«. Diese Aussage war in ihren Augen ein Zeichen von Schwäche.

Im Kern bedeutet tiefere Exploration einen Wandel der Sichtweise von den äußeren, sichtbaren Bedeutungen dessen, was Klienten sagen, zu den darunterliegenden und vielleicht verborgenen Botschaften. Wir wollen uns nun mit der Frage beschäftigen, welche Aspekte im Verhalten von Klienten sinnvollerweise herausgefordert werden könnten.

Was sollte herausgefordert werden? Im wesentlichen werden wir die Art und Weise herausfordern, in der Klienten Ereignisse interpretieren, um ihnen Bedeutung zu geben und damit sie in die Welt ihres Bezugsrahmens passen. Viele Interpretationen von Klienten behindern möglicherweise ihre Kraftentfaltung; in anderen Worten, sie haben »falsche« Landkarten, mit denen sie sich orientieren. Das Ziel von Herausforderung ist es, Klienten zu befähigen, ihre Sichtweise neu zu bewerten und unterschiedliche, weniger obstruktive Sichtweisen zu gewinnen. Mit diesen neuen Sichtweisen werden sie möglicherweise fähig sein, Möglichkeiten für konstruktiven Wandel zu erkennen. Um es ganz speziell zu sagen: Man könnte herausfordern, wenn man im Gespräch auf die folgenden Phänomene trifft:

1. *Das Übersehen von Ressourcen und Defiziten.* Oftmals haben die Klienten kein klares Bild ihrer eigenen Ressourcen, aber auch ihrer eigenen Defizite. Wenn Sie Ihren Klienten genau zuhören, werden Sie manchmal richtig »hören«, wie sie ihre eigenen Fähigkeiten und Fertigkeiten übersehen oder wie sie einfach beiseite schieben, was als ein tatsächlicher Zwang erscheinen könnte.

2. _Widersprüchlichkeiten._ Wenn Sie Ihren Klienten aktiv zuhören, wird Ihnen klarwerden, wenn sich die Dinge nicht mehr »zusammenfügen«. Ich werde mich mit der Frage der Herausforderung im Falle von Widersprüchlichkeit im Zusammenhang mit der Strategie der Konfrontation befassen.

Im nächsten Beispiel ist Johanna ärgerlich über die Art und Weise, wie ihre Familie sie gleichzeitig benutzt und ignoriert.

Johanna: Ich fordere nicht viel von David oder den Kindern. Sie stehen bei mir an der ersten Stelle. Das war schon immer so. Aber wenn ich mal etwas will – das kümmert sie überhaupt nicht. Da heißt es immer »Mama wird das schon machen« oder »Sie hat sicher nichts dagegen«. Aber ich hab' was dagegen! Sogar eine Menge hab' ich dagegen!

Beraterin: Ich möchte jetzt nicht allzu schroff klingen. Aber vielleicht haben Sie, indem Sie sich lange Zeit auf den Hintersitz gesetzt haben, Ihrer Familie erlaubt zu übersehen, was Sie wollen. Klingt das vernünftig?

Die Klientin stimmt nachdenklich zu. Sie hat in der Tat die Konsequenzen ihres eigenen Verhaltens übersehen. Indem sie aufgegeben hat, Wünsche oder Forderungen an ihre Familie zu richten, hat sie erlaubt, daß man ihre Arbeit und ihren Einsatz als gegeben hingenommen hat.

3. _Glaubenssätze und die Folgerungen aus ihnen._ Klienten können irrationalen Glaubenssätzen anhängen, die sie behindern und unglücklich machen. Ellis (1962) hat solche Glaubenssätze beschrieben, mit denen Klienten sich selber entwaffnen. Ein solcher Satz heißt: »_Die Vergangenheit hat bereits darüber entschieden, was ich heute denke und fühle._« Ich selber leugne nie die Bedeutung der Vergangenheit, aber vergangene Ereignisse determinieren selbstverständlich nicht endgültig unser gegenwärtiges Verhalten. Ein konkretes Beispiel ist ein Klient, der berichtete, daß er als Kind seinem Vater absichtlich Sorgen bereitete, um dessen Aufmerksamkeit zu gewinnen. Mit seiner Partnerin machte er es ähnlich. Der Beraterin sagte er in einem Anflug von

Endgültigkeit, daß er als Kind auf Zuwendung verzichten mußte und daß er deshalb so wäre, wie er jetzt eben sei. Es ist möglich, daß Klienten diese Glaubenssätze gar nicht bewußt vertreten, aber ihr Verhalten im Beratungsprozeß und das, was sie von ihren Handlungen berichten, kann uns Hinweise darauf geben, worin diese Glaubenssätze bestehen können. Sie werden oft mit den Hilfszeitwörtern »sollte«, »müßte« und »hätte zu geschehen« umschrieben. »Ich sollte eigentlich nicht wütend sein«; »Sie hätte eigentlich das Recht zu tun, was sie tat«; oder »Er sollte eigentlich dafür bestraft werden«.

Herausforderungen und tiefere Explorationen könnten Klienten helfen, sich dieser ihrer Glaubenssätze bewußt zu werden und auch der Folgen, die sie für sie haben. Wir könnten dann voranschreiten, um den Klienten zu helfen, diese Glaubenssätze auf eine weniger dogmatische Weise zu reformulieren. Ausführlichere Hinweise zu der Behandlung solcher falschen Glaubenssätze finden Sie in Truwer et al. (1988) und Dryden (1990) in der Serie »Beratung in Aktion«, in der auch dieser Band erschienen ist. In seinem Buch »Effektive Fertigkeiten zu denken« (Nelson-Jones 1989) werden einige ausgezeichnete Beispiele für solche niederdrückenden Glaubenssätze gegeben, in denen Menschen sich selber gestatten, ihr Leben zu erschweren. Der zuletzt genannte Band enthält auch eine Reihe nützlicher Interventionen und Übungen für das eigene Training.

4. *Unausgedrückte Gefühle.* Ich habe schon vielfach darauf hingewiesen, daß Menschen Schwierigkeiten haben, ihre Gefühle zu registrieren und in Worten auszudrücken. Manchmal verkleiden sie auch ein Gefühl durch ein anderes; Lachen kann beispielsweise Schmerzen übertönen. Das folgende Beispiel soll zeigen, wie eine neue Bewußtheit herbeigeführt werden kann, indem einem Klienten geholfen wird, seine Gefühle zu erkennen und in Worten auszudrücken.

Der Klient, Bob, möchte gern, daß den immer größer werdenden Anforderungen an seine Zeit Grenzen gesetzt werden. Er antwortet auf jeden Versuch seiner Beraterin, sein Augenmerk auf seine Gefühle zu richten, mit einem Gedanken oder einem Glaubenssatz. Die Beraterin vermutet, daß er ärgerlich sei, aber Angst hätte, es zuzugeben.

Beraterin: Ich denke, Sie waren ärgerlich, als Sie an Ihrem freien Tag herausgerufen wurden.

Bob: Ich denke nicht, daß das eine Sache von Ärger sein sollte. Es ist mein Job.

Beraterin: Ich bemerke, daß Sie nichts über Ihre Gefühle sagen. Vielleicht hab' ich das mißverstanden, aber es scheint mir so, als hätten Sie überhaupt keine Gefühle angesichts der Tatsache, daß Sie Ihren freien Tag verloren haben. Vielleicht ist das o.k. für Sie. (Beraterin benutzt ein Statement, um ihre Sichtweise zu sagen.)

Bob: Das ist nicht richtig. Natürlich hatte ich Gefühle. Als das Telefon gestern läutete, war ich außerordentlich ärgerlich. Aber ich habe mir selber gesagt: »Bleibe bloß ruhig. Alles andere wäre nicht gut.«

Bob hatte verstanden, daß er wütend war. Die Beraterin half ihm dabei herauszufinden, welche Bedeutung dieses Gefühl für ihn hatte. Er begann zu sehen, daß er in der Tat den anderen erlaubte, Übergriffe auf seine Freizeit zu machen. Er konfrontierte sich auch mit dem rigiden Glaubenssatz über die Arbeit, bei der er niemals »nein« sagen würde, weil er die Zurückweisung durch andere fürchtete.

Die Herausforderung an Klienten, ihre unter der Oberfläche liegenden Gefühle zu explorieren, kann ihnen helfen, sich selber und ihre Probleme aus anderen Blickwinkeln zu sehen. Jetzt will ich mich mit der Frage befassen, wie man eine Herausforderung anlegt.

Wie man herausfordert

1. *Formulieren Sie offen.* Wenn wir Klienten herausfordern, wechseln wir die Perspektive. Wir sprechen nicht mehr aus der wahrgenommenen Perspektive unserer Klienten, sondern benutzen unsere eigene. Klienten werden mit Wahrscheinlichkeit besser auf uns hören und alternative Sichtweisen erproben, wenn diese nicht mit großer Betonung, sondern eher nebenbei ausgedrückt werden. Sie mit erhobener Stimme zu informieren oder ihnen zu sagen, »was Sache sei«, wirkt dominierend und

wird Widerstände heraufbeschwören. Versuchsweise Formulierungen bedeuten nicht Unentschiedenheit oder die dauernde Verwendung von Konjunktiven (»Wenns« und »Oders«). Es bedeutet lediglich, daß wir das, was wir sagen, so ausdrücken, daß es offen für Modifikationen ist. Das geschieht häufig, wenn wir Sätze mit der Floskel einleiten: »Ich möchte wissen, ob ...« oder »Wie klingt so etwas für Sie?« oder »Ich hab' da eine Vermutung – nämlich ...«

2. *Erinnern Sie sich an die Ziele der Herausforderung.* Menschen sind Klienten geworden, weil sie Schwierigkeiten mit ihrem Verhalten haben und weil sie gern ihr Leben erfolgreicher gestalten möchten. Es kann sein, daß sie in manchen Sitzungen über Dinge sprechen, über die weiter zu sprechen Sie sie gern ermutigen möchten. Aber das Ziel der Herausforderung ist, ihnen zu helfen, sich selbst und ihre Anliegen neu zu bewerten, damit sie sich Ziele setzen und effektive Handlungen anbahnen können. Sie müssen sich deshalb immer fragen, ob Ihre Herausforderungen wirklich hilfreich sind, damit dies geschieht. Indem Sie sich immer wieder an das Ziel der Herausforderung erinnern, bewahren Sie in Ihrer Arbeit den Focus. Die Entscheidung darüber, was herausgefordert werden soll, sollte auf dem gemeinsam verabschiedeten Beratungsvertrag basieren und nicht auf der Wißbegierigkeit der Berater.

3. *Prüfen Sie, ob Klienten fähig sind, die Herausforderungen anzunehmen und zu benutzen.* Manchmal sind Klienten empfindlich und verwundbar. Sie brauchen Zeit, bevor sie sich neue und vielleicht schmerzliche Aspekte ihrer Probleme aneignen können. Ein Kollege hat einmal bemerkt: »Wenn Ihre Haut aufgeschunden ist, dann genügt die sanfte Luftbewegung einer Brise, um Ihnen Schmerzen zuzufügen.« Aber die kenntnisreichsten und taktvollsten Herausforderungen befördern den Beratungsprozeß nicht, wenn Klienten nicht in der Lage sind, Ihnen zuzuhören oder sie zu benutzen. Vor allem Klienten, die in einem hochgradig emotional aufgeladenen Zustand sind, werden das nicht schaffen. Ich gebe dafür ein Beispiel:
Eine unglückliche Schülerin beklagt sich bitter und lautstark über das, was sie für eine unfaire Behandlung durch einen Leh-

rer betrachtete. Die Beraterin antwortete: »Was Sie sagen, klingt so, als habe er einen Scherz gemacht, der in die Hose gegangen ist – aber auch, als ob Sie ihn vorher provoziert hätten.« Als sie das hörte, geriet die Schülerin wieder in Rage. Sie war nicht mehr bereit, auf ihr eigenes Verhalten zu schauen. Sie steigerte sich noch mehr in die Kränkung über das, was sie als unfaire Behandlung angesehen hatte. Hätte die Beraterin ihr aktiver zugehört und ihre Sichtweise als eine Sichtweise akzeptiert, die für sie bedeutsam war, und hätte sie ihr erlaubt, ihre Wut auszudrücken, wäre sie möglicherweise eher bereit gewesen, auf ihre eigene Rolle bei dieser Episode zu schauen.

4. *Halten Sie die Perspektive, die Sie alternativ anbieten, möglichst nahe an der Botschaft Ihrer Klienten.* Perspektiven, die weit entfernt sind von der Botschaft, welche die Klienten gerade mitgeteilt haben, mögen wie wilde Vermutungen klingen oder Einladungen, sich in extravaganten Spekulationen zu versuchen. Ich neige dazu, Herausforderungen als eine offensichtliche oder doch zumindest naheliegende Offenbarung anzusehen. Damit meine ich, daß ein Klient, wenn er Ihre Sichtweise zur Kenntnis genommen hat, sich eigentlich wundern müßte, warum er so lange Zeit eine so offensichtliche Perspektive übersehen hat, die so viele wichtige Hinweise darauf gibt, warum er sich bisher so verhalten hat, wie er sich verhalten hat. Als Beispiel einer solchen Perspektive als einer offensichtlichen Offenbarung, die allerdings unwirksam bleibt, weil sie zu weit von dem entfernt ist, was die Klientin vorher gesagt hat, gebe ich die folgende Situation:

Klientin: Ich bin so bedient davon, daß Hans wieder zur Schule geht. Das Haus ist jetzt richtig leer. Ich hatte völlig vergessen, wie sehr ich ihn vermisse.

Beraterin: Sie haben mir einmal gesagt, daß Ihr Vater weg war, während Sie geboren wurden und auch noch während Ihrer frühen Kindheit. Vielleicht hat Ihre Trauer auch etwas mit der Verlassenheit zu tun, die Sie damals erlebt haben.

5. *Seien Sie konkret.* Vage Herausforderungen sind gewöhnlich wenig hilfreich, weil sie nicht klar genug festlegen, welche

Aspekte im Hinblick auf die Gedanken, Gefühle und das Verhalten von Klienten sinnvollerweise exploriert werden. Sie müssen deshalb präzise und klar formulieren, was Sie bemerkt haben oder denken. Betrachten wir die folgenden beiden Beispiele.

Ein Klient beklagt sich über seine geringe Selbsteinschätzung. Die Beraterin bemerkt, daß er jede positive Bemerkung und jedes Kompliment von ihr beiseite wischt. Sie fordert ihn in einer vagen und wenig hilfreichen Weise wie folgt heraus:

Beraterin: Wenn ich Ihnen ein Kompliment gemacht und irgend etwas Positives gesagt habe, dann haben Sie das völlig beiseite gewischt. Ich vermute, daß das Nicht-Akzeptieren von Lob zu Ihrer geringen Selbstachtung beiträgt. Wie denken Sie darüber?

Eine konkretere Herausforderung wäre es gewesen, wenn die Beraterin etwa das Folgende gesagt hätte:

Beraterin: Ich hab' bemerkt, daß Sie, als ich Ihnen ein Kompliment gemacht habe, wie taktvoll Sie mit Ihrem Kollegen umgegangen seien, gesagt haben: »Ach, der! Das hätte jeder andere auch gemacht.« Sie schienen das abzutun. Ich würde gern wissen, ob Sie auch die positiven Rückmeldungen von anderen beiseite schieben und sich dann anschließend unterschätzt fühlen. Was denken Sie darüber?

Hier bezog sich die Beraterin zunächst einmal konkret auf die Redefigur des Klienten, ehe sie ihre eigene Sichtweise anbot. Diese Intervention gab klarere Hinweise darauf, was der Klient in Zukunft weiter explorieren könnte.

6. *Vermeiden Sie zu tadeln.* Herausfordern meint nicht die Zuteilung von Tadeln. Klienten reagieren mit Wahrscheinlichkeit positiver auf eine Herausforderung, wenn sie sich nicht kritisiert fühlen. Das Erkennen nicht hilfreicher Verhaltensweisen und Glaubenssätze bedeutet nicht notwendig Kritik und Verdammung.

7. *Ermutigen Sie Selbst-Herausforderung.* Ich will dieses Prinzip an
einem Beispiel erläutern. Eine Klientin Mitte Dreißig sprach
von einem besonders quälenden Abbruch ihrer Beziehung. Sie
konzentrierte sich dabei auf die Fehler ihres Partners und auf die
Demütigungen und Verletzungen, die sie durch ihn erlitten hatte.
Sie stellte sich selbst als passiv und als Opfer dar. Sie ignorierte
Einladungen der Beraterin, ihr eigenes Verhalten ins Auge zu
fassen. Erst einige Wochen später sagte sie in einem anderen
Zusammenhang mit ruhiger Stimme: »Ich denke, Bob und ich
waren beide wirklich Gift für einander.« Das war der Augenblick, in dem die Beraterin merkte, daß die Klientin angefangen
hatte, sich selbst herauszufordern und ihre eigene Version der
vergangenen Trennung neu zu bewerten. Sie bewegte sich aus
einer Position des »es ist alles sein Fehler« zu einer Sichtweise
des »vielleicht war ich auch auf bestimmte Weise verantwortlich
für den Bruch«. In diesem Augenblick war der Weg für die
Beraterin frei, die Klientin zu bitten herauszufinden, wie sie sich
selber erlaubt hatte, sich so lange unterdrücken zu lassen, bis sie
depressiv wurde und physisch am Ende war.

Häufig kann man Selbst-Herausforderung dadurch ermutigen,
daß man akkurat paraphrasiert und mit einfachen Wiederholun-
gen arbeitet. Indem man Klienten hören läßt, was sie eben gesagt
haben, beginnen sie, ihre Versionen bereits neu zu bewerten.
Auch wenn Sie Schlußfolgerungen anbieten aus dem, was Ihre
Klienten gesagt haben, laden Sie zu Selbst-Herausforderungen
ein. Beispielsweise hätte die Beraterin zu der eben zitierten
Klientin sagen können:

Beraterin: Sie sagen mir jetzt, daß Sie keine andere Wahl hatten
und deshalb bleiben und die Situation ertragen mußten, stimmt das?

8. *Seien Sie selber offen für eine Herausforderung.* Das können Sie
auf verschiedene Weise tun:

(a) Indem Sie nicht-defensiv zuhören, wenn Klienten ausführen,
in welcher Weise Sie nicht hilfreich gewesen sind;

(b) indem Sie offen mit Ihren Klienten darüber sprechen, wenn
Sie glauben, daß der Beratungsprozeß durch Ihre Überiden-

tifikation oder Ihre Konkurrenz mit der Klientin behindert worden ist und welche Rolle Sie dabei sich selber zumessen;

(c) indem Sie Ihr eigenes Verhalten betrachten, soweit es dabei eine Rolle gespielt hat.

Mit anderen Worten: Erwarten Sie nicht, daß Ihre Klienten Ihre Herausforderungen mit Offenheit aufgreifen, sofern Sie nicht selber bereit sind, das Gleiche zu tun.

9. *Benutzen Sie die Herausforderung im Zusammenhang mit einer anderen Sequenz.* Sie werden sich vielleicht erinnern, daß ich im zweiten Kapitel den Gedanken einer Abfolge von Einzelfertigkeiten eingeführt habe. Ich möchte diesen Gedanken wieder in Erinnerung rufen und einige Leitlinien entwickeln, um eine Verbindung zwischen reflektierenden und sondierenden Fertigkeiten und der Herausforderung herzustellen. Die folgenden Beispiele sollen zeigen, wie eine Kombination dieser Fertigkeiten benutzt werden kann. Der Klient ist ein Mann, der sich im Umgang mit anderen als ehrlich und direkt sieht. Seine Beraterin nimmt ihn auf der anderen Seite ziemlich anders wahr. Sie erlebt ihn als kritisch und negativ. Ihr Ziel ist deshalb, ihn zu ermutigen, sein Verhalten zu explorieren und aus einem anderen Sichtwinkel zu betrachten.

Beraterin: Ja, wenn Sie sagen, daß Sie ehrlich und direkt sind, so klingt das, als wär' das für Sie von Bedeutung. (Paraphrase)

Klient: Ja, das ist richtig. Ich denke, daß die Leute das auch erwarten ..., *und wenn sie die Wahrheit nicht vertragen, dann sollten sie gar nicht erst fragen.*

Beraterin: Wenn Sie sagen, »die Wahrheit ertragen«, dann klingt das so, als würden Sie erwarten, daß Ehrlichkeit Schmerzen bereitet. (Paraphrase, um das in den Blick zu nehmen, was der Klient möglicherweise implizieren möchte.)

Klient: (mit einem Lachen und ohne direkten Kommentar zur Paraphrase der Beraterin) Ich sage, was ich denke, wenn man mich fragt. Gestern auf der Arbeit hat mich ein Kollege gefragt, was ich von dem Bericht hielte, den er gerade geschrieben hat, und ich sagte ihm klar heraus, daß ich ihn für enttäuschend hielt. Ich hab' die Punkte genannt, an denen er einfach zu oberflächlich war. Er hat das nicht sehr gemocht, aber es war meine ehrliche Meinung.

Beraterin: Die Art und Weise, wie Sie das Feedback beschrieben haben, das Sie Ihrem Kollegen gegeben haben, klang für mich, als ob Sie sich auf etwas konzentriert hätten, was in seinem Bericht falsch war. Ich möchte gerne wissen, ob er Ihre »ehrliche und offene Meinung« ohne Einschränkungen als Kritik empfunden hat und sich verletzt fühlte. Wie denken Sie darüber? (Zusammenfassung, um zu prüfen, ob sie ihren Klienten richtig verstanden hat, und Angebot einer anderen Perspektive. Sie endet mit einer offenen Frage, um den Klienten bei der Exploration seiner bisherigen Sichtweise auf sich und sein Handeln zu halten.)

Klient: Er hat mich gefragt, was ich davon halte, und ich hab' es ihm gesagt.

Beraterin: (ignoriert, daß der Klient ihre Herausforderung nicht beachtet hat) Und an dem Bericht war wirklich nichts in Ordnung (benutzt diesen Satz nicht als Frage, sondern als ein zusammenfassendes Statement dessen, was der Klient gesagt hat).

Klient: Nein! Gut – einige Teile des Berichtes waren in Ordnung. Einige Passagen waren tatsächlich exzellent, aber ... (nach einer Pause) ich war gerade dabei zu sagen: »Es wäre aber nicht ehrlich und direkt gewesen« ... *Aber es ist es natürlich auch.*

Beraterin: Nachdem, was Sie gesagt haben, klingt es für mich so, als wäre für Sie »ehrlich und direkt« gewöhnlich gleichbedeutend mit negativer Kritik. Ob es Sinn hätte, diesen Gedanken weiter zu verfolgen – *was denken Sie?*

Man kann sehen, die Fertigkeiten, die im dritten Kapitel beschrieben worden sind, können in verschiedenen Kombinationen und Abfolgen benutzt werden, um die Herausforderung einzubinden. Es ist dabei auch wichtig, sich in Erinnerung zu rufen, daß wirkungsvolle Herausforderungen nicht dadurch entwickelt werden, daß die von mir sogenannten basalen oder fundamentalen Fertigkeiten einfach aneinander gebunden werden. Ihre Perspektiven basieren auf sorgfältigem aktivem Zuhören und Beobachten Ihrer Klienten und sind interpretationsfähig, ganz gleich, welcher Beratungstheorien Sie immer anhängen mögen.

Einige Leitlinien für herausfordernde Fertigkeiten sind:

- Identifizieren Sie die Kernbotschaften des Klienten und paraphrasieren Sie diese Kernbotschaften, um zu prüfen, ob Sie verstanden haben, und um Ihr Verstehen zu signalisieren;
- fügen Sie Ihr eigenes Verständnis der Bedeutung der Botschaft des Klienten in einer kurzen Zusammenfassung oder einem Statement hinzu;
- geben Sie den Focus wieder an den Klienten zurück. Denn wenn Sie Ihrem Klienten Ihre Perspektive oder Interpretation anbieten, ziehen Sie den Focus für eine bestimmte Zeit an sich.

Es ist wichtig, daß Sie Ihren Klienten nach seinen Reaktionen auf das fragen, was Sie ihm angeboten haben. Sie können dabei etwa Folgendes sagen:

- »Also, wie klingt das in Ihren Ohren?«
- »Macht es einen Sinn für Sie, um auf das zu schauen, was Sie eben gesagt haben?«
- »Was halten Sie von dem, was ich soeben gesagt habe?«
- »Wäre das eine nützliche Weise, auf das zu schauen, was Sie eben gesagt haben?«

Bisher habe ich mich in diesem Kapitel mit Herausforderung als einer Strategie beschäftigt, durch die Klienten befähigt werden, ihre Anliegen tiefer zu erforschen, um ein neues Bewußtsein zu erlangen. Ich habe einige Gebiete genannt, auf denen es nützlich sein könnte, Klienten herauszufordern, und habe einige sehr allgemeine Leitlinien zu der Art und Weise angeboten, in der diese Herausforderung geschehen könnte. Es gibt jedoch eine Reihe von unterschiedlichen Herausforderungsstrategien, und es ist an der Zeit, daß ich mich ihnen jetzt zuwende.

Konfrontation

Konfrontieren bedeutet unter anderem, einer oder einem anderen zu begegnen und ihr Auge in Auge gegenüber zu stehen. Ich benutze diesen Terminus im besonderen, wenn es darum geht, Klienten zu helfen, sich den Verzerrungen und Widersprüchlichkeiten zu stellen und sie als solche zu identifizieren, die sie davon abhalten, wirkungsvolle Veränderungen ihres Denkens und Fühlens einzuleiten. Konfrontation ist eine Strategie, die sowohl reflektierende als auch sondierende Fertigkeiten benutzt, um die Aufmerksamkeit darauf zu lenken, Ungereimtheiten, Widersprüchlichkeiten oder »Rauchschleier« zu erkennen, die tiefere Explorationen und Verstehensweisen verhindern können. Menschen werden sehr häufig deshalb Klienten, weil sie nicht denken können, daß es einen Ausweg aus ihren Probleme gäbe. Sicher – alle Probleme haben ein Element von Unausweichlichkeit in sich, sonst wären sie keine Probleme, sondern Nachtgespenster. Auf der anderen Seite machen sich Klienten häufig nicht oder nur verschwommen klar, daß sie sich selbst durch ihre Sichtweisen entmutigen und entkräften. Ihre Aufgabe beim Konfrontieren ist es, Klienten zu helfen zu verstehen, wie ihre eigenen »fehlerhaften« oder »verzerrten« Sichtweisen ihnen Bewegungsspielräume nehmen und sie immobil machen.

Ich möchte dafür ein Beispiel geben. Eine Klientin, Anna, war dabei, eine Beziehung am Arbeitsplatz zu explorieren. Ein Kollege machte sie immer wieder nieder, indem er entweder nicht erschien oder seine Anwesenheit doppelt buchte. Sie deckte ihn und übernahm Arbeiten, die er nicht zur rechten Zeit zu Ende geführt hatte. Sie nahm das übel und war ärgerlich. Die Beraterin hatte das Gefühl, daß sie versuchte, ihn zu retten.

Beraterin: Sie klingen, als wären Sie wütend auf ihn, und Sie hauen ihn immer wieder heraus.

Anna: (wütend) Ich kann doch einfach nichts machen, wenn er nicht erscheint. Andere Leute werden fallen gelassen und das bringt Probleme. Ich bin auch dafür verantwortlich, daß die Arbeit gemacht wird, und ich kann sie nicht einfach liegen lassen.

Beraterin: Sie sagen, Sie »können sie nicht einfach liegen lassen«. Was, denken Sie, würde passieren, wenn Sie es täten?

Anna: Na, ich denke, Kunden würden sich beklagen, und die Abteilung bekäme einen schlechten Ruf. ... *Weiter habe ich bisher noch nicht gedacht.*

Beraterin: Sie schützen also alle, die Abteilung, die Kunden, ihn und sich auch.

Anna: Ja! Genau das mache ich! Ich sehe mich selbst als verantwortliche Person. Aber daran ist doch nichts falsch, oder? Wollen Sie etwa vorschlagen, wenn er einen Fehler macht, solle er ihn selber ausbaden!

Beraterin: Im Augenblick schlage ich überhaupt nichts vor. Aber es klingt fast so, als wenn Sie denken würden, er sei unfähig, selber mit der Affaire fertigzuwerden. Macht das Sinn?

Anna: Ich denke schon, daß er selber mit der Sache fertigwerden würde. Er müßte einfach. Aber mich macht es wirklich stolz darauf, diejenige zu sein, die effizient ist, die den Durchblick hat und die solche Sachen ausbügeln kann.

Beraterin: Können Sie nicht auch effizient und verantwortlich sein, ohne ihn dabei dauernd retten zu müssen?

Anna: (lachend) Hat das so geklungen? Natürlich kann ich das. Und in Zukunft sollte ich vielleicht wirklich aufhören, ihn dauernd rauszuhauen.

Annas Blick auf das Problem war in der Tat verzerrt, die Konfrontation durch die Beraterin half ihr zu entscheiden, wieweit sie ihrem Kollegen helfen würde oder nicht. Sie könne effizient und verantwortlich wirken, ohne ihm dauernd zu Hilfe zu eilen, und sie hätte schließlich auch den Eindruck erweckt, Hilflosigkeit sei charakteristisch für ihn.

Widersprüchlichkeiten konfrontieren. Klienten werden mit oder auch ohne Bewußtsein Botschaften präsentieren, die widersprüchlich sind. Die Widersprüchlichkeiten werden sich bewegen zwischen:

– der Selbstsicht von Klienten und wie andere sie sehen;

- der Weise, wie Klienten sich selber wünschen und wie sie wirklich sind;
- dem verbalen und dem nichtverbalen Verhalten von Klienten;
- dem, was Klienten sagen, daß sie es möchten, und dem, was sie tun, um es zu bekommen.

Im folgenden gebe ich einige kurze Beispiele:

- Tom betrachtet sich selber als einen Typ, der gut zuhören und beraten kann. Seine Kollegen sehen ihn als unentschieden an.
- Peter sagt, er möchte gern seine Prüfungsangst bewältigen. Aber er macht keinen Versuch, an Beratungsveranstaltungen teilzunehmen, die sich speziell darauf richten, Fertigkeiten zu vermitteln, wie man erfolgreich durchs Examen kommt.
- Katharina sagt, sie wäre glücklich in ihrer jetzigen Beziehung, aber während sie das sagt, blickt sie zu Boden und sitzt mit gefalteten Armen und geballten Fäusten.
- Hans sagt, daß alles auf der Arbeit in Ordnung sei, aber er sagt es mit einem trockenen Lachen.

Lassen Sie mich nun auf die Widersprüche zwischen dem, was ein Klient sagt, daß er es möchte, und dem, was er tut, um es zu erreichen, eingehen.

Ein Klient, Ray, in den Vierzigern, diskutiert die Zukunft seiner Berufskarriere.

Ray: (langsam und gepreßt) Ich würde wirklich am liebsten meinen Job aufgeben und irgendwo ein kleines Geschäft aufmachen. Ich möchte am liebsten auf dem Lande leben und ... *na, mich wirklich selber versorgen ... und handwerklich betätigen. Ich werfe immer einen Blick auf die Bodenpreise. Und sie steigen im Augenblick immer noch. Ich hoffe, das hört bald auf. Wir würden auch beide gern auf einem Stück Erde leben, das uns selber gehört. Wir haben das schon immer gewollt – es ist unser Traum. Er hält uns am Laufen.*

Beraterin: Ray, Sie haben gesagt »ich hoffe, die Preissteigerung hat ein Ende«. Das klingt für mich so, als ob das, was Sie mir sagen, daß Sie es wollen, abhängig sei von einer Hoffnung, die Sie überhaupt nicht beeinflussen

	können. Ich bin nicht sicher, ob es das ist, was Sie von der Zukunft erwarten.
Ray:	Sicher, ich hab' daraufhin noch nichts getan. Ich hab' nur die Hoffnung – *die hält mich am Laufen. Wenn ich herausfinden würde, daß das unmöglich ist, dann würde ich nichts mehr haben, um in die Zukunft zu blicken.*

Die Beraterin konzentriert sich auf einen offensichtlichen Widerspruch. Ray demonstriert Entschlußkraft, aber er tut nichts. Ihre Herausforderung versucht ihn zu der Überlegung zu bringen, daß seine Pläne nur »Träume« sind, die ihn vor der Möglichkeit einer Enttäuschung bewahren. Man kann auch die »Entschuldigungen« oder »Vorwände« konfrontieren, die Klienten benutzen und die sie davor bewahren, sich wirklich konkret und effektiv mit ihren eigenen Anliegen auseinanderzusetzen.

1. *Rationalisieren.* Klienten werden ihre Positionen rechtfertigen oder entschuldigen, indem sie die Bedeutung ihres Anliegens herunterspielen. Brian zum Beispiel, der seine Arbeit verloren hat, der sich finanziell nach der Decke strecken muß, sich sehr schlecht fühlt, erzählt seinem Berater, daß er froh ist über seine Arbeitslosigkeit, weil er sich jetzt viel länger, intensiver und solidarischer mit anderen über deren Probleme unterhalten könne.

2. *Auf die lange Bank schieben.* Einige Klienten vermeiden es, die Dringlichkeit ihrer Situation einzusehen und sich auf direktes Handeln vorzubereiten. Paula war schwanger und war unsicher, ob sie die Schwangerschaft unterbrechen sollte. Das war schon einige Wochen her, aber sie hatte weder mit ihrem Arzt gesprochen, noch sich um einen Termin bei der für sie zuständigen Familienberatung gekümmert.

3. *Anderen die Schuld zuweisen.* Klienten sagen häufig, daß das Problem gelöst werden könne, wenn andere nur endlich handeln würden. Es kann durchaus sein, daß andere Leute, wenn sie in der Situation anders handelten, das Problem zum Verschwinden bringen könnten. Aber Klienten können diesen Gedanken benutzen, um eigenes Handeln zu vermeiden. Rosemary beispielsweise beklagt sich über ihren Partner. Sie sagt der Beraterin, daß

er sie beide daran hindern würde, Gefühle zu entwickeln, weil er so »verschlossen« sei. Er sage selten, was er fühle, oder drücke irgendeine Art von Emotionen aus. Über ihre eigene Emotionalität spricht sie nicht.

Stärken konfrontieren. Klienten haben oftmals Stärken und Ressourcen, die sie übersehen. Diese Stärken zu erkennen und anzuerkennen, kann Klienten helfen, sich in einem anderen Lichte zu sehen. Das folgende Beispiel soll dies illustrieren.

Brenda hat vor kurzem eine Stellung als stellvertretende Assistentin des Direktors ihrer Gesellschaft erhalten. Sie sagt, sie würde mit diesem neuen Job nicht fertig und fühle sich sehr elend. Sie sagt auch, daß ihr Chef mit ihrer Arbeit unglücklich sei und daß er darüber schon Bemerkungen gegenüber der Personalabteilung gemacht habe. Die Anforderungen an ihren Job seien gewachsen, nachdem sie ihn übernommen habe, weil ihrem Chef neue Zuständigkeiten zugewachsen wären. Sie beschrieb diesen Chef als einen »wunderbaren Mann«, den jeder in der Firma respektiere. Auf der Basis ihrer Beförderung habe sie kürzlich ein Haus gekauft. Sie befürchtet, daß die Schwierigkeiten am Arbeitsplatz mit einer Gehaltssenkung verbunden sein könnten, und daß sie dabei das Haus verlieren würde und insbesondere den Garten, der ihr sehr ans Herz gewachsen war. Sie sagte, sie lebe allein und fühle sich in ihrem Leben sehr alleingelassen und ohne Unterstützung.

> Beraterin: Nach dem, was Sie gesagt haben, haben Sie wenig Unterstützung zu Hause und auf der Arbeit. Es sieht so aus, als ob der Chef erwarten würde, daß Sie alleine mit Ihrer Arbeit fertigwerden.
>
> Brenda: (ärgerlich) Nein, ich habe wirklich keine Unterstützung. Er sagt mir nie, was ich machen soll. Er sagt mir nie, welche Arbeit vorrangig ist und welche nicht. Er beklagt sich nur, daß ich herumsitze und ... und zuhöre. Er gibt mir keine Anweisungen und keine Anleitung, weil er die Hälfte der Zeit nicht im Büro ist. Eine andere Sekretärin hat mir gesagt, man könne ihn dadurch kriegen, daß man sich wie ein Backfisch benimmt!
>
> Beraterin: Sie klingen nicht so, als ob Sie für ihn den Backfisch spielen möchten! Nach allem, was Sie mir bisher ge-

sagt haben, haben Sie offensichtlich Initiative gezeigt und die Fertigkeit, von sich aus mit allerlei Schwierigkeiten fertigzuwerden: einem neuen Job, einem neuen Haus, einem Garten, der angelegt und bestellt werden will. Ich mag mich täuschen, aber ich höre aus Ihren Worten nicht heraus, daß Sie die gleiche Initiative im Umgang mit Ihrem Chef zeigen.

Brenda: Ja! Sie haben recht! Ich bin aktiv!

Beraterin: Und gleichzeitig warten Sie darauf, daß Ihr Chef Ihnen sagt, was Sie tun sollen.

Brenda: Aber das ist doch nicht das Feld, auf dem ich aktiv werden könnte – *oder?*

Brenda fuhr dann fort zu erklären, wie sie sich ihre Arbeit vorstellen würde; wie sie einen Arbeitsplan entwickeln könnte und wie sie ihn ihrem Chef vorlegen würde statt zu warten, bis er ihr seinen Plan unterbreite. Sie trug sich mit dem Gedanken, ihre Stelle zu kündigen, sobald sie einen neuen Job gefunden habe, wenn sich die Arbeitssituation nicht verbessern würde. Sie war überzeugt davon, daß sie alles getan habe, was sie tun konnte, um eine mögliche Änderung ihrer Situation in die Wege zu leiten.

Die Beraterin half Brenda, sich auf die Stärken zu konzentrieren, die sie bisher nicht gebraucht hatte. Sie verwendete dabei die Strategie, zunächst zu paraphrasieren und Statements zu benutzen, die ihr Verständnis signalisieren sollten, bevor sie ihre eigene Perspektive anbot. Brenda fing an, einen Weg aus der bisher hoffnungslosen Situation zu sehen.

Selbst-Konfrontation. Es gibt eine Alternative zur Konfrontation, zu der Sie Ihre Klienten ermutigen könnten: Sich mit sich selber auf eine verantwortliche Weise zu konfrontieren. Das ist eine gute Alternative zu Selbst-Tadel und Selbst-Bezichtigungen. Sie können Klienten bitten, zu sich selber als zu einer Person zu sprechen, die daran interessiert ist, sie zu verstehen und nicht zu verdammen. Dazu ein Beispiel:

David: Ich glaube, ich lerne das nie. Es ist, als ob ich in einem Flugzeug sitze, das von einem Autopiloten gesteuert wird. Es ist nicht so, daß ich nicht wüßte, was ich eigentlich tun sollte. Aber statt daß ich »nein« sage, grinse ich wie ein Clown und sage »ja«. Gerade jetzt bin ich wieder mit Verpflichtungen vollgestopft. Ich mache Sachen, die ich nicht machen wollte, und ich werde wütend auf mich selbst, weil ich so ohne Rückgrat bin.

Beraterin: Es klingt, als würden Sie harsch mit sich umgehen. Wie würde es klingen, wenn Sie das, was Sie machen, freundlicher und verständnisvoller ausdrücken?

David: Ich weiß nicht ... Vermutlich würde ich sagen: Du hast einen Fehler gemacht. Du weißt doch, was du tun wolltest, und dann hast du es doch nicht getan. Wieder hast du deine eigenen Interessen ignoriert, und jetzt bist du ärgerlich. Als ich »ja« gesagt habe, habe ich gedacht, »ich will damit zwar überhaupt nichts zu tun haben, aber eigentlich müßte ich doch einspringen. Es wäre gemein, das nicht zu tun.«

Beraterin: Sich einer Anforderung zu widersetzen, ist also gemein, ist es das?

Die Einladung an David, von sich selbst aus einer verständnisvolleren Perspektive zu sprechen, hilft ihm aus der Situation des Selbst-Tadels in eine Position größeren Selbstverständnisses. Er hat jetzt eine bessere Vorstellung davon, wie er seine eigenen Versuche sabotiert, zu sagen, was er wirklich will.

Ich habe bisher einige der unterschiedlichen Weisen vorgestellt, Klienten herauszufordern. Ich möchte mich nun damit beschäftigen, wie das Geben von Feedback ebenfalls eine Strategie darstellen könnte, um Klienten herauszufordern.

Feedback geben

Feedback kann eine Herausforderung für das Selbst-Verständnis von Klienten sein, weil es sie mit Informationen versorgt, wie eine andere, die Beraterin, sie wahrnimmt. Dazu ein Beispiel:

Christopher steht vor einem wichtigen Vorgespräch wegen eines neuen Kurses. Er ist besorgt, daß er nicht in der Lage sein würde, Antworten zu geben, die gut genug sind, um ihm einen der begehrten Plätze zu sichern. Er hat sich der Beraterin gegenüber klar und vernünftig über seine Vorbereitung und die Strategie geäußert, mit der er an das Vorgespräch herangehen will.

> *Christopher:* Das Problem ist, daß ich im Gespräch selber alles durcheinander bringe und alles vergesse, was ich vorbereitet habe. Ich glaube, ich bin einfach nicht in der Lage, meine Gedanken in Ordnung zu halten.

Die Beraterin entscheidet sich, Christopher durch Feedback herauszufordern.

> *Beraterin:* Sie haben mir einen sehr klaren Bericht darüber gegeben, wie Sie sich auf das Vorgespräch vorbereitet haben. Und Sie haben auch gesagt, wie Sie auf bestimmte Fragen reagieren werden. Jetzt sagen Sie mir, daß Sie nicht klar denken können. Es scheint mir aber, daß Sie sehr wohl klar denken können.

Die Sichtweise Christophers auf seine Fähigkeiten stehen im Gegensatz zu der Art und Weise, wie er sich aktuell verhält. Die Beraterin versucht ihm zu helfen, sein Verhalten in einem anderen Licht zu sehen. Er beginnt zu explorieren, wie er zu der Vorstellung gekommen ist, er sei einer, der alles durcheinander bringt.

Leitlinien für das Feedback. Im folgenden nenne ich einige Leitlinien, um Feedback zu geben (Hopson und Scally 1982):

1. *Etikettieren Sie Ihre Klienten nicht.* Wenn Sie sagen, Ihre Klienten seien manipulativ oder unsensibel, ist das ein Angriff und als solcher vergleichsweise wenig hilfreich. Klienten werden dann versuchen, sich zu verteidigen und dem Feedback nicht zuhören. Beschreiben Sie besser das Verhalten der Klienten konkret, statt diesem Verhalten ein Etikett aufzudrücken. Beispielsweise sagen Sie nicht:

> *Beraterin:* Sie tadeln gern. Es ist kein Wunder, daß Ihre Kinder kein Vertrauen zu Ihnen haben.

Sondern sagen Sie lieber:

Beraterin: Ich habe bemerkt, daß Sie ärgerlich klangen, als Sie Ihre Kinder als verschlossen schilderten. Ich möchte wissen, ob Ihre Kinder Sie als eine Mutter wahrnehmen, die sehr häufig tadelt. Wie denken Sie darüber?

2. *Seien Sie konkret.* Beschreiben Sie das Verhalten Ihrer Klienten klar und konkret. Sagen Sie Ihren Klienten beispielsweise nicht, Sie würden an ihnen eine »Vermeidungshaltung« bemerken. Diese Verallgemeinerung enthält wenig Hinweise darauf, was sie wirklich konkret tun und an welcher Stelle sie sich ändern könnten.

3. *Stellen Sie durch Ihre Formulierungen klar, daß Ihr Feedback von Ihnen stammt und keine allgemeingültige Aussage darstellt.* Beginnen Sie deshalb Ihr Feedback mit Ausdrücken wie: »Ich habe bemerkt«, »ich denke im Augenblick« oder »ich habe das Gefühl«.

4. *Tadeln oder verdammen Sie nicht.* Beschreiben Sie die möglichen Konsequenzen des Verhaltens Ihrer Klienten. Achten Sie darauf, daß Feedback manchmal eher einen Angriff darstellt als zu einer Herausforderung einlädt. Dazu das folgende Beispiel:

Beraterin: Sie drücken eigentlich niemals in unseren Sitzungen Ihre Gefühle aus. Wenn Sie das auch zu Hause so machen, dann wäre es kein Wunder, daß Ihre Ehe so unbefriedigend verläuft. Wenn Sie offener und weniger rigide wären, würden Sie vielleicht entspannter mit Ihrer Frau umgehen können.

Ohne diesen Tadel könnte das Feedback folgendermaßen klingen:

Beraterin: Ich habe verstanden, daß Sie sehr gedankenreich über das sprechen, was Sie tun, daß Sie aber nichts über Ihre Gefühle sagen, und daß Sie diese Gefühle auch nicht ausdrücken. Deshalb ist es für mich schwer zu wissen, was für Sie wirklich von Bedeutung ist, und ich frage mich, ob es Ihrer Frau nicht genauso geht?

134

5. *Positives und auch negatives Feedback.* Damit meine ich, daß ein gut balanciertes Feedback Klienten helfen kann, ein besseres Verständnis ihrer Ressourcen und Stärken zu gewinnen, aber auch *ihrer Defizite.* Ich meine damit nicht, daß Sie Ihre herausfordernden Bemerkungen mit einem formalen Lob einleiten sollten. Klienten können ihren Wandlungsprozeß auch dadurch einleiten, daß sie mehr von dem tun, was für sie positiv ist, als sich darauf zu konzentrieren, lediglich negative Verhaltensaspekte zu vermeiden. Zum Schluß werden Sie immer wieder darauf achten müssen, daß Ihre Klienten Ihr Feedback gehört und verstanden haben, indem Sie sie auffordern, mit Ihnen darüber zu sprechen.

Informationen geben

Es kann sein, daß Klienten Informationen fehlen, die ihnen helfen könnten, ihre Anliegen neu zu bewerten. Ich will das an einigen Beispielen verdeutlichen.

Daphne ist vom Tod ihrer Mutter betroffen worden und sagt, daß sie ihre Reaktionen nicht verstehen kann; ihre Gefühle seien so intensiv und manchmal so negativ. Wenn man ihr in dieser Situation Informationen darüber gibt, was typischerweise Hinterbliebenen widerfährt, und ihr auch eine Idee darüber vermittelt, mit welchen Aufgaben die einzelnen Hinterbliebenen konfrontiert sind, könnte man Daphne helfen, ihre Rolle in dem Prozeß zu verstehen.

Richard ist ein Praktikant in einem Beratungskurs. Er findet die praktische Arbeit schwierig und ist unsicher, ob er jemals gut genug sein würde, um die Abschlußprüfung zu bestehen. Die folgenden Informationen könnten für ihn hilfreich sein:

- was typisch für die Gefühle anderer Studenten ist, die sich in dieser Phase des Kurses befinden;
- welche Probleme Studierende haben, wenn sie versuchen, Aspekte ihres Beratungsstils zu verändern;
- eine klare Einschätzung eines Tutors, wie der betreffende Student von denen eingeschätzt wird, die später für seine Bewertung verantwortlich sein werden;

– wie viele Studierende schlicht vorzeitig aus dem Kurs aussteigen und die Prüfung nicht bestehen.

Informationen können Klienten helfen, sich und ihre Anliegen auf neue Weise zu sehen. Der Student in meinem letzten Beispiel kam zu einem Beratungsgespräch, weil er dachte, er sei ein Versager. Die Informationen, die er erhielt, halfen ihm, sich als jemanden zu betrachten, der mit den typischen Problemen konfrontiert war, die in Trainingsseminaren auftreten. Die Informationen halfen ihm auch, sich auf jene Aspekte seines Beratungsverhaltens zu konzentrieren, die er sinnvollerweise verbessern könnte.

Leitlinien für die Weitergabe von Informationen. Im folgenden einige Leitlinien, die für die Weitergabe von Informationen nützlich sein können:

1. *Stellen Sie sicher, daß die Informationen relevant sind.* Der Student Richard beispielsweise braucht keine Informationen über die Durchfallrate in Anfängerkursen. Er befindet sich in einem Trainingsseminar für Fortgeschrittene.

2. *Überfüttern Sie die Klienten nicht durch Details.* Es gibt eine Grenze für das, was Menschen behalten und erinnern können.

3. *Stellen Sie sicher, daß Klienten das verstehen, was Sie sagen.* Liefern Sie Ihre Informationen in klarer Alltagssprache, vermeiden Sie Fach-Jargon und fordern Sie zum Fragen heraus. Sie können Klienten auch bitten, eine Zusammenfassung dessen zu geben, was Sie ihnen gesagt haben.

4. *Helfen Sie den Klienten, die Informationen zu gebrauchen.* Informationen allein lösen keine Probleme. Wenn Sie Klienten beispielsweise über ein Modell menschlicher Entwicklung informieren oder die Aufgaben, mit denen Menschen in verschiedenen Entwicklungsphasen ihres Lebens konfrontiert werden, dann machen diese Informationen die Klienten nicht kompetenter oder geübter, um mit ihren Problemen umgehen zu können. Sie sollten Klienten helfen, die Bedeutung der Informationen für ihre Probleme zu erkennen und mit ihnen gemeinsam herausfinden, welches neue Licht sie auf ihre Anliegen werfen.

5. *Vermischen Sie Informationen nicht mit Ratschlägen.* Bei manchen Klienten ist es nützlich, Ratschläge oder Empfehlungen zu geben. Ich glaube nicht, daß es falsch ist, klare und bedeutende Ratschläge zu geben, wenn sie auf Ihrer Kenntnis der Sache und des Klienten basieren. Informationen geben ist aber etwas anderes als Klienten zu sagen, was Sie denken, was sie tun sollten.

Weisungen geben

Weisungen (oder auch: Direktiven) sind die einflußreichsten aller Strategien. Wie das Wort schon sagt, fordert die Beraterin damit den Klienten auf, etwas Bestimmtes zu tun. Ivey (et al. 1987) gibt viele Beispiele, welche Direktiven Berater mit unterschiedlichen theoretischen Orientierungen typischerweise geben. Diese Fertigkeit wird vor allem in der Mittelphase des Beratungsprozesses verwendet, wenn der Berater einschätzen kann, welche Richtung der Klient sinnvollerweise einschlagen sollte. Das folgende Beispiel soll demonstrieren, wie das Geben von Weisungen eine Herausforderung für Klienten darstellen kann.

Peter spricht davon, wie er von seinem Partner ausgebootet worden sei. Er erzählt das, was dem Berater als eine schmerzliche Erfahrung erscheint, in einer sehr ausgeglichenen und balancierten Weise.

Berater: (leise) Legen Sie bitte Gefühle in Ihre Worte. (Er gibt eine Direktive.)

Peter: Ich weiß nicht, ich denke: verletzt und traurig.

Berater: Bleiben Sie für einen Augenblick bei diesen Gefühlen; was erleben Sie? (Gibt eine weitere Direktive.)

Peter: (sitzt für einen Moment ruhig und still da) Also – eigentlich fühle ich mich wütend. Wenn ich bedenke, was er getan hat und wie intensiv er gewesen ist, (wird lauter) fühle ich mich richtig wütend. Wie konnte er nur so unbedacht handeln?

Hier benutzt der Berater Direktiven, um Peter zu helfen, seine Gefühle zu identifizieren und auszudrücken. Der Klient äußert sich zunächst nicht; später benennt er sie und macht sich deutlich Luft.

Oft geben Klienten in ihren Formulierungen Hinweise darauf, wie sie die Verantwortung für sich vermeiden und ihre Fähigkeit leugnen, sich zu ändern. Beispielsweise sagen sie: »Ich kann das nicht«, »Ich muß das« oder »Ich sollte das«. In jedem einzelnen Fall können Sie sie auffordern, diese Verben durch andere zu ersetzen: »Ich will nicht«, »Ich möchte« oder »Ich will«.

Leitlinien für Direktiven. Im folgenden nenne ich einige Leitlinien, um Weisungen zu geben:

1. *Vermeiden Sie allzu häufigen Gebrauch.* Klienten könnten sich verfolgt fühlen, wenn sie dauernd als Empfänger von Direktiven gebraucht werden. Das kann ihnen die Kontrolle über das Gespräch entziehen und sie ermutigen, sich vom Berater abhängig zu fühlen.

2. *Seien Sie sich über Ihre Absichten klar.* Ehe Sie Klienten eine Direktive geben, fragen Sie sich, ob Sie ihnen dadurch helfen, ihre Anliegen auf eine unterschiedliche Weise wahrzunehmen, die ihnen größere Handlungsspielräume eröffnet.

3. *Fragen Sie Klienten erst um Erlaubnis.* Wenn Sie beispielsweise mit Klienten eine Übung oder ein Rollenspiel vorhaben, dann sollten Sie sie zunächst fragen, ob sie damit einverstanden sind.

4. *Seien Sie darauf vorbereitet, daß Klienten »nein« sagen.* Klienten können sich dem widersetzen, worum Sie sie bitten. Wenn dies passiert, dann kann es sein, daß Sie wissen möchten, was Klienten in dieser Situation erleben. Es kann sein, daß Sie akzeptieren müssen, daß Sie mit schweren, ungeschickten Händen vorgegangen sind oder sich wie ein Eindringling benommen haben. Für manche Klienten ist Vertrauen ein wichtiges Thema. Sie mögen Ihnen nicht zutrauen, daß Sie in der Lage sind, ihnen den Schutz zu geben, von dem sie meinen, daß sie ihn brauchen. Oder sie haben kein Vertrauen in die Technik, die Sie vorschlagen.

5. *Halten Sie Ihre Stimme ruhig und direkt.*

6. *Geben Sie klare Leitlinien.* Eine Beraterin berichtete auf einer Tagung, daß sie einen Klienten gebeten hatte, sich in die Zeit

zurückzuversetzen, als er neun Jahre alt war. Sie sagte: »Nehmen Sie sich Zeit und denken Sie ein bißchen Ihren Weg zurück in Ihre Kindheit.« Der Klient tat das. Er dachte »ein bißchen«, dann dachte er, die Übung sei zu schwierig, und wollte sie nicht machen. Klarere Instruktionen hätten etwa so gelautet: »Ich möchte, daß Sie sich vorstellen, Sie wären jetzt neun Jahre alt. Nun nehmen Sie sich bitte Zeit. Sitzen Sie so, wie Sie vermutlich damals gesessen haben. Wenn Sie damit fertig sind, blicken Sie auf sich selber und beschreiben Sie, was Sie damals getragen haben.« Hier hätte die Beraterin dem Klienten sowohl eine klare Leitlinie als auch den Spielraum gegeben, der ihm geholfen hätte, seine Zeit als Kind neu zu erleben.

Selbstmitteilung von Beratern

Diese Strategie wird verwendet, um Klienten herauszufordern und eine neue Bewußtheit bei ihnen hervorzurufen, indem Sie mit Ihren Klienten Erfahrungen Ihres eigenen Lebens teilen. Das hat den Effekt, daß der Focus vom Klienten auf den Berater übergeht. Diese Technik sollte deshalb sparsam verwendet werden. Die Beratungsbeziehung hat nur eine begrenzte Wechselseitigkeit. Zu lange auf den eigenen Erfahrungen des Beraters herumzureiten, kann wenig hilfreich sein und ist oftmals auch nicht willkommen. Aber manchmal kann man solche Selbstmitteilungen nicht vermeiden. Ehe ich einige Leitlinien für Selbstmitteilungen von Beratern formuliere, möchte ich kurz an zwei Beispielen verdeutlichen, auf welche Weise Sie herausfordern und gleichzeitig neue Bewußtheiten befördern können.

1. Beispiel: Beverly diskutiert ihre Arbeit. Sie hat einen Job angenommen, der ihr absolut mißfällt und dem sie wieder zu entfliehen versucht.

Beverly: Es ist so, als hätte ich genau gegen das verstoßen, was ich eigentlich tun soll, indem ich diesen Job angenommen habe. Es ist so, als hätte ich rebelliert und müßte nun dafür bezahlen.

Beraterin: Sie haben nicht das getan, was Ihre Eltern erwartet haben. Ist es das?

Beverly: Ich kann mich nicht erinnern, daß sie jemals gesagt haben, ich soll das tun oder jenes.

Beraterin: Meine Eltern pflegten zu mir zu sagen: »Mach, was immer du willst. Wir finden das schon richtig.« Aber ich weiß, was sie wirklich meinten: »Solange es innerhalb der Reichweite des Arztberufes bleibt.« Gibt dieses Beispiel für Ihre Situation einen Sinn?

Beverly: Exakt. Als Sie das gesagt haben, bin ich mir darüber klar geworden, daß dieser Job kein Weg auf der Stufenleiter war, zu mehr Geld oder mehr Verantwortlichkeit ... Mit anderen Worten: Nichts, dem sie zugestimmt hätten. Sie hätten das niemals in so deutlichen Worten gesagt, aber das ist es, was sie wirklich für mich gewollt haben. Auf der anderen Seite denke ich, als Rebellin bin ich auch nicht sehr überzeugend. Es war das erste Mal, daß ich es im Hinblick auf die Arbeit versucht habe – und sehen Sie, was dabei herausgekommen ist! Ich bin einfach flach aufs Gesicht gefallen!

Die Selbstmitteilung der Beraterin war kurz und relevant. Sie antwortete auf den Kommentar von Beverly über das, was sie eigentlich hätte tun »sollen«. Anstelle zu fragen, dachte die Beraterin, daß ein eigenes Beispiel Beverly helfen könnte, ihr Verhalten besser zu verstehen.

2. Beispiel: Simon macht ein tapferes Gesicht, als er von seinem Elend berichtet. Ohne mit der Wimper zu zucken, beschreibt er eine besonders schmerzliche Episode. Auf die Feststellung des Beraters, »Vermutlich waren Sie traurig«, fährt Simon fort:

Simon: (mit Bedauern) Solche Dinge passieren eben, nicht wahr? So ist das Leben nun mal ... Und man muß halt damit fertigwerden. Das Graben in der Vergangenheit ändert auch nichts mehr. Und Klagen schon gar nicht.

Der Berater hat bemerkt, daß Simon vermieden hat, über seine Gefühle zu sprechen oder sie zu zeigen. Außerdem hat er sich von der Sache dadurch distanziert, daß er »man« gesagt hat, wo er sich eigentlich auf sich selber und sein eigenes Schicksal bezogen hat. Der Berater hätte jetzt eine Direktive anwenden können (»Möchten Sie jetzt sagen: ›Ich werde schon mit dem Leben fertig werden‹?«) oder eine Paraphrase (»Sie möchten einfach im Leben weiter kommen und nicht durch Gefühle behindert werden«), entschied sich aber, daß eine Selbstmitteilung Simon helfen könnte, das auszudrücken, was er angedeutet hatte.

Berater: Ich denke, wenn ich diese Zurückweisung erfahren hätte, die Sie erfahren haben, würde ich niedergeschlagen und verletzt sein. Ich würde aber auch solche schmerzlichen Gefühle beiseite schieben wollen. Ich möchte wissen, ob das bei Ihnen ähnlich ist?

Simon: Ich glaube, ich will einfach nicht schwach erscheinen, und – lachen Sie bitte nicht – ich habe das Gefühl, wenn ich wirklich traurig wäre, wäre ich niemals in der Lage, damit aufzuhören. Und ich würde nie wieder glücklich sein. Also in Wirklichkeit fühle ich mich elend und wütend.

Hier hat der Berater die Selbstmitteilung benutzt, um ein Modell zu geben, wie man über seine Gefühle sprechen könnte. Manchen Klienten fehlt die Fertigkeit und die Erfahrung, über ihre Gefühle zu sprechen. Sie haben das früher niemals getan. Sie zeigen das, was Steiner (1984) »emotionalen Analphabetismus« genannt hat. Die Selbstmitteilung des Beraters soll Simon ermutigen, seine Gefühle zu identifizieren, zu explorieren und auszudrücken.

Wie macht man Selbstmitteilungen? Hier einige Beispiele:

1. *Halten Sie sich kurz.* Wenn Sie über längere Strecken über sich reden, belasten Sie damit Ihre Klienten und könnten als wenig professionell erscheinen. Zu beschreiben, wie Sie Ihre eigenen Probleme gelöst haben, mag für manche Klienten entmutigend sein, wo es notwendig wäre, sich kleine Ziele zu setzen und in kleinen Schritten fortzuschreiten.

2. *Schneiden Sie Ihre Selbstmitteilung auf die jeweilige Situation zu.* Benutzen Sie Sprache und Beispiele, mit denen Ihre Klienten

etwas anfangen können. Wenn Sie einem Klienten, der Sozialhilfe empfängt, sagen, daß Sie verstehen würden, was es bedeutet, wenig Geld zu haben: »40.000 DM im Jahr ist wirklich nicht viel Geld, unabhängig davon, was manche Leute denken«, dann zeigt ein solcher Satz kein sehr entwickeltes Verständnis für die Lebenswelt des Klienten und ist deshalb auch wenig hilfreich.

3. *Verstehen Sie zunächst Ihren Klienten.* Nur dann können Sie Selbstmitteilungen effektiv einsetzen, wenn Sie vorher ein klares Verständnis dafür entwickelt haben, wie Klienten ihre Probleme sehen, und wenn sie dabei dem sorgfältig zugehört haben, was sie damit meinen oder was sie übersehen haben.

4. *Seien Sie direkt.* Benutzen Sie das Pronom »ich« und beschreiben Sie Ihre Erfahrung in klaren Worten. Beenden Sie Ihre Ich-Mitteilung auf jeden Fall, indem Sie den Focus an Ihren Klienten zurückgeben.

5. *Seien Sie sich über Ihre Motive im klaren.* Benutzen Sie Ihre Selbstmitteilungen, um den Klienten zu helfen oder um sich selber zu entlasten? Wenn die Mitteilung dazu dienen soll, Ihre eigenen Gefühle zu erleichtern, dann sprechen Sie dies eher in der Supervision an (Hawkins und Shohet 1989).

Zum Schluß wende ich mich einer Strategie zu, die Neubewertung dadurch erreicht, daß sie den Focus auf das richtet, was in der Beziehung zwischen Ihnen und Ihren Klienten geschieht. Es ist eine erstaunlich kraftvolle Methode.

Unmittelbarkeit

Unmittelbarkeit bezieht sich auf das, was Ihre Klienten im gegenwärtigen Augenblick denken und fühlen oder was unmittelbar jetzt in der Beratungsbeziehung zwischen Ihnen geschieht. Klienten sprechen normalerweise über vergangene und gegenwärtige Ereignisse in ihrem Leben. Sie spekulieren auch über die Zukunft und setzen sich Ziele, mit denen sie sich an der Zukunft orientiert erweisen. Der Ort, an dem diese Diskussionen der Vergangenheit und Planungen für die Zukunft stattfindet, ist das »Jetzt«, und es liegt auf der Hand, daß diese Gegenstände nicht zu einem anderen Zeitpunkt diskutiert werden können. Es ist aber möglich, daß Klienten sich nicht darüber im klaren sind, wie sie sich »gerade jetzt« fühlen und daß sie eine neue Bewußtheit erhalten, indem sie ihre gegenwärtigen Gedanken, Gefühle und Verhaltensweisen explorieren. Lassen Sie mich ein Beispiel von Unmittelbarkeit geben, in dem eine Klientin dabei unterstützt wird, sich auf das zu konzentrieren, was im »Hier und Jetzt« geschieht.

Diana sprach darüber, wie sie mit einem anstehenden wichtigen Ereignis am Arbeitsplatz fertigwerden würde. Sie beschrieb in einer eher bombastischen Weise, wie sie die anstehende Sitzung managen würde. Die Beraterin vermutete, daß ihre vollmundigen Worte nur eine Maske sein könnten, um ihre Angst zu verbergen. Die Klientin hatte zunächst einmal davon gesprochen, wie sie in die Situation hineingehen würde.

Diana: (mit einem Seufzer) Ich werde einfach sagen, was ich denke, und wenn sie es nicht mögen, na ja, dann ist es halt ein Flop!

Beraterin: Sie schienen enttäuscht zu sein, als Sie das gesagt haben, und ich würde was drum geben, wenn ich wüßte, was Sie jetzt fühlen.

Diana: Als wenn mir der Wind aus den Segeln genommen worden wäre.

Beraterin: Kraftlos? (Diana nickt) Was sind in diesem Augenblick jetzt Ihre Gefühle?

Diana: Ich fühl' mich erschreckt und verängstigt. Ich kann ihre Gesichter sehen und die grauen Anzüge, und ich kann die Fragen hören. Wenn ich antworte, dann ist es so, als ob ich überhaupt nichts wissen würde. Und ich rede ohne Zusammenhang ... (beginnt zu weinen) ... Was immer ich sagen werde. Sie werden es für falsch halten.

Beraterin: Es scheint so, als hätten Sie das Gefühl, Sie ständen vor Gericht, und das ängstigt Sie (Klientin nickt). Was sagen Sie jetzt zu sich selbst?

Diana: (nachdenklich und langsam) Ich bin eine Versagerin ... Nutzlos, und ich verdiene es eigentlich auch nicht, Erfolg zu haben. Sie alle wissen mehr als ich, und ich zeig' nur mein Unwissen. Ich glaube, ich werde nicht fähig sein, meine Angst zu kontrollieren.

Die Beraterin und Diana setzten die Exploration dieser Gedanken fort. Die Beraterin bat Diana, ihre verängstigte Phantasie mit dem zu vergleichen, was sie bisher auf der Arbeit erlebt habe. Das erlaubte ihr eine objektivere Sichtweise auf sich selbst als auf eine Frau, die Erfahrungen hatte und Erfolg. Sie machte sich klar, daß eine Arbeitsgruppe kollektiv eine größere Bandbreite von Wissen haben würde als sie allein, daß diese Tatsache sie aber noch lange nicht zu einem Dummkopf oder einer Versagerin stempeln würde.

Unmittelbarkeit kann auch benutzt werden, um die Beziehung zwischen Klient und Beraterin zu spiegeln. Was in dieser Beziehung geschieht, kann Klienten helfen, ein klareres Verständnis von dem zu gewinnen, was in ihren sonstigen Beziehungen geschieht. Wir wollen ein Beispiel von Unmittelbarkeit ins Auge fassen, in dem der Focus auf dem Muster liegt, das in der Beratungsbeziehung aufzutauchen scheint.

Harry spricht davon, wie er andere unterstützt, vor allem seine Mutter und seine Freundin. Er sagt, daß eine seiner Stärken wäre, anderen zuzuhören und ihr Vertrauen zu erwerben. Die Beraterin hat die Hypothese entwickelt, daß der Klient andere auf seine eigenen Kosten unterstützt. Harry schaut betrübt aus und möchte den Focus nicht auf sich selbst richten. Er ist darauf vorbereitet, über das zu sprechen, was er *tut*.

Beraterin: Wissen Sie, was ich denke? Ich denke, »ich möchte wissen, wer Sie unterstützt«?

Harry: (scharf) Ich habe Freunde, Sie wissen das doch. Auf jeden Fall (mit einem aggressiven Lächeln) ist das nicht das, was Beratung eigentlich sein sollte: Nämlich daß Sie mir zuhören.

Beraterin: Ich denke, Sie wollen mir jetzt sagen, daß das Reden über eine Unterstützung für Sie selber ein Gebiet ist, das ich nicht betreten darf.

Harry: Das ist es nicht. Andere Leute haben genug Probleme auf dem Tisch, ohne mir den ganzen Tag zuzuhören. Es ist ja nicht so, daß ich depressiv wäre oder heimatlos oder überflüssig, nicht? Ich bin doch nicht in der Klemme?

Beraterin: Ich glaube nicht, daß eine Unterstützung durch andere davon abhängt, daß man selber schwerwiegende

Probleme hat. Ich möchte jetzt sagen, was ich darüber denke, was jetzt zwischen uns geschieht. Ich hab' bemerkt, daß Sie es schwierig finden, von mir Unterstützung zu bekommen, wenn Sie Ihre Gefühle der Verletzung im Zorn oder mit einem Scherz kaschieren. Ich bemerke, wenn immer ich versuche, Sie zu verstehen, dann schubsen Sie mich mit einem Lachen weg und weisen mich hinter die Zuschauerlinie. Vielleicht bin ich Ihnen zu schnell zu nahe gekommen und habe Ihre eigene Gangart nicht genügend respektiert. Macht das, was ich gesagt habe, für Sie irgendeinen Sinn?

Harry: Manchmal verstehen Sie mich wirklich, und manchmal fühle ich mich ertappt! Ich möchte Ihnen das jetzt gern sagen, weil ich weiß, daß es eigentlich nicht stimmt ... Aber manchmal habe ich das Gefühl, daß Sie durch mich durchsehen können und daß Sie sehen, daß ich schwach bin. Deshalb, so denke ich mir, vermeide ich es, Ihnen zu sagen, was ich denke und fühle. Manchmal wollen Sie mich dazu zwingen, und das mag ich nun ganz und gar nicht.

Die Beraterin verwendet Unmittelbarkeit, um die Vermutung eines Musters zu überprüfen. Harry exploriert die Frage, ob es ein Zeichen von Schwäche ist, wenn man zugibt, daß man die Unterstützung anderer braucht. Und warum er nicht darauf eingeht, seine Gedanken und Gefühle mit der Beraterin zu teilen. Es ist auch ein Beispiel dafür, daß man die Wahrscheinlichkeit der Zurückweisung vergrößert, je näher man an andere Menschen und deren Probleme herankommt.

Wann sollte man Unmittelbarkeit benutzen? Beispiele:

1. *Wenn es um Vertrauen geht.* Es kann sein, daß sich Klienten nicht in den Beratungsprozeß einbinden lassen, weil sie den Berater nicht als vertrauenswürdig sehen oder wenn sie Angst haben, eine zu enge vertrauensvolle Beziehung einzugehen. Wendy beispielsweise glaubt, wenn sie zeige, wie verzweifelt sie sei, würde die Beraterin damit nicht mehr fertigwerden.

Beraterin: Wendy, ich hab' das Gefühl, du bist nicht sicher genug mit mir, um mir zu erzählen, wie unglücklich du bist. Ich möchte wissen, was du dir vorstellst, was passieren würde, wenn du mir von deiner Traurigkeit erzählen würdest.

2. *Wenn Klienten und Beraterin in einer Sackgasse sind.* Im folgenden Beispiel erzählt Rachel von ihrem Liebhaber und ob es besser wäre, wenn beide zusammenziehen oder nicht. Die Beraterin merkte, daß sie selber nicht bei der Sache war und daß die Konversation darum ging, was Rachels Partner entscheiden würde oder nicht entscheiden würde.

Beraterin: Rachel, ich merke, daß ich jetzt im Gespräch nicht bei der Sache bin, und ich bemerke weiter, daß wir darüber reden, wie Nils sich entscheiden wird oder nicht. Ist es nicht so, als ob wir hier bei einem Gesellschaftsspiel sitzen und warten würden, bis er den nächsten Zug macht? Was hältst du davon?

3. *Wenn es um Grenzen und Grenzüberschreitungen geht.* Klienten wünschen manchmal, daß die Beratungsbeziehung in eine freundschaftliche Beziehung oder eine sexuelle Beziehung übergeht. Wenn Sie den Eindruck haben, daß dies der Fall ist, dann erscheint es wichtig, daß Sie mit Ihrem Klienten Ihr Verständnis davon besprechen, was jetzt gerade passiert, und entweder die Grenzen der Beratungsbeziehung klären oder wieder in Erinnerung rufen. Ein Beispiel:

Keith: Ich denke, daß wir sehr gut miteinander auskommen. Es ist ein Jammer, daß wir uns nur einmal die Woche treffen. Mir ist aufgefallen, daß Sie mich eigentlich niemals sehen, wenn ich mich wirklich entspannt und glücklich fühle.

Beraterin: Ich denke, es ist wichtig, daß wir unsere Beziehung als eine Beratungsbeziehung aufrechterhalten. Ich bin nicht sicher, ob Sie mir jetzt gerade gesagt haben, daß Sie möchten, daß sich unsere Beziehung in anderer Weise entwickelt. Ist das ein Gegenstand, den wir explorieren sollten? Was denken Sie?

Unmittelbarkeit ist, ich habe es schon geschrieben, eine sehr wirkungsvolle Strategie, weil es Sie und Ihre Klienten mit den dynamischen Kräften Ihrer Beratungsbeziehung konfrontiert. Es ist schwierig für Klienten, distanziert zu bleiben, wenn sie auf die nicht defensiv gemeinte Bitte der Beraterin treffen, die Beratungsbeziehung zu explorieren.

Leitlinien für Unmittelbarkeit

- Seien Sie ausdrücklich. Sagen Sie direkt, was Sie denken, fühlen und beobachten.
- Seien Sie selber offen. Unmittelbarkeit bedeutet nicht, daß Sie den Klienten sagen, was die Klienten tun. Das wäre kontraproduktiv. Unmittelbarkeit bezieht sich auf das, was zwischen Ihnen und den Klienten geschieht, und das ist niemals eine Sache, für die nur eine Seite verantwortlich ist.
- Beschreiben Sie das, was Ihrer Meinung nach geschieht, klar und konkret. Sagen Sie, was Sie denken, was der Klient tut und was Sie selber tun.
- Enden Sie immer mit einer Frage an den Klienten, damit er das kommentieren kann, was Sie gesagt haben.

Was passiert, wenn Sie Klienten nicht herausfordern?

Die Neubewertung durch Herausforderung ist ein Prozeß, der Zeit braucht und der normalerweise graduelle »kognitive Veränderungen« bei Klienten einschließt. Wenn die Herausforderungen mißlingen, kann das heißen, daß der Beratungsprozeß eine Kreisbewegung wird und daß Klienten keine neuen Einsichten erfahren, die notwendig sind, um Ziele zu setzen und Wandel einzuleiten. In einem bestimmten Sinn ist der gesamte Beratungsprozeß eine Herausforderung, weil von Anfang an Klienten in direkten Kontakt mit ihren Anliegen gebracht werden. Aber solange Sie Klienten nicht dahingehend beeinflussen, daß sie unterschiedliche Perspektiven ins Auge fassen, ist es unwahrscheinlich, daß sie sich über ihre gegenwärtigen und begrenzten Sichtweisen hinausbewegen werden; Sichtweisen, die sie gefangen halten und immobil machen.

Herausfordern bedeutet für Klienten neue Sichtweisen auf sich und ihre Anliegen zu entwickeln. Das ist eine notwendige Voraussetzung für Veränderungen.

Zusammenfassung

Dieses Kapitel handelte über die Herausforderung von Klienten, deren Hauptziel es ist, tiefere Explorationen anzubahnen. Das bedeutet, den Klienten zu helfen, unter die Oberfläche zu schauen und Aspekte von sich selbst und ihren Anliegen zu artikulieren, deren sie bisher nicht bewußt oder nur wenig bewußt waren. Das Ergebnis der Benutzung von Herausforderungsstrategien ist, daß Klienten eine neue differenziertere und kraftvollere Perspektive auf ihre Anliegen entwickeln. Das heißt, daß sie damit ihre jeweilige Position neu bewerten.

Neubewertung ist kein Ziel in sich selbst. Es ist so lang nützlich, wie es Klienten befähigt, Möglichkeiten und Handlungsspielräume für einen Wandel zu sehen. Manche Klienten werden sich neue und unterschiedliche Perspektiven auf sich selber und ihre Anliegen angeeignet haben, wenn sie den Beratungsprozeß verlassen. Andere aber brauchen eine Unterstützung bei der Entscheidung, was sie eigentlich ändern möchten und was sie planen müssen, um die Verwirklichung dieser Veränderung in die Wege zu leiten. Das nächste Kapitel beschäftigt sich mit der Frage, wie wir mit Klienten arbeiten können, um notwendige Veränderungen zu planen und handelnd in die Wege zu leiten.

5. Die Endphase: Handlung und Abschluß

Fertigkeiten
Die grundlegenden Fertigkeiten für Zuhören und Herausfordern weiter benutzen.

In diesem Kapitel beginne ich mit einer Diskussion der Ziele der Endphase und fahre fort, die Strategien zu beschreiben, durch die diese Ziele erreicht werden können. Ich werde mich mehr auf die Strategien konzentrieren als auf die Fertigkeiten, weil ich davon ausgehe: wenn Sie die basalen Fertigkeiten beherrschen, die grundlegend für Exploration und Neubewertung sind, dann werden Sie auch Ihre Klienten beim Prozeß der Zielsetzung, der Planung und des angemessenen Handelns begleiten können (Munro et al. 1989).

Die Endphase der Beratung handelt von Zielen, Handlungen und dem Abschluß. Als Ergebnis der Arbeit in den beiden vorangegangenen Phasen haben Klienten ein klareres Verständnis von sich selbst und von den Anliegen erarbeitet, die für ihren Wunsch nach Veränderung ausschlaggebend waren. Planen und Handeln sind jetzt auf der Basis der Arbeit in der Anfangsphase und der Mittelphase eher wahrscheinlich. Sicher wird es Klienten geben, die sich zwischendurch entschieden haben, nicht mehr weiter mit Ihnen zu arbeiten. Nachdem sie erst einmal ihre Probleme exploriert und dabei neue Einsichten gewonnen haben, sehen sie vielleicht klarer, was sie wollen und machen sich daran, es zu verwirklichen. Andere brauchen eine Hilfe um zu entscheiden, welche Veränderungen sie wollen und eine Unterstützung, wenn sie neue Verhaltensweisen erproben.

Ziele

Ich nenne die folgenden vier Ziele, welche die Beratungsarbeit in der Endphase bestimmen. Es sind:

1. *Über angemessene Veränderungen entscheiden;*
2. *Die Veränderungen ausführen;*
3. *Lernen übertragen,*
4. *Die Beratung beenden.*

Wir wollen uns diese Ziele der Reihe nach ansehen.

Über angemessene Veränderungen entscheiden

Wenn die Klienten auf eine wirksamere Weise mit ihren Problemen umgehen und sie lösen wollen, dann brauchen sie dazu zwei Dinge: erstens, die dafür notwendigen Veränderungen zu identifizieren und zweitens herauszufinden, ob diese speziellen Veränderungen den erwünschten Einfluß auf die Bearbeitung ihrer Probleme haben. Die Tatsache, daß sie in der Mittelphase ihre Probleme exploriert und neu bewertet haben, bedeutet in der Regel, daß sie auf Veränderungen vorbereitet sind und daß sie das Potential für eigene Handlungen sehen. Das heißt aber nicht notwendig, daß sie präzise wissen, *welche* Veränderungen sie wirklich wollen und brauchen. Und es bedeutet auch nicht, daß sie notwendigerweise wissen, *wie* sie diese Veränderungen praktisch bewirken wollen. Wer diese beiden Teilziele übersieht, der übersieht einen wichtigen Schritt im Beratungsprozeß. Veränderungen haben in aller Regel Risiken und Verluste ebenso wie Verbesserungen und Gewinne zur Folge. So notwendig es deshalb ist, die positiven Ergebnisse der Veränderungen, die sie wünschen, zu identifizieren, so notwendig ist es auch, Klienten zu helfen zu entscheiden, welche Kosten und Risiken für sie im Bereiche des Erträglichen liegen. Ihnen zu helfen, über den für sie angemessenen Umfang der Veränderungen zu entscheiden, bedeutet deshalb ihnen bei der Entscheidung zu helfen, welche Ergebnisse sie wirklich wollen, welche sich im Rahmen ihrer Ressourcen bewegen und welche Kosten für sie akzeptabel sind.

Veränderungen ausführen

Das klingt wie ein Allgemeinplatz, aber Klienten müssen etwas unternehmen, wenn sie Veränderungen herbeiführen wollen. Sie müssen bereit sein, einige Dinge nicht mehr zu tun und sie müssen bereit sein, neue Dinge anzufangen. Eine Klientin beispielsweise, die schlanker werden möchte, muß ihr Verhalten in einigen Bereichen ändern. Unsere Aufgabe wird sein, ihr zu helfen, darüber zu entscheiden, was sie unternehmen kann und will, um ihr Ziel zu erreichen und wie sie dies in der Praxis anstellen kann. Das bedeutet, unterschiedliche Optionen zu explorieren, zu entscheiden, welche der Alternativen angemessen und zeitlich akzeptabel sind und die Handlungen im Tages- und Wochenablauf einzubetten. Manchmal kann man dies alles mit den Klienten zusammen im Gespräch erproben oder zur Vorbereitung als Rollenspiel durchführen. Es gibt auch Klienten, die daran scheitern, die gewünschten Veränderungen wirklich durchzuführen, weil sie über kein unterstützendes Netzwerk verfügen, das sie hält und belohnt. Es ist deshalb ein wichtiger Aspekt der Umsetzung von Veränderungen in die Praxis, sich mit den Belohnungen und Kosten zu befassen, die den Klienten aus den Veränderungen erwachsen.

Lernen übertragen

Durch Exploration und Herausforderung haben die Klienten eine Menge über sich und ihr Verhalten gelernt. Sie mögen neue Ressourcen identifizieren können, die sie bisher noch nicht oder noch nicht vollständig ausgeschöpft haben, sie haben Fertigkeiten kennengelernt, die sie entweder schon haben oder die sie entwickeln müssen. Eine basale Unterstellung für Beratung ist es, daß Klienten in der Lage sind, das, was sie in diesen Beratungsprozessen gelernt haben, auf andere Situationen außerhalb der Beratung zu übertragen. Ich nenne dafür einige Beispiele:

Rick hat gelernt, seine Gefühle angemessen während der Beratung auszudrücken. Sein Berater half Rick nicht nur zu erforschen, wie er bisher seine Gefühle verleugnet hat, sondern er lernte auch, wann er das tat und im Zusammenhang mit wem. Um Rick in die Lage zu versetzen, seine Lernerfolge und die damit verbundenen neuen Fertigkeiten zu transferieren, übte er zusammen mit seinem Berater, wie er mit künftigen Situationen auf der Arbeit und zu Hause auf angemessenere Weise umgehen könne.

Gina entdeckte, daß ihre Unzufriedenheit mit ihrem Partner viel mit ihrer Tendenz zu tun hatte, ihn zu »retten«. Sie benutzte die Beratung, um neue Wege zu erforschen, sich in Beziehung zu ihrem Partner zu setzen, die nicht darauf hinausliefen, ihn wie ein hilfloses Opfer zu behandeln. Selbst wenn er sie dringend darum bitten sollte. Gina hatte auch herausgefunden, daß ihre Tendenz, alles selber in die Hand zu nehmen und so zu handeln, als ob die anderen nicht in der Lage wären, sich selber zu helfen, ein durchgängiges Muster in ihrem bisherigen Leben gewesen war. Diese generalisierende Einsicht half ihr, ihre Lernerfahrungen während der Beratung nicht nur auf ihre Interaktionen mit ihrem Partner zu übertragen, sondern auch auf andere Beziehungen im Alltagsleben.

Hilfen beim Transfer von Lernergebnissen können auch darin bestehen, Hindernisse bei Veränderungen zu identifizieren und zu planen, wie sie überwunden oder zumindest minimiert werden können. Das kann auch bedeuten, daß Klienten im Hinblick auf ihr neues Verhalten ge-coacht[4] [gekohtscht] werden.

4 Coaching ist eine in den letzten Jahren bekannter gewordene spezielle Form des beratenden Trainings. Das Wort bedeutet im englischen Sprachraum eigentlich »Training«, vor allem im Hinblick auf sportliche Aktivitäten. Dort bedeutet es, daß der Trainer während der zu trainierenden Handlungen persönlich anwesend ist und sich einen direkten Eindruck von der Performance seiner Schützlinge machen kann. Im übertragenen Sinne meint coaching eine Beratungs- und Trainingsbeziehung, die sich nicht auf einen festen Rhythmus von allwöchentlichen und zeitlich begrenzten Sitzungen beschränkt, sondern – nach vorher festgelegten Regeln – je nach Situation aktuell verfügbar ist (C.W.M.).

Zum Schluß werden Ihre Klienten von Ihnen ein »mentales Bild« haben, das sie mit nach Hause nehmen. Ein internalisiertes Bild der Beraterin wird einigen Klienten ein lebendiges Beispiel geben, auf das sie sich beziehen können, wenn sie mit künftigen Problemen und Entscheidungen konfrontiert werden. Ein Kollege von mir hat mir einmal verraten, daß er sich in schwierigen Situationen häufig fragt, was wohl *sein* Berater in diesen Situationen zu ihm gesagt hätte.

Indem er dies tat, verschaffte er sich selbst den Freiraum, um darüber nachzudenken, was er selber wollte und um zu vermeiden, das zu tun, was er tun »sollte«. Wenn Sie Klienten dieses Beratungsmodell lehren, versorgen Sie sie auch mit jenen Kenntnissen, die sie verwenden können, um andere Probleme zu lösen, denen sie jetzt oder in der Zukunft begegnen werden.

Die Beratung beenden

Die Endphase des Beratungsprozesses hat auch die Beendigung der Beziehung zur Folge. Für die meisten Berater und Klienten bedeutet dieses Ende den Verlust einer Beziehung ebenso wie den Gewinn neuer Lernerfahrungen der Klienten. Ich denke, daß wir auf die Beendigung ebenso viele Gedanken verwenden sollen wie auf den Anfang. Für manche Klienten ist es möglicherweise eine schmerzliche Zeit, die sie an andere Endpunkte erinnert, die sie in ihrem Leben erfahren haben. Es ist deshalb wichtig, daß den Klienten dabei die Möglichkeit eröffnet wird zu erforschen, was das Ende der Beratungsbeziehung für sie bedeutet und wie sie mit Ihnen zusammen ein »gutes« Ende planen können.

Ende bedeutet auch Trauer für die Berater. Wir sind unseren Klienten nahe gekommen und wenn unsere Arbeit mit ihnen nun abgeschlossen ist, werden wir einige von ihnen vermissen. Wenn das der Fall ist, können Sie ein gutes Modell für Ihre Klienten sein, indem Sie in direkter und angemessener Weise zu erkennen geben, daß Sie sie vermissen werden und daß Sie die Bemühungen zu schätzen wußten, die sie gemacht haben, um zu wachsen und sich zu verändern.

Selbstverständlich ist nicht jedes Ende eine Zeit für befriedigende Rückblicke. Es gibt immer wieder Fälle, in denen Klienten ihren Beratungsprozeß vorzeitig abbrechen. Sie mögen nicht das erreicht haben, was sie sich vorstellten, weil sie sich trotz bester Bemühungen als zögerlich erwiesen haben, ihre Anliegen wirklich anzupakken. Klienten haben manchmal den Eindruck, daß Sie ihnen nicht helfen würden, und daß sie deshalb lieber mit einem anderen Berater zusammenarbeiten möchten. Es mag auch Situationen geben, wo Sie Klienten an einen anderen Berater weiterreichen, weil Sie das Gefühl haben, daß die Themen, mit denen sie zu Ihnen kommen, jenseits Ihrer verfügbaren Erfahrung und professionellen Kompetenz liegen. Auf jeden Fall werden Sie eine wichtige Person in dem Leben Ihrer Klienten bleiben. Das Ende dieser speziellen Beziehung sollte herausgehoben werden wie das Ende der gesamten Beratungsarbeit. Nun will ich mich mit den Strategien befassen, die instrumental in der letzten Phase der Beratungsbeziehung eingesetzt werden können.

Strategien

Ziele setzen

Ziele setzen bedeutet eine rationale Strategie für Klienten, Optionen für mögliche und wünschenswerte Veränderungen zu erkennen und auf sie hinzuarbeiten und sich angesichts von Alternativen zu entscheiden.

Ich gebe dazu wieder ein Beispiel. Daniel suchte die Beratung auf, weil er einsam war. Er hatte wenige Freunde und fühlte sich oftmals auf eine intensive Weise traurig. Er wollte, daß sich sein Leben ändern sollte, er wollte einen Partner, Freunde und das Gefühl, daß andere ihn wertschätzen. Zu Beginn des Beratungsprozesses war die Perspektive, die er selber auf sein Anliegen hatte, in seinen Worten etwa die folgende:

Daniel: Ich möchte glücklicher sein. Ich kann mich nicht erinnern, daß ich irgendwann einmal von jemandem gewünscht worden bin. Meine Eltern haben sich getrennt, als ich drei Jahre alt war, und ich glaube, ich habe niemals gelernt, jemandem zu vertrauen. Wenn ich eine stabilere und sichere Kindheit gehabt hätte, hätte ich nicht die Probleme, die ich jetzt habe; ich würde auch nicht so einsam und so deprimiert sein.

In der Anfangsphase der Beratung sprach Daniel über seine Vergangenheit. Sein Bezugsrahmen lautete, daß er das Produkt seiner frühen Kindheitserfahrungen sei; diese Erfahrungen seien verantwortlich für seinen gegenwärtigen Zustand. Er wollte, daß sein Leben anders sei, wußte aber noch nicht, wie er diesen »anderen Zustand« herstellen könne. Die Beraterin entwickelte die Hypothese, daß Daniel sich selbst als ungeliebt ansah und die Welt als feindlich begriff. Sie bemerkte, daß er Schwierigkeiten hatte, ihr zu vertrauen und daß er sich immer zurückzog, wenn sie versuchte, näher an ihn heranzukommen.

Im Verlaufe des Beratungsprozesses forderte die Beraterin Daniel heraus. Sie konzentrierte sich auf seine Beziehung zu ihr und erforschte mit ihm, wie er offensichtlich nahe bei ihr sein und von ihr verstanden werden wollte. Aber wenn es so weit war, zog er sich zurück. Er verstand, daß dies die Strategie war, die er sich im Umgang mit anderen angeeignet hatte. Er begriff, daß ihn intime Freundschaften bedrohten, weil er dann das Risiko einging, zurückgewiesen und verletzt zu werden. Daniel machte sich bewußt, daß er als ein verlassenes Kind zu seinem eigenen Selbstschutz diese Strategie angenommen hatte, daß er aber jetzt nicht mehr in der machtlosen Position eines kleinen Kindes sei. Die Beraterin ermutigte ihn, zu erforschen, wie seine Selbsteinschätzung ihn daran hinderte, offen gegenüber anderen zu sein und Risiken einzugehen. In ihren Interaktionen mit ihm zeigte sie ihm, wie er es vermied, von ihr Positives über sich zu hören. Beide kamen überein, daß sie ihn jedesmal darauf aufmerksam machen sollte, wenn er positives Feedback von ihr ignorierte oder seine eigenen Fortschritte leugnete.

Während der Arbeit in der Mittelphase modifizierte er seinen Glauben über sich und die anderen. Er sah, wie er seiner Vergangenheit erlaubt hatte, ihn auch in der Gegenwart in Einsamkeit zu halten. Aber jetzt, mit einer veränderten Perspektive, tauchte die Frage auf, was er nun eigentlich erreichen könnte. Dabei war es notwendig, das Bestreben von ihm, »ein glücklicheres Leben mit engen Freunden und einer stabilen Partnerschaft« in konkrete Ziele zu übersetzen.

Ziele sind das Was, sind das, was Klienten erreichen wollen. Handlungspläne sind das *Wie*. Sie geben auf spezielle Weise an, *wie*

Klienten ihre Ziele erreichen könnten. Im allgemeinen helfen klare Vorstellungen über das, was erreicht werden soll, Klienten, ineffektive Handlungen zu vermeiden. Manchmal aber hilft die umgedrehte Reihenfolge, nämlich, zunächst versuchsweise zu handeln und dann die Ergebnisse zu reflektieren. Ein Klient, der mit seiner augenblicklichen Arbeit unzufrieden ist, könnte ein klareres Verständnis von einer befriedigenden Arbeit, die er sucht, gewinnen, wenn er sich für eine Reihe anderer Stellen bewerben und die entsprechenden Bewerbungsgespräche führen würde. Indem er so »den Markt testet«, kann er sich selber in eine bessere Lage versetzen zu entscheiden, welche Veränderungen für ihn nicht nur wünschenswert, sondern auch möglich sind. Wir wollen uns jetzt der Strategie der Ziele-Setzung und Ziele-Formulierung zuwenden.

Ziele entwickeln. Wenn Ziele wünschenswert und praktikabel sein sollen, müssen sie einigen Kriterien entsprechen (Brammer 1988):

1. Der Klient muß sie wollen;
2. der Klient muß sie selber entwickeln und formulieren;
3. sie müssen operationalisiert werden könne und die Operationalisierungen müssen beobachtbar sein.

Wir wollen uns diese Voraussetzungen der Reihe nach ansehen.

1. *Der Klient muß sie wollen.* Das heißt, wir müssen den Klienten helfen zu entdecken, was sie erreichen wollen und welches der verschiedenen möglichen Ergebnisse sie am höchsten bewerten. Veränderungen kosten Zeit und Energie, und Klienten werden mit Wahrscheinlichkeit härter für Ziele arbeiten, die sie selber formuliert haben. Sie sind dann weniger in der Gefahr, in Teilziele zu investieren, die für sie keine Priorität haben oder die sie als ihnen auferlegt ansehen. Wir müssen deshalb wachsam auf jeden Hinweis unserer Klienten achten, der darauf schließen läßt, daß sie in die Optionen, über die sie gerade reden, im Grunde nicht involviert sind. Das folgende Beispiel soll zeigen, auf welche Weise Klienten dies andeuten könnten und wie Berater darauf reagieren sollten:

Georg:	Meine Partnerin und ich haben über unsere Zukunft gesprochen. Sie denkt, ich sollte vorzeitig aufhören zu arbeiten.
Beraterin:	Vorzeitig aufhören zu arbeiten – das ist es, was Ihre Partnerin möchte. Ich bin nicht sicher, ob es das ist, was auch Sie möchten.

Es kann aber auch sein, daß die Hinweise, von denen ich spreche, vor allem nichtverbaler Art sind.

Andrea:	(schaut, als ob sie es satthabe, ihre Stimme klingt gelangweilt) Ich vermute, der Ausweg aus meiner mißlichen Lage wäre, monatlich mehr Geld zu sparen.
Beraterin:	Sie klingen nicht so, als ob Sie dieser Idee einen Reiz abgewinnen könnten. Ich würde gern wissen, ob es auch andere Möglichkeiten gäbe.

Es gibt aber auch Situationen, in denen Klienten sehr offen darüber sprechen, daß das, was sie an Veränderungen planen, nicht das sei, was sie eigentlich wollten, sondern was andere wollten oder was sie selber dachten, daß sie es tun »sollten«. Sie sollten Ihren Einfluß darauf konzentrieren, diese Klienten einzuladen, ihre »ich sollte«-Vorstellungen zu explorieren und dabei Kosten und Nutzen der möglichen Ergebnisse abzuschätzen.

Ein Teilaspekt des Ziele-Setzens kann darin bestehen, Klienten zu helfen, ihre Werte zu klären. Ziele lassen sich mit größerer Wahrscheinlichkeit erreichen, wenn sie in Übereinstimmung mit den Werten der Klienten sind. Victor beispielsweise berichtet seinem Berater, daß er sich darauf freut, in Rente zu gehen. Aber in seiner Firma gibt es schon jetzt einen Personalabbau, und das bedeutet, daß er zwei Jahre früher in Rente gehen soll, als er eigentlich erwartet hatte. Das war ein großer Schock für ihn. Jetzt, wo er konkret mit einer Zukunft ohne Arbeit konfrontiert wird, beginnt er darüber nachzudenken, was Arbeit eigentlich für ihn bedeutet und was er ohne Arbeit tun wird.

Klienten werden in Zeiten des Wandels oder des Übergangs von einer Phase zu einer anderen eher bereit sein, ihre Werte zu überprüfen (Sugarman 1986). In solchen Situationen bedeutet die Einstellung auf damit verbundene Veränderungen eine neue

Sichtweise auf Werte, die bisher als weniger bedeutsam erlebt worden sind.

Die Arbeit an dem, was Klienten »eigentlich wollen« bedeutet nicht, daß sie die Wünsche von Menschen ignorieren sollen, die in ihrem Leben wichtig sind. Es bedeutet vielmehr, daß sie in einem solchen Falle herausfinden sollten, was sie sich von diesen Erwartungen der anderen erhoffen. Erst dann sind sie in der Lage, das »ich sollte« in ein »ich möchte« zu verwandeln und auf dieser Basis eine vernünftige Wahl zu treffen. Dies wiederum könnte sie von dem Glauben befreien, daß sie keine andere Wahl haben als das zu tun, was andere von ihnen erwarten. Wenn wir Klienten in dieser Phase herausfordern, helfen wir ihnen, ihre Vermutungen über das, was andere von ihnen wollen zu testen und damit zu unterscheiden zwischen ihren eigenen Erwartungen und den Erwartungen anderer. Wobei es sich durchaus lohnen kann, den Erwartungen anderer zu entsprechen. Man muß nur wissen, warum man dies tut und was es einem bringt. Auf dem Wege zu einer rationalen Entscheidung kann eine einfache Kosten-Nutzen-Rechnung hilfreich sein. Anitas Ziel beispielsweise war es, ihre Halbtags-Arbeit in eine Ganztags-Tätigkeit umzuwandeln. Die Beraterin bat sie, die positiven und negativen Effekte dieser Option einzuschätzen und aufzuschreiben.

Positiv	Negativ
– Ich entwickele neue Fertigkeiten	– Werde nicht mehr da sein, wenn der Sohn (12 Jahre) aus der Schule kommt
– Habe mehr Zutrauen zu mir selber	– Habe keine Möglichkeit mehr, mich tagsüber mit Freunden zu treffen
– Verbessere mich finanziell	
– Fühle mich unabhängiger	– Niemand wird mir die Hausarbeit abnehmen
– Habe das Gefühl, daß ich gebraucht werde	– Mein Partner ist davon nicht sehr begeistert

Anita machte sich durch diese Rechnung klar, daß die Ganztags-
arbeit für sie zwar ein wirklich wichtiges Ziel geblieben sei, daß
sie aber nicht wisse, wie ihr Partner und ihr Sohn auf einige
Folgen ihrer Entscheidung reagieren würden. Sie würde weniger
Zeit für die Hausarbeit haben. Eine Neuverteilung der Hausarbeit auf die ganze Familie war aber bisher noch nicht Gegenstand der Diskussion. Ich schreibe dies mit Nachdruck, weil es
für Klienten sehr schwierig sein wird, ihre Ziele zu erreichen,
wenn sie den Interessen anderer Menschen widersprechen, die
ihnen nahestehen und wenn diese anderen sie nicht unterstützen
oder ihre Bemühungen gar sabotieren.

2. *Klienten müssen sich ihre Ziele »auf den Leib schneidern«.* »Auf
den Leib schneidern« meint, sie müssen sie so dimensionieren,
daß sie für ihre Lebenslage speziell und realistisch formuliert
sind. Was bedeuten diese beiden Begriffe?

a) *»Speziell«:* Der Gegensatz von speziell ist »allgemein«. Allgemein formulierte Ziele sind häufig vage. Vage Ziele führen
häufig zu unpräzisen und ungerichteten Handlungen. Ein Klient formuliert seine Ziele etwa so: »Ich verstehe jetzt, wie ich
es zugelassen habe, daß die Arbeit mein ganzes Leben aus-
füllt. Jetzt möchte ich ein besseres Privatleben führen und
eine bessere Balance in meinem Leben herstellen«. An dieser
Stelle ist es sinnvoll, damit anzufangen, den Klienten zu bitten, dieses allgemeine Ziel auf seine Lebenswelt zuzuschnei-
den. Dabei wird herauskommen, daß die Formulierung des
Ziels nicht nur allgemein, sondern auch vage ist und konkre-
tisiert werden muß. Was heißt beispielsweise »bessere Balance« und ein »besseres Privatleben« für diesen Klienten? Solange er dies nicht spezifiziert, kann er auch nicht wissen und
entscheiden, welche Handlungen zur Erreichung dieses Ziels
adäquat sind, und – das ist mindestens genauso wichtig – wie
will er wissen, wann er dieses Ziel erreicht hat oder ihm
näherkommt?
Linda, eine Klientin, lebt in einer Beziehung, die sie unbefriedigend findet. Sie hat das Gefühl, ihr Partner habe sich von ihr
abgewandt und mißachte sie. Durch einen Explorationspro-
zeß und durch Herausforderung kommt sie zu der Einsicht,

daß sie ihrem Partner selten sagt, was sie von ihm will. Sie wartet darauf, daß er im Entscheidungsprozeß die Führung übernehmen sollte. Wenn sie nicht das bekommt, was sie gewollt hat, sagt sie sich selbst, sie fordere eben zu viel. Sie beginnt das Gespräch wie folgt:

Linda: Ich möchte etwas für meine Beziehung tun. Zunächst mal möchte ich wissen, ob wir zusammen eine gemeinsame Zukunft haben. (Klient macht ein vages Statement)

Beraterin: Nachdem, was Sie mir in den vergangenen Wochen erzählt haben, klingt es für mich so, als ob der Gedanke, die Beziehung zu beenden, jetzt in ihrer Prioritätenliste sehr weit unten steht. Wenn Sie sich vorstellen, mit Paul in Zukunft besser klarzukommen, wie würde das dann aussehen? (Beraterin benutzt eine hypothetische Frage, um die Klientin zu ermutigen, Optionen zu nennen)

Linda: Wir hätten beispielsweise eine engere Beziehung. Ich würde sagen, was ich denke und fühle. Ich würde die Initiative ergreifen und Entscheidungen treffen und nicht darauf warten, daß er mir sagt, was er wünscht. Es ist mir schon klar geworden, daß ich bisher über das geschwiegen habe was ich will und daß ich ihm damit erlaubt habe, unser Leben zu kontrollieren. Ich werde dann sagen, was ich wirklich denke und fühle. Ich will mehr Einfluß. Ich möchte gleichberechtigt sein; und nicht mehr eine, die nur als »Anhängsel« mitläuft. (Klientin wird spezieller)

Linda ist ermutigt worden, das, was sie erreichen möchte, spezifisch und damit konkreter auszudrücken. Sie hat sich gewissermaßen aus dem Material eines noch sehr vage formulierten Wunsches ein spezielles Ziel geschneidert. Das Ziel – zu sagen was sie wünscht, was sie denkt und was sie fühlt – hält sich im Rahmen ihrer Kontrolle. Linda kann lernen, direkt und offener zu sein. Sie kann ihr Selbst-Bewußtsein und ihre Selbst-Achtung entwickeln, wenn sie sich entscheidet, dies zu wollen. Indem sie dies tut, kann sie auch die Haltung von Paul ihr gegenüber beeinflussen. Es wird ihr bewußt, daß sie bisher wenig Übung hat, das zu sagen, was sie will und daß sie deshalb diese Fertigkeit in Zukunft entwickeln muß.

b) *Realistisch*: Ein realistisches Ziel meint ein Ziel innerhalb der Reichweite der Ressourcen der Klienten. Es erscheint offensichtlich, daß Klienten ihre Ziele mit Wahrscheinlichkeit nicht erreichen werden, wenn sie nicht die dafür notwendigen emotionalen, physischen, finanziellen und sozialen Ressourcen haben. Ben zum Beispiel, der in der Oberstufe seiner Schule bisher schlechte Noten hatte, besitzt möglicherweise nicht die Ressourcen, die Abschlußklasse zu erreichen und damit die Hochschulreife zu erwerben.

Nicht alle Menschen kennen ihre Ressourcen. Ein wichtiger Aspekt im Beratungsprozeß ist deshalb die Arbeit an der Entdeckung und Wertschätzung der eigenen Ressourcen. Dabei neigen manche Klienten dazu, die Bedeutung des sozialen Netzwerkes zu übersehen oder unterzubewerten, in dem sie leben und arbeiten. Und sie neigen dazu, ihre bisherigen Erfahrungen und Erfolge zu mißachten.

Zu der Kategorie der unrealistischen Ziele gehören auch Versuche von Klienten, Ziele für andere Menschen zu setzen. Gewöhnlich haben Klienten nur in wenigen Fällen eine direkte Kontrolle über das Verhalten von anderen; die meiste Kontrolle haben sie immer noch über sich selbst. Sie werden deshalb zunächst Ziele für sich setzen müssen. Das kann auch Veränderungen einschließen, von denen sie wollen, daß andere sie vollziehen. Ich will damit überhaupt nicht in Abrede stellen, daß manche Klienten unter dem Mißbrauch durch andere leiden. Aber realistische Ziele sollten darauf gerichtet sein, das Verhalten der Klienten zu beeinflussen.

Ich gebe ein Beispiel. Freya sprach über einen Arbeitskollegen. Sie sagte der Beraterin, daß sie auf ihn wütend wäre. Sie setzte sich das Ziel, ihm Feedback zu geben und fügte hinzu: »Ich möchte, daß er mich in Zukunft beachtet.« Die Beraterin gab zu bedenken, daß Freya ihren Ärger durch ihr Feedback ausdrücken könne, daß dadurch aber noch nicht sichergestellt werde, daß sie wirklich bekäme, was sie wollte. Sie richtete damit den Focus wieder auf Freyas Verhalten und darauf, was sie tun könne, um ihren Kollegen zu beeinflussen. Der Feedback allein würde mit Wahrscheinlichkeit nicht ausreichen.

Noch einmal: Ich leugne nicht, daß das Verhalten wichtiger anderer im Leben der Klienten einer Änderung bedarf; aber im Beratungsprozeß involviert sind die Klienten, nicht aber ihre Freunde, Kollegen oder Liebhaber. Selbstverständlich können und werden Klienten versuchen, diejenigen, die ihnen besonders nahestehen, dahingehend zu beeinflussen, daß sie sich ihnen gegenüber anders verhalten; aber das ist weniger innerhalb der Kontrolle unserer Klienten und bleibt deshalb für ein handlungsorientiertes Beratungsgespräch ein verständlicher aber »frommer Wunsch«.

Als Berater werden Sie es auch mit der Angemessenheit der Ziele zu tun haben, welche Klienten sich setzen. Ein angemessenes Ziel ist ein Ziel, das entweder das Problem löst oder Klienten hilft, ihre eigenen Interessen effektiver wahrzunehmen. Sie können Klienten folgende Fragen stellen: »Wenn Sie dieses Ziel erreichen, wie wird Ihnen das dann helfen bei der Verbesserung von ... (Partnerschaft; geselliges Leben; finanzielle Sicherheit; erhöhte Selbstachtung und anderes) ... von dem Sie sagen, daß Sie es wollen?«; oder »wird dieses Ergebnis Ihnen helfen, effektiver mit Ihrem Anliegen fertigzuwerden?«

Es gibt Klienten, die sich Ziele setzen, die mit sehr geringer Wahrscheinlichkeit zu dem Ergebnis führen, von dem sie sagen, daß sie es wünschten. Dies ist eine besondere Form der Selbst-Sabotage. Artur beispielsweise, ein Klient, der sich das Ziel setzt, einen Tag im Monat für gesellige Freizeitaktivitäten zu reservieren, um nicht mehr so allein zu sein, wird mit diesem einzelnen Tag im Monat nicht sehr viel anfangen können. Er wird sich dann sagen, daß jeder Versuch, sein Privatleben zu bereichern und neue Freunde zu gewinnen hoffnungslos sei. Das wird dazu führen, daß er sich wieder vorbehaltlos in seine Arbeit stürzt.

Und am Ende noch einmal: Die Arbeit mit Klienten, um realistische Ziele zu formulieren, bedeutet neben dem Nutzen auch auf die Kosten dieser Ziele im Vergleich zu anderen Zielen zu schauen. Realistische Ziele zu setzen, bedeutet deshalb auch einzuschätzen, ob die Kosten für ein spezielles Ergebnis nicht den Nutzen überschreiten. Linda zum Beispiel wird sich mit der Frage auseinandersetzen müssen, ob ihre gegenwärtige Sprachlosigkeit nicht komplementär zum Verhalten ihres Partners paßt. Wäre das so, dann würden ihre Veränderungen für ihn eine Provokation sein und möglicherweise die Beziehung spalten. *Sie* mag durchaus erfolgreich lernen, effektiver zu kommunizieren, aber *er* mag mit Verve am gegenwärtigen Zustand festhalten.

Klienten durch Herausforderungen helfen zu wachsen ist ein wichtiger Teil des Beratungsprozesses. Aber als Berater werden Sie sich mit der Tatsache abfinden müssen, daß es Klienten gibt, die nicht jenes Ausmaß von Veränderungen wünschen, das Sie für angemessen halten. Diese Klienten mögen mit vergleichsweise kleinen Modifikationen in den Umständen ihres Lebens zufrieden sein, weil ihnen der Preis für ein »Mehr« als exorbitant erscheint. Dies bringt uns zu dem letzten Kriterium für die Formulierung von Zielen.

3. *Ziele müssen operationalisiert werden, so daß Fortschritte beobachtbar sind und eingeschätzt werden können.* Das bedeutet, daß Sie und Ihre Klienten Meßlatten brauchen, um besser einschätzen zu können, welche Fortschritte sie machen. Kriterien für Fortschritte erlauben den Beteiligten, zu sehen, wo sie im Prozeß stehen und zu erkennen, wann ihre Ziele erreicht sind. Mit anderen Worten und als Operationalisierungsfrage formuliert: Wenn Klienten ihre Ziele erreicht haben, in welcher Weise würde sich dann ihr Verhalten gegenüber dem Verhalten unterscheiden, das sie jetzt zeigen?

Betrachten wir ein Beispiel: Harry möchte eine bessere Beziehung zu seinem Sohn aufbauen. Seine Ziele sind

- den ironischen und sarkastischen Ton abzubauen, den er im Augenblick benutzt;
- zwischen seinem Sohn als Person und einzelnen Verhaltensweisen dieser Person zu unterscheiden;
- Ratschläge zu geben, wenn sein Sohn ihn darum bittet und nicht schon vorher;
- seine Meinung als Meinung zu formulieren und nicht als unumstößliche Tatsache.

163

Das sind Ziele, bei denen alle Beteiligten eine Annäherung an sie oder eine Abkehr von ihnen beobachten können. Harry kann beobachten, wie er mit seinem Sohn redet. Es kann feststellen, wann er weniger (oder mehr) Ironie oder Sarkasmus verwendet und wenn er die Einsichten seines Sohnes eher akzeptiert. Andere Beteiligte werden ebenfalls in der Lage sein zu beobachten, ob er sich anders verhält und ob er dadurch diesen Zielen näherkommt. Man muß allerdings in Rechnung stellen, daß in sehr festgefahrenen Beziehungen die jeweiligen Partner so frustriert sind, daß sie die tatsächlichen Veränderungen des jeweils anderen nicht mehr wahrnehmen oder diese zwar wahrnehmen, aber nicht für eine veränderte Einstellung zum Partner positiv in Rechnung stellen.

Abschließend sei zu diesem Punkt gesagt, daß zu einem realistischen Plan für die Erreichung realistischer Ziele auch ein realistischer Zeitrahmen gehört. Klienten, die beispielsweise sagen, »ich werde weniger essen, wenn es bei uns wärmer geworden ist«, deuten möglicherweise damit an, daß die Vagheit ihres Zeitrahmens der Vagheit ihrer Entschiedenheit entspricht.

Die Rolle von Exploration und Herausforderung beim Setzen von Zielen. Auch bei der Aufgabe des Ziele-Setzens spielen Exploration und Herausforderung als Strategien eine wichtige Rolle. Es ist wichtig, daß Klienten ermutigt werden, auch in dieser Phase die Gefühle und Gedanken auszudrücken und zu erforschen. Klienten haben beispielsweise Zweifel über ihre Fähigkeit, Handlungsplänen zu folgen und bei der Stange zu bleiben. Das gilt vor allem für Klienten, die schon einmal versucht haben, ihr Leben zu ändern und die damit gescheitert sind. Es ist deshalb häufig ein wichtiger Teil des Beratungsprozesses, ihnen in dieser Phase zu helfen, ihre Verletzlichkeit und ihre Ängste bei der Erprobung neuer Verhaltensweisen zu erforschen. Der Prozeßteil des Ziele-Setzens ist deshalb keine emotional unergiebige Tätigkeit, in der es lediglich darum geht, Sätze zu formulieren, Listen anzufertigen und das Für und Wider alternativer Lösungen gegeneinander abzuwägen. Es gibt vielmehr Hinweise darauf, daß ein Berater mit einem hohen Grad von Empathie, Wärme und Unmittelbarkeit effektiver in der Unterstützung seiner Klienten beim Ziele-Setzen ist als Berater, deren Fertigkeiten in diesen Dimensionen eher gering entwickelt sind (Mickelson und Stevic 1971).

Wie Ziele gesetzt werden. Auch wenn die Anfangsphase und die Mittelphase im Beratungsprozeß erfolgreich verlaufen sein mag, gibt es immer wieder Klienten, die noch nicht wissen, was sie mit den in diesen Phasen erworbenen Einsichten im Hinblick auf das Setzen von Zielen anfangen sollen. Sie sagen beispielsweise:»Ich habe jetzt positivere Gefühle mir selber gegenüber. Ich kann sehen, wie ich mich selber in der Vergangenheit niedergemacht habe und daß ich mich dadurch an dem gehindert habe, was ich wollte«; oder »ich möchte wirklich eine bessere Beziehung zu meinem Sohn, weil ich jetzt sehen kann, daß ich ihn früher viel zu hart angefaßt habe«. Ich will deshalb im Folgenden einige der Schritte und Techniken nennen, die Klienten helfen können, das auf konkrete Weise zu identifizieren, was sie erreichen wollen.

Hilfe für Klienten beim Formulieren von Alternativen. Vielen Klienten fällt es leichter, Wege zu finden, um besser mit ihren Problemen umgehen zu können, wenn sie sich zwischen verschiedenen Alternativen entscheiden können. Es gibt eine Reihe von nützlichen Techniken, um ihnen dabei zu helfen, ihre Ziele zu finden und zu entwickeln (Egan 1996). Ich nenne die folgenden:

– Stellen Sie sich unterschiedliche Zukünfte vor;
– Brainstorming;
– Satzergänzungen.

1. *Stellen Sie sich unterschiedliche Zukünfte vor.* Egan (1979/1984 und 1996) hat dies den »Entwurf neuer Szenarios« genannt. Die Technik bedeutet, daß wir Klienten bitten, Vorstellungen zu entwickeln, wie die Zukunft für sie aussehen könnte, wenn sie ihre Probleme besser kontrollieren oder sie vielleicht sogar gelöst haben könnten. Wenn Klienten erst einmal eine Reihe unterschiedlicher Zukünfte für sich entwickelt haben, sind sie möglicherweise eher ermutigt und bereit, zwischen ihnen auszuwählen und sie in bearbeitbare Ziele zu übersetzen.
Simon ist ein Lehrer, der mit der Art und Weise unzufrieden ist,

wie er seine Arbeit organisiert hat. In den vorangegangenen Sitzungen hatte er begonnen, die Einsicht zu entwickeln, daß er selber verantwortlich für die fehlende Begrenzung seiner Arbeit sei. Als Konsequenz wollte er eine bessere Balance zwischen der Arbeit und seinem Privatleben zu Hause. Das bedeutete, daß seine Familie und sein geselliges Leben mehr Bedeutung für ihn gewinnen sollten. Die »Bilder« von möglichen Zukünften, die er malte, sahen folgendermaßen aus:

- *»Ich hätte dann einen anderen Job. Ich würde als Programmierer in einer kleinen Software-Firma arbeiten«.*
- *»Als Lehrer werde ich alle Unterrichtsvorbereitungen und die Korrektur der Schülerarbeiten in die Mittagspause verlegen und auf die Zeit von 5.oo bis 6.oo Uhr am Abend. Ich werde nur jeden zweiten Sonntag arbeiten«.*
- *»Ich habe dann einen anderen Stundenplan in der Schule und weniger Verantwortung für die außerunterrichtliche Arbeit«.*
- *»Ich würde in der Schule das gleiche Maß an Arbeit machen, aber ich würde es ein bißchen mehr auf die leichte Schulter nehmen. Ich würde mich davon überzeugen, daß meine bisherige Vorbereitung auf die Unterrichtsstoffe ausgereicht haben müßte«.*

Nachdem er auf diese verschiedenen Bilder geschaut hat, entscheidet er sich, daß die zweite Option ihn am meisten anspricht. Er möchte eigentlich den Lehrerberuf nicht aufgeben und auch nicht seine außerunterrichtlichen Aktivitäten. Die von ihm favorisierte Alternative zeichnet sich in der Tat durch Realismus und Effektivität im Hinblick auf das aus, was Simon eigentlich erreichen will (»seiner Arbeit Grenzen setzen« und eine »bessere Balance zwischen Arbeit und Privatleben herstellen«).

2. *Brainstorming.* Diese Technik bedeutet Klienten aufzufordern, jetzt einmal alle kritischen Urteile beiseite zu lassen und so viele Möglichkeiten von künftigen Veränderungen ins Auge zu fassen als es irgend geht. Caroline beispielsweise, die ihre Ängstlichkeit kontrollieren möchte, produzierte beim Brainstorming die folgende Liste von Möglichkeiten:

- entspannter sein;
- durchsetzungsfähiger werden;

- für einen vergrößerten Verkehrskreis sorgen und für ein unterstützendes Netzwerk;
- sich selber nicht mehr Gedanken verbieten, wenn sie auftauchen;
- einen Plan machen, um mit meiner Zeit besser umgehen zu können;
- Interessen entwickeln, die andere Leute einbeziehen;
- nach und nach Aktivitäten abbauen, bei denen ich allein bin;
- Lob entgegennehmen für alles, was ich gut gemacht habe;
- negatives Feedback akzeptieren und mich dadurch nicht niederdrücken lassen.

Ohne Zweifel könnte jeder von uns die Liste verlängern. Aber nachdem Caroline erst einmal entschieden hat, was sie ins Auge fassen wollte, um ihre Ängstlichkeit zu kontrollieren, konnte sie sich auch entscheiden, *wie* sie dieses Ziel erreichen könnte. Sie entschied sich beispielsweise dafür, sich mehr zu entspannen und keine negativen Gedanken mehr zu produzieren. Es gibt viele Wege, Entspannung zu lernen. Caroline wird nun entscheiden müssen, welcher Weg am besten zu ihr paßt. Da gibt es beispielsweise kommerzielle Übungskassetten, sie könnte an Wochend-Workshops teilnehmen oder sich in einer Abendklasse für Streß-Management einschreiben. Manche dieser Pläne beziehen sich auf mehr als ein isoliertes Ziel. Die Teilnahme an einer Abendklasse könnte beispielsweise ihren Verkehrskreis erweitern und ihr die Gelegenheit geben, besser mit Lob umgehen zu können. Es kann sein, daß ihr alle diese Teilziele helfen werden. Dann wird sie zusammen mit ihrer Beraterin entscheiden müssen, welches dieser Teilziele den Vorrang haben soll. Brainstorming kann auch eine vergnügliche Aktivität für Klienten sein, weil sie ihnen erlaubt, sich ohne die üblichen Einschränkungen durch den Zwang zum Infragestellen und die Notwendigkeit zum sofortigen Evaluieren zu äußern.

Hier sind einige Leitlinien für das Brainstorming:

a) Ermutigen Sie Ihre Klienten, über so viele Optionen nachzudenken, wie ihnen einfallen und dabei zunächst einmal die kritische Überprüfung im Hinblick auf ihre Angemessenheit und Erreichbarkeit auszusetzen;

b) schreiben Sie alle Optionen auf. Zensieren Sie diese Liste nicht. Weder offen – dadurch daß Sie einige Vorschläge nicht festhalten, weil Sie denken, daß sie unnütz seien oder unvernünftig – oder subtiler, indem Sie ein Gesicht ziehen oder schwer atmen;

c) helfen Sie den Klienten, indem Sie fragen,»kennen Sie jemanden, der ein ähnliches Problem managt? Wie macht der das? Gibt es bei Ihnen am Ort Möglichkeiten, an die Sie sich anschließen könnten?«

d) lassen Sie nach jeder Nennung genügend Zeit, damit Ihre Klienten sich neue Vorschläge überlegen können;

e) fragen Sie auch, welche Versuche Ihre Klienten schon einmal gemacht haben oder welche Versuche sie in der Vergangenheit verworfen haben;

f) ermutigen Sie Ihre Klienten zum Gebrauch ihrer Vorstellungskraft auf eine direkte Weise: Sagen Sie beispielsweise: »Stellen Sie sich vor, Sie würden Ihr Problem auf eine völlig neue verrückte Weise lösen! Was würden Sie dann machen?«

g) unterstützen und belohnen Sie Ihre Klienten, indem Sie positives Feedback für Kreativität und Energie geben;

h) machen Sie die Übung vergnüglich. Damit meine ich nicht, sie zu trivialisieren oder ins Lächerliche zu ziehen, sondern ermutigen Sie Ihre Klienten, ein Gefühl zu entwickeln, welche Kraft sie freisetzen, wenn sie ihre Vorstellungskraft und Phantasie benutzen;

i) dehnen Sie die Übungen nicht zu lange aus. Klienten sollten durch die Länge der Liste möglicher Optionen nicht überwältigt oder mit den Gedanken gequält werden, sie müßten jetzt um jeden Preis noch zusätzliche Möglichkeiten erfinden. Der abschließende Schritt bei dieser Technik ist die Einschätzung des Realitätscharakters der Liste und die Aussonderung von Optionen, die entweder zu kostspielig im Hinblick auf Zeit und Energie sind oder die Ressourcen erfordern, über welche die Klienten nicht verfügen. Eine Klientin, die ihren Job wechseln möchte, hat vielleicht nicht die Möglichkeit dies sofort zu tun. Sie muß das dann zurückstellen oder zunächst ihre bereits vorhandenen Fertigkeiten erweitern, damit sie bei einer späteren Bewerbung die besseren Karten hat.

3. *Satzergänzungen.* Das ist eine andere Technik, um Klienten zu ermutigen, Veränderungen konkret ins Auge zu fassen. Diese Technik kann in Verbindung mit den beiden anderen Techniken verwendet werden, die ich genannt habe.

Ich gebe ein Beispiel. Felicitas hat entschieden, daß sie weniger isoliert sein möchte und stärker am geselligen Leben teilnehmen will. Sie hat exploriert, wie sie sich selber daran hindert, in Beziehungen zu anderen einzutreten und fühlt sich jetzt sicher genug, um das Risiko einer engen Freundschaft in Kauf zu nehmen.

Beraterin: Nehmen Sie sich bitte Zeit und ergänzen Sie die angefangenen Sätze, die ich Ihnen gebe. Ich werde aufschreiben, was Sie sagen, und wir können es hinterher bereden.

Felicitas: OK.

Beraterin: Das ist der erste Satz. Wenn mein geselliges Leben völlig anders wäre als es im Augenblick ist, dann würde ich …

Felicitas: Na ja! (lächelt) Es wäre für mich eine wundervolle Zeit. Ja. Ich würde eine Menge aufregender Sachen mit aufregenden Leuten machen.

Beraterin: Welche Art von Sachen würden Sie machen?

Felicitas: Oh! Ins Theater gehen, segeln, Klavier spielen lernen, mein Französisch aufbürsten. (Pause) Also – wenn ich mich das alles sagen höre, weiß ich überhaupt nicht mehr, warum ich diese Sachen nicht alle schon mache. Sie sind doch nichts Ungewöhnliches – oder?

Felicitas und die Beraterin sehen sich die Äußerungen der Klientin noch einmal an und formen sie in eine Liste möglicher Ziele um. Beispielsweise entscheidet sich Felicitas, daß sie häufiger ins Theater gehen will. Aber, sagt die Beraterin, wenn Sie häufiger ins Theater geht, dann heißt das noch nicht notwendig, daß sie dabei die Freundschaften findet und entwickelt, die sie haben möchte.

Beraterin: Ich bin nicht sicher, daß Sie dadurch in Verbindung mit anderen kommen werden.

Felicitas: Da bin ich mir auch nicht sicher. Aber es ist etwas, was ich trotzdem gern tun möchte; und ich geh' einfach nicht ins Theater, weil ich niemanden habe, der mit mir geht.

Beraterin: Ich frage mich, ob es nicht ein Abonnement für Theatergruppen gibt oder Abendkurse an der Volkshochschule, in denen das gegenwärtige Repertoire unserer Theater besprochen wird.

Felicitas entscheidet, daß sie herausfinden will, welche Art Klassen in der Volkshochschule oder Theatergruppen es in ihrer Gegend gibt, die ihr helfen könnten, Theaterbesuche zu einer geselligen Veranstaltung zu machen.

Sie können auch offene Fragen stellen, die unterschiedliche Grade der Annäherung an die Ziele darstellen. Beispielsweise können Sie fragen: »Wenn ich mit diesem Problem ein bißchen besser klarkommen würde, dann würde ich …« oder »wenn ich wesentlich besser mit diesem Problem klarkommen würde, dann würde ich …«

Wir haben uns in diesem Abschnitt des 5. Kapitels mit der Frage beschäftigt, welche Techniken es gibt, um Klienten zu helfen, Ziele oder Optionen auf Ziele zu identifizieren. Ehe wir nun daran gehen, zu schauen, welche Handlungen geplant werden müssen, um eines oder mehrere dieser Ziele zu erreichen, müssen Klienten in die Lage versetzt werden, diese Ziele zu *evaluieren*, um eine Entscheidung auf der Grundlage hinreichender Informationen fällen zu können.

Die Kraftfeldanalyse. Es kann vorkommen, daß Klienten einige Optionen besser gefallen als andere, oder daß sie eine größere Chance sehen, mit der einen Alternative Erfolg zu haben als mit der anderen. Eine Technik, sowohl Handlungsziele als auch Handlungspläne einzuschätzen, ist die der Kraftfeldanalyse (Levin 1969). Was heißt das? Jeder von uns erfüllt einen »Lebensraum«, der unsere physische Umwelt umfaßt, die Familie und die Gemeinde, in der wir leben, aber auch Aspekte von uns selber als Menschen – Interessen, Werte, Stärken, emotionale und kognitive Horizonte. Ein Weg, sich diesen Lebensraum vorzustellen ist, ihn als einen Kampfplatz zu sehen, auf dem sich viele verschiedene Kräfte tummeln. Einige dieser Kräfte sind positiv und helfen uns, sich in

Richtung auf unsere Ziele fortzubewegen. Einige sind negativ und hindern uns am Erfolg. Wenn Klienten wirklichen Wandel wollen, dann ist es vernünftig herauszufinden, welche dieser Kräfte im Lebensraum positiv sind und ihnen helfen, das zu erreichen, was sie wollen, und welche Kräfte sie am Fortschritt hindern oder ihm entgegenwirken. Ich will dazu ein Beispiel geben.

Eine Klientin möchte einen akademischen Grad in Betriebswirtschaft im Rahmen eines Vollstudiums erreichen. Das Studium beginnt im nächsten akademischen Jahr. Sie hat die notwendigen Studienvoraussetzungen, aber hat Schwierigkeiten sich zu entscheiden. Ihr Ziel ist klar, es ist speziell und konkret und innerhalb der Reichweite ihrer Möglichkeiten. Sie stellt eine Liste all der Dinge zusammen, welche beim Erreichen ihres Zieles förderlich und welche dabei hinderlich wären. Die Liste sieht so aus:

Positiv	*Negativ*
– Ich erfülle mir einen langgehegten Lebensplan	– Mein Mann unterstützt mich nicht sehr
– Ich gebe einen langweiligen Job auf	– Ich hab' Angst, daß ich es nicht schaffen werde
– Ich hab' mehr Zeit für das Studium	– Ich werde dann weniger Geld zur persönlichen Verfügung haben
– Ich hab' einige Ersparnisse, um unser Einkommen zu unterstützen	– Mein gegenwärtiger Job ist mir sicher und gut bezahlt
– Ich habe Fertigkeiten, mit denen ich eine Teilzeitarbeit annehmen kan	– Wir sind etabliert
– Meine Freunde unterstützen das	– Veränderungen bedeuten tiefergreifende Unterbrechungen.
– Mein Mann hat einen gutbezahlten Job	
– Ich kann bereits vorhandene Qualifikationen nutzen	
– Ich habe mich dafür entschieden	

Die Beraterin schreibt in der Regel auf, was Klienten sagen. Wenn Sie es aufschreiben, benutzen Sie möglichst die Worte der Klienten. Anschließend werden Sie gemeinsam jede positive und negative Kraft innerhalb dieses Kraftfeldes explorieren. Manche Berater bitten ihre Klienten, die einzelnen Statements mit einer Note zu bewerten oder sie in der Reihenfolge ihrer Wichtigkeit anzuordnen. Beispielsweise sagte die Klientin in diesem Falle, daß die fehlende Unterstützung durch ihren Mann der bedeutsamste Einzelposten auf der Negativseite ihrer Liste sei und auch der Einzelposten, der am schwierigsten zu überwinden wäre.

Sie werden alle Explorations- und Herausforderungs-Fertigkeiten brauchen, um Klienten zu helfen, diese Liste zu bewerten. In unserem Falle fragte die Beraterin, was die Klientin denn präzise meinte, wenn sie sagte, daß ihr Ehemann wenig Unterstützung geben würde. Heißt das, daß er damit sagen wollte, daß er große Sorgen hat, daß sie, wenn sie mit dem Studium anfängt, entscheiden könnte, ihn zu verlassen? Wenn die Klientin ihre Liste noch einmal in Ruhe durchgeht, könnte sie sich entscheiden, daß die negativen Kräfte bei weitem die positiven Kräfte überwiegen und daß sie deswegen kein realistisches Ziel für sie wäre. Sie kann dann immer noch schauen, ob sie andere Möglichkeiten hat, ihr Ziel zu erreichen, wie beispielsweise ein Teilzeitstudium oder ein Fernstudium.

Die Benutzung der Kraftfeld-Analyse ist ein ausgezeichneter Weg, um Klienten zu helfen, sich selbst in einem größeren Zusammenhang zu sehen. Es erinnert sowohl Klienten als auch Beraterin, daß wir nicht in einem Vakuum leben und daß wir nicht allwissend sind. Familienbande und Verpflichtungen, Gruppendruck aus dem sozialen Umfeld und der Wohngemeinde – sie alle können entweder für oder gegen unsere Ziele arbeiten. Aber es ist nicht die Länge der Liste positiver und negativer Kräfte, die von Bedeutung ist, sondern das spezielle Gewicht, das Klienten jeder dieser Kräfte zumessen. Manchmal ist es notwendig, daß Sie Klienten herausfordern, ihre Listen neu zu bewerten und beispielsweise zu explorieren, ob eine Kraft wirklich so negativ ist wie sie meinen. Auf die Weise hat die Beraterin die eben zitierte Klientin gefragt, ob sie Veränderungen wirklich nur als Unterbrechungen begreift und hat auf die Einsicht hingewirkt, daß Veränderungen auch eine aufregende, neue Kräfte freisetzende und das eigene Wachstum befördernde Wirkung haben können. Die Kraftfeld-Analyse sollte ein gemeinsames Unternehmen sein. Auch die Beraterin kann dabei eigene Aspekte beitragen, wenn sie meint, daß Klienten diese übersehen. Beispielsweise sagen Klienten manchmal, daß sie einfach nicht die Entschiedenheit haben, um die Nebenwirkungen von Veränderungen zu ertragen. Dann können Sie beispielsweise darauf hinweisen, daß es in ihren Berichten Zeiten gegeben habe, in denen Klienten schon ein erstaunliches Maß an Durchhaltevermögen bewiesen haben. Und Sie können sie fragen, was denn an ihrer gegenwärtigen Lage so anders sei. Exploration und Herausforderung soll und kann Klienten ermutigen, auf eine neue Weise auf ihre eigenen Potenzen zu schauen und auf die Gewichte, die sie einzelnen Faktoren innerhalb ihres Kraftfeldes zugemessen haben. Hier sind ein paar Richtlinien für die Verwendung der Kraftfeldanalyse:

1. Regen Sie ein Brainstorming an über Kräfte, die den Klienten helfen werden, ihre Ziele zu erreichen;
2. regen Sie ein Brainstorming an über Kräfte, die Klienten daran hindern könnten, ihre Ziele zu erreichen;
3. vergewissern Sie sich, daß die positiven und negativen Kräfte »wirkliche« Kräfte sind und nicht »angenomme« oder »befürchtete«;
4. finden Sie gemeinsam heraus, was Klienten tun können, um die positiven Kräfte zu maximieren und die negativen Kräfte zu minimieren;
5. schätzen Sie die Erreichbarkeit des Zieles ein.

Ich möchte jetzt in Kürze einige Schwierigkeiten vorstellen, die uns oftmals beim Setzen von Zielen begegnen.

Das Ziel ist zu umfassend. Es mag sein, daß Klienten substantielle Veränderungen in ihrem Leben planen und daß sie auch sicher sind, was sie dadurch erreichen können. Aber indem sie alle diese Veränderungen gleichzeitig betrachten, erscheint ihnen der Gesamtumfang als entmutigend. Klienten brauchen eine Hilfe, um ein großes Ziel in eine Serie von kleineren Zielen aufzubrechen, wobei das Hauptziel einen klaren Focus für die einzelnen Handlungsschritte liefert. Klienten, die zunächst einmal Teilziele erreichen, entwickeln Vertrauen in ihre Kräfte und einen starken Impetus für ihr weiteres Engagement am Gesamtziel.

Klienten brauchen häufig auch eine Hilfe, um zu entscheiden, wie die Prioritäten zu setzen seien und welches Teilziel zunächst einmal angegangen werden müsse. Ein Klient beispielsweise, der noch nie zuvor eine romantische sexuelle Beziehung erlebt hat, sollte möglicherweise zunächst mal daran gehen, seine sozial-kommunikativen Fertigkeiten zu entwickeln, ehe er das Risiko auf sich nimmt, weitergehende Ziele zu verfolgen. Es mag unrealistisch sein, wenn er denkt, daß es ausreichen würde, Gelegenheiten zu schaffen oder zu finden, um andere Menschen zu treffen. Es kann sein, daß seine sozialen Fertigkeiten nicht ausreichen, um Frauen an ihm zu interessieren, und der ausbleibende Erfolg, eine neue Beziehung einzugehen, wird ihn möglicherweise demotivieren.

Was tun mit Klienten, die keine Ziele setzen wollen. Es gibt Klienten, die durch die Tatsache ihrer realistischen Konfrontation mit ihrem Anliegen, Klarheit gewinnen, was sie wollen und was sie tun können, um es zu erreichen. Andere Klienten zögern, sich Veränderungen auszusetzen. Wenn Sie dies bemerken, dann haben Sie eine Reihe von Möglichkeiten.

1. Kehren Sie zu Ihrem Vertrag zurück und erinnern Sie Ihre Klienten, was sie im Beratungsprozeß für sich erreichen wollen. Es kann sein, daß sie angesichts dieser Rückkehr zum Vertragstext den Kontrakt neu formulieren müssen;
2. machen Sie ihren Widerstand zum Thema, fordern Sie sie heraus, ihren Widerstand zu erforschen;
3. fragen Sie sie, was es ihnen denn bringe, wenn sie Zeit und Geld in die Beratung investieren, wenn sie sich dann doch nicht in der Weise verändern wollen, von der sie gesagt haben, sie wollten es. Ich habe mehrfach darauf hingewiesen, daß Beratung eine kostspielige Angelegenheit ist, sowohl was Energie und Zeit als auch was Geld angeht. Zögernde Klienten werden gut daran tun zu überprüfen, welchen Nutzen sie noch aus ihrer Investition ziehen.

Selbstverständlich sind Veränderungen sowohl eine befreiende als auch eine beängstigende Angelegenheit, und Berater sollten sensibel damit umgehen. Aber es ist ein Unterschied, ob wir Klienten unterstützen und herausfordern, während sie sich entscheiden, was sie tun sollen und wie sie es erreichen sollen oder ob wir es mit Klienten zu tun haben, die sich und uns in fruchtlose Explorationen und Debatten verwickeln. Ich fasse zusammen. Ziele-Setzen ist eine notwendige und wirksame Strategie um:

1. das zu identifizieren und im Auge zu behalten, was Klienten erreichen wollen;
2. Klienten zu helfen ihre Aufmerksamkeit auf einen festen Punkt zu richten und ihre Ressourcen zu mobilisieren;
3. voreilige Handlungsabläufe zu verzögern (obwohl einigen Klienten vergleichsweise schnelle Handlungen gut tun würden, um herauszufinden, was sie tatsächlich wollen).

Um durchführbar zu sein, müssen Ziele einer Reihe von Kriterien entsprechen. Sie sollten:

1. von den Klienten gewollt werden;
2. sich in der Reichweite der Ressourcen der Klienten befinden;
3. klar und präzise ausführen, was die Klienten erreichen wollen;
4. festlegen, was Klienten anders machen müssen und was andere an ihnen beobachten können müssen, damit von einem Erfolg gesprochen werden kann;
5. innerhalb einer vernünftigen und festgelegten Zeitperiode erreicht werden können;
6. auf eine spezifische Weise dazu beitragen, das Anliegen der Klienten zu realisieren.

Ich habe drei Wege gezeigt, auf denen wir Klienten helfen können, selber Ziele zu entwickeln: Phantasien über bessere Zukünfte zu entwickeln; brainstorming; Satzergänzungsübungen.

Vage Ideen über mögliche Veränderungen müssen sich die Klienten selber auf den Leib schneidern, damit aus ihnen ausführbare Ziele werden. Kraftfeldanalysen können Klienten helfen, die Ausführbarkeit der von ihnen ins Auge gefaßten Ziele zu bewerten und damit die Optionen zu kennzeichnen, für die sie sich entscheiden.

Ziele-Setzen erfordert kontinuierliche Exploration und Herausforderung, wenn die Klienten realistische Optionen entwickeln sollen. Ehe es zum Handeln kommt, sollten Klienten Klarheit über das erlangt haben, was sie erreichen wollen und sich ihrem Ziel tatsächlich verpflichtet fühlen.

Wir kommen jetzt zum zweiten Teil der Arbeit in der Endphase des Beratungsprozesses, dem Handeln.

Handlungen planen

Nachdem Klienten sich für Ziele – d.h. für das *Was* – entschieden haben, müssen sie sich nun mit dem *Wie* befassen. Der erste Schritt beim Planen von Handlungen ist, herauszufinden, wieviele Optionen für ein solches Handeln es überhaupt gibt. Wieder ist hier Brainstorming eine nützliche Technik, bei der Sie als Beraterin mit den Klienten zusammenarbeiten sollten. Es kann sein, daß Klienten ihre Ziele verfehlen, weil sie Gefangene ihrer begrenzten Kenntnisse möglicher Handlungsweisen bleiben. Ich gebe dafür ein Beispiel.

Hanna suchte die Beratung auf, weil sie sich in ihren eigenen Worten »schrecklich fühlte«. Ihr Selbstwertgefühl war gering, sie sah sich als eine unattraktive Frau, der niemand gern begegnen würde. Diese ihre Selbsteinschätzung hinderte sie daran, anderen Menschen nahe zu kommen oder Gelegenheiten wahrzunehmen, die sich ihr sowohl im Privatleben als auch auf der Arbeit boten. Um mehr Selbstvertrauen zu gewinnen, entschied sich Hanna dafür, abzunehmen und körperlich tüchtiger zu werden. Ihre Beraterin fragte sie, wie sie dies anstellen werde. Hanna antwortete:

Hanna: (mit dem Ausdruck eines gewissen Widerwillens) Ich dachte, ich mache eine von den Diätkuren, die in Frauenzeitschriften abgedruckt werden. Vielleicht gehe ich auch in ein Schlankheitsclub.

Beraterin: Das sind zwei Möglichkeiten. Haben Sie noch andere, an die Sie denken?

Hanna: Es gibt ja doch nur einen Weg, um Gewicht zu verlieren, nicht wahr? Iß die Hälfte. Also immer neue Frustrationen!

Beraterin: Ich würde gern wissen, ob es nicht Wege gibt, auf denen Sie Ihre Eßgewohnheiten ändern können,

	ohne daß Sie sich einer rigiden Hungerdiät unterwerfen, die Sie ja offensichtlich nicht besonders schätzen. Vielleicht sollten wir versuchen zu explorieren, welchen Grad von Frustration Sie befürchten.
Hanna:	Mein größter Wunsch ist, daß ich mich einfach wohlfühle und mich nicht durch den Gedanken terrorisieren lasse, was ich essen darf und was nicht. Was soll ich da bloß machen.
Beraterin:	Ich schlage vor, daß wir alle Wege, an die man denken kann und die helfen könnten, daß Sie Gewicht verlieren, auf eine Liste setzen. Sie können dabei so kreativ sein wie Sie wollen. Wenn wir erst einmal eine Liste von Möglichkeiten haben, können wir sie nacheinander durchgehen und entscheiden, welcher Weg Ihnen am meisten zusagt.

Hier ist Hannas Originalliste:

- Ich gehe auf eine Gesundheitsfarm, um einen guten Start zu haben
- ich schließe mich einem Schlankheitsclub an
- ich binde mir den Mund mit Draht zu
- ich nehme Pillen zur Gewichtsreduktion
- ich mache körperliche Übungen – beispielsweise Schwimmen
- ich faste einen Tag in der Woche
- ich esse, worauf ich Appetit habe, aber ich gebe den Alkohol auf
- ich fange wieder an zu rauchen
- ich beobachte mich selbst und esse nur, wenn ich wirklich hungrig bin.

Hanna ging die Liste noch einmal durch, strich die Sache mit dem Draht vor dem Mund, den Reduktionspillen und dem Rauchen, da diese drei Dinge mit ihren Werten kollidierten; sie strich auch die Sache mit dem Alkohol, weil sie nur wenig trank und das Wenige sehr liebte – sie wollte einfach nicht neue Frustrationen; sie strich auch den Schlankheitsclub, weil sie nicht alte Muster wiederholen wollte und weil das Zusammensein mit Leidensgenossen ihre Frustrationen nur noch steigern würde.

Folgende Optionen blieben als Möglichkeiten übrig:

- körperliche Übungen – beispielsweise Schwimmen,
- sich selber beobachten und nur noch essen, wenn man hungrig ist,
- einmal in der Woche fasten,
- auf eine Gesundheitsfarm gehen, um einen guten Start zu haben.

Hanna entschied sich schließlich dafür, sich selber zu beobachten und zu kontrollieren und körperliche Übungen zu machen. Zusammen arbeiteten sie einen Plan für ein Tagebuch aus und Hanna sagte, daß sie die Zeiten notieren würde, wenn sie das Gefühl hätte, sie wäre hungrig und daß sie auch die damit verbundenen Gefühle und Gedanken aufschreiben würde. Die Beraterin unterstützte auch die Idee mit körperlichen Übungen wie Tanzen oder Yoga, die ihr helfen könnten, in besseren Kontakt mit ihrem Körper zu kommen. Im Verlaufe der Festlegung einzelner Handlungsschritte forderte die Beraterin Hanna heraus zu erforschen, was für sie »Hunger haben« eigentlich bedeutete. Das heißt, sie achtete auf Hannas Gefühle, aber sie forderte deren Vorstellung heraus, daß es nur einen Weg geben würde, das Problem zu lösen.

Der Prozeß der Identifizierung und Entscheidung über passende Handlungspläne verlangt, daß man weiterhin mit den Klienten zusammen exploriert und sie herausfordert. Es gibt Klienten, die gewisse Möglichkeiten des Handelns vermeiden wollen und sich dabei meist auf unbewiesene Glaubenssätze beziehen. Sie befürchten beispielsweise, daß ihre Bekannten sie zurückweisen würden oder sie beziehen sich auf überholte Vorurteile über das, was »man tun sollte« und was nicht, die schon längst nicht mehr der Realität entsprechen.

In dieser Situation werden Sie auch mit Klienten explorieren müssen, wie sie sich selber am Handeln hindern. Wenn Klienten erst einmal wissen, wie sie sich selber behindern, fällt es ihnen meist schwerer, dabei zu bleiben. Dann ist der Weg frei für eine Diskussion, wie sie sich selber solche Versuche verbieten können, die ihre eigene Pläne unterminieren. Da ist beispielsweise ein Klient, der immer wieder zu sich selber sagt, »ich werde das nicht schaffen. Ich werde damit keinen Erfolg haben«. Ihm kann unter anderem dadurch geholfen werden, daß er sich positive Botschaften ausdenkt und sie in Konfliktsituationen zu sich selber sagt.

Es gibt eine Reihe von Techniken, um Klienten zu helfen, aus einer Fülle von Möglichkeiten eine Handlungsweise auszusuchen. Ich habe schon die Kraftfeldanalyse vorgestellt; Kosten-Nutzen-Rechnungen können auch im Hinblick auf die Auswahl von Handlungsalternativen sehr hilfreich sein. Wenn Klienten sich möglicher Hindernisse für ihre Handlungen bewußt sind, befinden sie sich in einer besseren Position, diese Hindernisse entweder zu überwinden oder sich auf andere Optionen zu konzentrieren, die nicht den gleichen Grad von Widerstand erwarten lassen.

Was hindert Klienten am Handeln?

1. *Sie haben nicht die notwendigen Fertigkeiten.* Es wird wenig hilfreich sein, einen Langzeitarbeitslosen aufzufordern, sich einfach erneut zu bewerben. Ein solcher Klient braucht möglicherweise ein Kurz-Seminar in Formen der Selbstpräsentation und des Bewerbungsgesprächs.

2. *Die Handlungen sind mit Risiken verbunden.* Diese Risiken können reale Risiken sein oder auch nur vorgestellte. Ich habe dieses Thema schon behandelt und ich denke weiterhin, daß es wichtig ist, daß Klienten ihre Ängste und ihre Annahmen über mögliche Risiken explorieren. Einige Klienten werden entdecken, daß sie einfach neue und zusätzliche Informationen brauchen; andere werden feststellen, daß die Risiken, die sie im Kopf haben, mit ihrer Situation überhaupt nichts zu tun haben. Außerdem kann man Risiken immer noch in einer Skala zwischen »hoch« und »niedrig« einordnen und ihnen damit einen Teil ihres bedrohlichen Charakters nehmen.

3. *Die Handlungen sind mit Zwängen verbunden.* Viele Klienten sind in ihrem Leben vielen realen Zwängen ausgesetzt und es ist wichtig, daß wir diese Zwänge anerkennen und sie gemeinsam explorieren. Aber es gibt selbstverständlich auch eingebildete Zwänge.

4. *Die Belohnungen für die Handlungen werden als nicht groß genug angesehen.* Ein Teil des Handlungsplanungsprozesses besteht darin, Klienten zu helfen, ein eigenes Belohnungssystem

für sich selber zu finden, das unabhängig von anderen ist. Und wir müssen Klienten helfen, sich zu entscheiden, ob sie den Preis für das Risiko und den möglichen Gewinn als angemessen für sich ansehen.

5. *Klienten wollen einen perfekten Handlungsplan.* So etwas gibt es selbstverständlich nicht. Alle Schritte zur Veränderung enthalten Risiken und kein Plan ist wirklich narrensicher. Klienten muß man dennoch helfen, die Risiken zu identifizieren und Optionen zu entdecken, um sie zu minimieren.

Handeln. Um Handlungen in Gang zu bringen, müßten die Klienten eigentlich die folgenden Schritte unternehmen:

1. *Ein passendes Belohnungssystem entwickeln.* Mit »passend« meine ich eins, das mit den Werten der Klienten übereinstimmt, sowohl adäquat als auch realistisch ist und den Handlungsplan nicht unterminiert. Ein Klient beispielsweise, der den Alkoholkonsum kontrollieren will, sollte nicht ermutigt werden, sich durch die Teilnahme an einer Weinprobe zu belohnen.
Belohnungen helfen Klienten sowohl überhaupt zu handeln als auch ihr Engagement am Plan aufrecht zu erhalten. Belohnungen sind meistens symbolischer Natur. Berater können Klienten dadurch belohnen, daß sie wahrnehmbare Veränderungen thematisieren und loben und neue positive Verhaltensweisen kennzeichnen. Tagebücher können hilfreich sein, um den Fortschritt zu markieren. Eine Liste dessen, was sie schon erreicht haben, ist oftmals für Klienten eine Belohnung, die durch eine Phase großer Versuchungen gehen. Einer Klientin wurde geraten, alle positiven Kommentare aufzuschreiben, die sie über die Woche erfahren hatte. Als sie die komplette Liste dieser Kommentare durchging, fiel es ihr wesentlich schwerer, sich wie bisher als eine dumme Gans zu bezeichnen.

2. *Schaffen Sie sich ein unterstützendes Netzwerk.* Solange Berater die einzige Unterstützung im Veränderungsprozeß von Klienten sind, sollten sie dies zum Gegenstand der Beratung machen. Die Unterstützung durch Freunde, durch die Familie, durch Arbeitskollegen ist für jeden Klienten von großer Bedeutung, der Änderungen wünscht. Unterstützungssysteme ermutigen dadurch,

daß sie sowohl praktische Hilfen als auch Belohnungen erteilen. Sie sind auch Gelegenheiten, um Informationen zu geben und zu bekommen, Probleme zu erörtern und damit der Vorstellung mancher Klienten entgegenwirken, sie seien isoliert. Es ist nichts Ungewöhnliches, wenn Klienten sich verängstigt fühlen, sobald sie das erste Mal neue Verhaltensweisen erproben. Es mag auch möglich sein, daß sie nach einer Anfangsphase den Enthusiasmus für die Weiterführung ihres Handlungsplanes verlieren. Mit ihnen herauszufinden, was und wer ihnen dann helfen könnte, wenn sie sich ängstigen oder wenn sie das Gefühl haben, sie müßten aufgeben, kann eine große Hilfe sein, um bei der Stange zu bleiben. Sie werden in dieser Situation auch mit ihren Klienten darüber reden, welche Unterstützung und welche Ermutigung sie von ihnen erwarten.

Handlungen evaluieren und Veränderungen aufrechterhalten

Eine Kernfrage dieser Phase im Beratungsprozeß ist es, ob das ursprüngliche Problem der Klienten durch ihr Handeln gelöst worden ist. Ist dies der Fall, dann können der Klient und Sie eine Beendigung der Beratung ins Auge fassen. Ist es nicht der Fall, würde es für die Klienten notwendig werden zu erforschen, was passiert ist. Es kann sein, daß das Handeln Klienten zu der Einsicht verhilft, daß das Problem, mit dem sie gekommen sind, lediglich ein anderes tieferes Problem markiert hat. Es kann auch sein, daß die Ziele, die Klienten sich setzen, unangemessen sind und deswegen noch einmal neu bewertet werden müssen. Schließlich kann es sein, daß Klienten manchmal ihre Ziele nicht erreichen, weil sie die Zeit für ihr Handeln falsch eingeschätzt haben. Das gilt beispielsweise für den Klienten, der die Beziehung mit seiner Frau zu klären versucht, wenn sie gerade die Kinder ins Bett bringt. Das Abpassen richtiger Zeitpunkte ist oftmals ein ganz wesentlicher Bestandteil erfolgreichen Handelns.

Den Klienten zu helfen, auch künftig sicherzustellen, daß ihre Veränderungen Bestand haben, ist ein allgemeines Charakteristikum der Endphase. Marx (1984) hat eine Reihe von Überlegungen veröffentlicht, die zur Aufrechterhaltung dieses Wandels wichtig sind und mit denen man einen Rückfall in alte und wenig hilfreiche

Verhaltensmuster vermeiden kann. Entscheidend ist sicherlich der Aufbau eines unterstützenden Netzwerkes. Aber Sie werden Klienten auch helfen,

1. *Situationen zu erkennen, in denen es wahrscheinlich ist, daß sie in ihr altes Verhalten zurückfallen.* Das mag beispielsweise unter dem Streß am Arbeitsplatz sein oder während der Wochenenden, wenn sie auf sich gestellt sind und sich frei fühlen, zu tun was sie wollen. Wenn sie Zeiten, Orte und Menschen identifizieren können, an denen oder mit denen sie ihr neues Verhalten stabilisieren können, können sie Rückfälle vermeiden, wenn sie merken, daß sie verwundbar sind.

2. *Begleitumstände zu identifizieren, die das »alte« Verhalten neu beleben könnten und diese zu vermeiden.* Ein Klient beispielsweise, der sich entschlossen hat mit dem Rauchen aufzuhören, wird es schwierig finden, weiterhin mit seinen Freunden in die Kneipe zu gehen, wo das Rauchen eine lustvolle Begleiterscheinung zum Trinken ist.

3. *emotionale Kontrolle zu erlernen und zu beobachten.* Klienten fühlen sich manchmal unsicher und ängstlich, wenn sie eine Herausforderung oder Kritik gegenüber ihrem neuen Verhalten erfahren. Sie denken dann, sie geraten außer Kontrolle oder werden von anderen gedemütigt. Wenn Klienten lernen, ihre Gefühle wahrzunehmen (und die Vorteile, die sie begleiten), können sie sich in die Lage versetzen, sie zu kontrollieren und auf ihrer Linie zu bleiben.

Bitte sehen Sie sich das folgende Beispiel an. Alice suchte die Beratung auf, weil sie sich zeitweise unadäquat auf der Arbeit verhielt. Sie beschrieb sich als »kraftlos« und als eine, die »all ihre sozialen Fertigkeiten verliert«.

In der Anfangsphase und der Mittelphase der Beratung lernte Alice, daß ihre Kraftlosigkeit ein Abwehrmechanismus gegen mögliche Angriffe war. Sie fürchtete Kritik, weil diese den Beigeschmack der Herabsetzungen enthielt, die sie als Kind erfahren hatte. Alice setzte sich Ziele, um mehr Selbstvertrauen zu gewinnen und ihre Furcht zu kontrollieren. Sie explorierte, was wohl geschehen würde, wenn sie sich mit Kritik auseinandersetzen müßte, nachdem sie ihre Meinung gesagt hatte.

Alice: Manchmal wird mir schon klar, daß ich mich fürchte. Ich bin dann immer auf der Schwelle, um mich zurückzuziehen, um mich auf diese Weise zu schützen. Wenn ich dieses Gefühl habe, sage ich zu mir selber: »Hör auf damit und hör anderen zu. Du bist kompetent und die anderen können das nicht zerstören. Es ist in Ordnung, wenn andere Leute Dir widersprechen. Das macht Dich nicht falsch oder dumm«. Das hilft mir dabei zu sehen, was wirklich passiert, und nicht das, was ich mir selber einrede.

4. *Ein System interner Belohnung festzulegen.* Selbstlob kann im Zusammenhang mit der Wahrnehmung von positiven Resultaten ein kraftvolles Instrument sein, um Klienten zu helfen, ihr neues Verhalten zu bestätigen. Sich beispielsweise die Fortschritte bei der Gewichtsabnahme, bei der Abstinenz von Alkohol oder Zigaretten aufzuschreiben, kann ein ausgesprochen wirkungsvolles Belohnungsfeedback liefern. Wenn Klienten zögern, dies zu tun, bitten Sie sie, einmal versuchsweise für zwei Wochen die Fortschritte zu protokollieren.

Abschließen

Das Ende ist ein wichtiger Bestandteil des Beratungsprozesses. Er hat sowohl mit Verlusten zu tun als auch mit der Wertschätzung von Erfolgen. Ich möchte mich jetzt mit einigen der Gegenstände befassen, die mit dem Ende zusammenhängen.

Wann soll man enden? Beratung ist, ich erinnere wieder daran – eine Vertragsbeziehung. Das Ende gerät gewöhnlich in Sicht, wenn Klienten das erreicht haben, was sie erreichen wollten oder wenn sie hinreichend gut mit ihren Problemen klarkommen, so daß sie keine weitere Unterstützung brauchen. Beispielsweise hat einmal eine Klientin gesagt:

Ich fühl' mich jetzt viel wohler, wenn ich meinem Partner sage, was ich denke, und ich weiß, daß ich meine neuen Fertigkeiten auf der Arbeit dazu benutze, mit meinen Kollegen direkter zu spre-

chen. Ich habe auch festgestellt, daß ich direkter mit meinem Chef
sprechen kann. Ich mach' das noch nicht so gut, wie ich es gern
möchte, aber ich glaube, ich bin schon ganz zufrieden, mit dem,
was ich erreicht habe. Ich denke, wir könnten jetzt aufhören.

Das Ende planen. Eine der unterscheidenden Charakteristika der
Beratungsbeziehung ist ihre passagere Natur. Von vornherein ist
alle Arbeit mit den Klienten darauf gerichtet, sie an einen Punkt zu
bringen, jenseits dessen sie keine Notwendigkeit mehr fühlen, keinen Wunsch mehr nach Beratung haben. Natürlich können Sie
Klienten daran erinnern, daß die Zahl der im Vertrag festgelegten
Sitzungen noch nicht erschöpft ist. Sie könnten beispielsweise sagen: »Ich weiß wohl, daß wir noch diese und eine weitere Sitzung
der sechs Sitzungen haben, die wir ursprünglich im Vertrag festleg-
ten. Ich denke, wir sollten sie benutzen, um uns noch einmal das
anzusehen, was Sie bisher erreicht haben und eventuell auch Optionen für spätere Sitzungen diskutieren, wenn Sie solche wünschen sollten.«
Das Ende muß geplant werden. Es ist selbstverständlich nahe,
wenn Klienten signalisieren, daß sie erreicht haben, was sie erreichen wollten. Dennoch braucht man noch einmal angemessene
Zeit, um zu explorieren und Gefühle auszudrücken, was dieses
Ende bedeutet und was das Ende der Beratungsbeziehung bedeutet. Klienten haben in der Zeit, in der sie mit Ihnen zusammen
waren, mehr von ihren geheimen Wünschen und Ängsten ausgesprochen, als möglicherweise jemals zuvor in ihrem Leben. Sie
haben sie »gehalten«, wenn sie intensiv Gefühle ausgedrückt haben
und Sie haben Seiten ihrer kleinen Person gesehen, die sie unakzeptabel gefunden haben. Das Ende der Beratungsbeziehung mag
die Erinnerung an andere schmerzliche Erfahrungen wachrufen,
mit denen sie vielleicht bisher nicht fertiggeworden sind. Ich gebe
dafür ein Beispiel. Ken ist ein junger Mann, der sich entschieden
hat, die Beratung zu beenden.

Beraterin: Nächste Woche wird unsere letzte Sitzung sein und es
    würde mich interessieren, was für Gedanken und Ge-
    fühle Sie dabei haben?
Ken: Och, nicht so sehr viel. (Schaut auf seine Füße) Ist
    eben das Ende, nicht wahr. Das ist doch so?

Beraterin: (versucht einen Hinweis) Ich möchte eigentlich ganz gern wissen, was gewöhnlich in Ihrem Leben an solchen Endpunkten passiert?

Ken: (lacht) Nichts! Weil ich sie vermeide!

Beraterin: Ich glaube, ich werde unsere Sitzungen missen.

Ken: (in Tränen) Das ist es doch, warum ich sie vermeide. Es macht mich so traurig.

Die Beraterin ermutigt Ken, seine Traurigkeit auszudrücken. Zu Beginn der Beratung hatte er ein schlechtes Selbstbild und eine niedrige Selbsteinschätzung. Sein Wunsch, sich nicht mit dem Ende zu beschäftigen, hatte mit seinem alten Glauben zu tun, er sei zu unwichtig, als daß er vermißt werden müsse. Er hatte sich deshalb entschieden, auch andere nicht zu vermissen.

Die Klienten sensibel für die Möglichkeit machen, daß Gefühle von Trauer und Verlust auftauchen können. Klienten haben vielleicht nicht erwartet, schmerzhafte Gefühle am Ende einer Beratungsbeziehung zu erleben. Sie darauf aufmerksam zu machen, eröffnet die Möglichkeit, daß sie sich selber diese Gefühle zugeben und daß sie sich darauf vorbereiten, was geschehen wird. Ich will damit nicht sagen, daß Klienten traurig sein *sollen* und daß ihnen etwas fehlen würde, wenn sie es nicht wären; sondern nur, daß einige Klienten, besonders solche, die Schwierigkeiten haben, ihre Gefühle auszudrücken, sich freier fühlen werden, diese Gefühle zu sagen, wenn vorher darüber gesprochen worden ist. Sie könnten beispielsweise folgendes sagen:

Beraterin: Ich merke jetzt, daß wir gar nicht darüber gesprochen haben, wie Sie sich jetzt fühlen.

Klient: Ich fühle mich ok. Ich habe es, glaube ich, richtig gemacht, ich habe jetzt vielmehr Selbstvertrauen. Und ich schließe neue Freundschaften. Mein Leben scheint mir freier geworden zu sein.

Beraterin: Sie klingen auch viel stärker. Ich möchte nur wissen, ob es darauf so etwas wie ein Gefühl der Trauer gibt bei diesem Ende?

Klient: Ich bin mir nicht bewußt, daß ich mich traurig fühle (Pause). Obwohl es mir wirklich merkwürdig erscheint, nicht mehr hierher zu kommen.

Seien Sie offen für negative Gefühle. Nicht alle Beratungsbeziehun-
gen enden damit, daß die Klienten ihre Arbeit abgeschlossen und
ihren Vertrag erfüllt haben. Einige Klienten werden frühzeitig aufhören, weil sie glauben, daß wir ihnen nicht helfen. Es ist auch gar
nicht möglich, daß wir jedem Klienten helfen können, der durch
unsere Tür kommt. Einige werden sich unseren Bemühungen widersetzen, unabhängig davon, wie gut wir gearbeitet haben. Aber
auch Berater machen Fehler. Sie können nur ihr Bestes geben mit
den Fertigkeiten und dem Wissen, das sie besitzen, können dabei
sicherstellen, daß Sie selber gute Supervision haben, um ihre Arbeit
zu unterstützen. Dennoch ist es manchmal hart, negatives Feedback von Klienten über ihre Erfahrungen mit Ihrer Beratung ent-
gegenzunehmen. Folgende Leitlinien mögen Ihnen in solchen Situationen eine Unterstützung sein:

1. Bieten Sie Klienten an, ihnen bei der Suche nach einer anderen
   Beratung zu helfen. Es kann sein, daß sie mit einem anderen
   Berater besser klarkommen, der ein unterschiedliches Ziel und
   einen anderen Beratungsansatz hat;
2. benutzen Sie Ihre eigenen reflektierenden Fertigkeiten, um
   die Enttäuschung oder die Wut Ihrer Klienten zu akzeptieren;
3. geben Sie Feedback über das, was Sie fühlen, aber vermeiden Sie
   dabei Ihrerseits, Klienten zu beurteilen;
4. beschreiben Sie konkret, was Ihrer Meinung nach passiert ist
   und was Ihr Anteil daran war. Auf der anderen Seite denke ich
   nicht, daß wir die ganze Verantwortlichkeit dafür tragen, daß die
   Klienten es nicht geschafft haben, die Veränderungen zu erreichen, die sie wollten;
5. respektieren Sie das Recht Ihrer Klienten zu tun, was sie tun. Sie
   können denken, daß die Klienten noch viel Arbeit vor sich
   haben und daß Sie ihnen in diesem Augenblick noch nicht raten
   würden, die Beratung abzubrechen. Aber Klienten haben das
   Recht, sich anderweitig umzusehen und zu entscheiden, was sie
   für sich am besten finden;
6. wenn es angemessen ist, zeigen Sie Ihren Klienten, was Ihrer
   Meinung nach die positiven Schritte sind, die sie während der
   Beratungszeit gemacht haben.

Blicken Sie auf den Lernprozeß zurück. Das Ende bietet immer eine Möglichkeit, die Klienten, ihr Lernen und ihre Entwicklung rückblickend einzuschätzen. Versuchen Sie sicherzustellen, daß dieser Rückblick nicht als ein Abschlußtest wirkt. Ward (1984) hat folgende Leitlinien vorgeschlagen, um Klienten zu helfen, auf diese gemeinsame Reise zurückzublicken:

1. Fragen Sie Ihre Klienten, wo sie zu Beginn des Beratungsprozesses waren und vergleichen Sie das mit dem, was sie jetzt tun. Setzen Sie das neue Verhalten in Beziehung zu dem Vertrag, den sie mit Ihnen gemacht haben und ermutigen Sie sie, ihre Fortschritte in einem positiven Licht zu sehen. Sagen Sie ihnen auch Ihre Wahrnehmungen darüber, wie sie sich verändert und entwickelt haben. Stellen Sie sicher, daß dieses Feedback konkret ist und Schwerpunkte enthält.
2. Wenn Sie Ihre Arbeit auf Band aufgenommen haben, können Sie eine Passage vorspielen, die das neue Denken und die neuen Einsichten Ihrer Klienten widerspiegelt.
3. Besprechen Sie auch, was im Verlauf der Beratungssitzungen von besonderer Bedeutung war oder kritische Punkte berührte;
4. Schauen Sie auf die Zukunft und verwenden Sie einige Zeit darauf zu diskutieren, wie die Klienten ihr neues Verhalten benutzen könnten, um mit ähnlichen Problemen fertigzuwerden.

Zusammenfassung

Die Endphase konzentriert sich typischerweise auf Handlungen und Ritualisierung des Abschlusses. Auf der Basis neuer Einsichten, die in den Herausforderungen der Mittelphase gewonnen wurden, werden Ziele gesetzt. Sie sind das »Was«, das Klienten erreichen wollen.

Diese Ziele sollten, um realistisch zu sein, innerhalb der Reichweite der Ressourcen Ihrer Klienten liegen und klar und konkret aussagen, wie die Situationen aussehen, die das Ergebnis bestimmen sollten. Handlungspläne werden auf der Basis dieser Ziele, die die Klienten gewählt haben, entwickelt. Sie geben präzise an, »wie« Klienten ihre Ziele erreichen wollen.

6. Eine Fallstudie

Hauptperson dieser Fallstudie ist ein Klient, den ich Gerry nenne. Ich gebe zunächst die Informationen über ihn, die ich während der ersten beiden Sitzungen bekommen habe. Die Fallstudie spiegelt die Arbeit von insgesamt zehn Sitzungen wider. Ich habe mich dabei auf die Passagen konzentriert, die ich für wesentliche Aspekte im Rahmen des Modells halte, das ich in diesem Buch vorgelegt habe. Ich habe in die Fallstudie die Überlegungen einbezogen, die ich als Beraterin zwischen den Sitzungen angestellt habe und meine Planungen für die jeweils nächsten Sitzungen.

Gerry war 30 Jahre alt. Er hat die Schule mit 18 verlassen und hat die fachgebundene Hochschulreife erlangt. Danach hat er in einer Reihe von Jobs gearbeitet, beispielsweise als Pflegehelfer in der Altenhilfe. Kurze Zeit arbeitete er in einer großen Psychiatrischen Klinik, als Verkäufer in einer Firma am Ort und als Lastwagenfahrer. Gegenwärtig macht er Büroarbeit für eine Wohlfahrtsagentur. Seit zwei Jahren hat er eine Partnerin, Anna, die gerade ihre Ausbildung als Beschäftigungstherapeutin abgeschlossen hat und in einem großen örtlichen Krankenhaus arbeitet. Gerry hat sich für die Beratung entschlossen, weil er seit Monaten zunehmend das Gefühl hat, launisch und irritierbar zu sein. Er und Anna haben sich häufiger miteinander gestritten und er ist darüber sehr unglücklich. Anna hat kürzlich an einem Workshop über Beratung teilgenommen und während eines Streites hat sie wütend zu ihm gesagt, er solle auch einmal in die Beratung gehen, um wieder mit sich selber ins Reine zu kommen.

Sein ursprünglicher Kontakt zur Beraterin lief über das Telefon. Die Beraterin fragte ihn kurz, worüber er sprechen wolle und bot ihm Informationen über ihre Art und Weise der Beratungsarbeit an. Gerry sagte ihr, daß er deprimiert sei und ein Beziehungsproblem habe. Sie fragte ihn konkret, ob es etwas gäbe, das er vorab mit ihr klären möchte. Sie legten einen Termin für eine Probesitzung fest. Die Beraterin erklärte, daß sie es lieber habe, wenn zunächst einmal beide die Möglichkeit hätten, sich kennenzulernen, um danach zu entscheiden, ob sie zusammenarbeiten wollten oder nicht.

Erste Sitzung

Das vorläufige Ziel der Beraterin in dieser ersten Sitzung war es, eine Beratungsbeziehung mit Gerry anzubahnen. Sie konzentrierte sich darauf, ihm zuzuhören und mit Verständnis auf seine Anliegen und die Art und Weise, wie er sie sah, zu reagieren. Um dies zu tun, machte sie beträchtlichen Gebrauch vom Paraphrasieren und von Statements. Sie folgte der von ihm eingeschlagenen Linie und ermutigte ihn zu sagen, was für ihn wichtig sei. Gleichzeitig achtete sie während der ganzen Sitzung auf Muster und Leitthemen und formulierte vorläufige Hypothesen.

Beraterin: Hallo Gerry! Bitte, nehmen Sie Platz (zeigt auf einen Stuhl).

Gerry: Danke (schaut direkt auf die Beraterin und lächelt. Sie bemerkt, daß er mit den Fingern auf seinen Oberschenkeln spielt. Sie fragt sich, was er wohl denke. Sie entscheidet, zunächst einmal die Initiative zu ergreifen und ihn zu ermutigen anzufangen).

Beraterin: Sie haben mir am Telefon gesagt, daß Sie sich in letzter Zeit deprimiert fühlten und daß Sie sich Sorgen über Ihre Beziehung zu Ihrer Partnerin machen.

Gerry: Ja. Das ist es. Aber ich bin nicht sicher, wo ich beginnen soll. Ich hab' mir das natürlich alles vorher überlegt. Aber jetzt weiß ich doch nicht, wo ich anfangen soll. In meinem Kopf ist alles durcheinander. Vielleicht ist in meinem Leben alles durcheinander. Manchmal denke ich, da gibt es nichts mehr, was am rechten Platze ist. Aber vielleicht gibt es Dinge, die Sie über mich wissen möchten und Fragen, die Sie mir stellen wollen!

Beraterin: (nickt) Ja, ich würde gern wissen, was im Augenblick

189

in Ihrem Kopf an erster Stelle steht. (Beraterin widersteht der Einladung von Gerry, weil das für die Sitzungen eine Struktur festlegen würde, die der Beraterin mit ihrem Fragerecht die Kontrolle über die Richtung der jeweiligen Sitzung überlassen würde. Auf der anderen Seite möchte sie helfen zu beginnen. Sie benutzt deshalb ein Statement (eine etwas verhüllte Form der Frage), um ihn zu veranlassen, mehr über sich zu sagen.

Gerry: (mit einem etwas schiefen Lächeln) Na ja, meine Stimmungen wechseln. Und das ist in den letzten sechs Monaten oder so immer schlimmer geworden. Ich wache manchmal morgens auf und fühle mich schrecklich. Ich verstehe das nicht. Ich sage mir selber, daß das lächerlich ist und daß ich mich einfach da rausholen sollte und daß das Leben im Grunde doch gar nicht so schlimm ist. Ich glaube, das ist, warum ich hier bin.

Beraterin: Sie fühlen sich immer elender und geben sich selber dafür die Schuld (paraphrasiert und lenkt den Schwerpunkt auf Gefühle).

Gerry: Ja. Ich sitze da und warte, was mir noch alles widerfahren wird. Man hat mir schon immer gesagt, ich sei launisch. Aber in letzter Zeit ist es immer häufiger in richtig depressive Stimmungen umgeschlagen. Ich wache morgens auf und frag' mich, was das wieder für ein schrecklicher Tag werden wird. Das mag komisch klingen, aber ich kann nicht auf etwas Konkretes hinweisen und sagen, daß ich mich so und so fühle, weil das und das passiert ist. Ich verstehe selber nicht, was mir geschieht. Je mehr ich versuche, wieder fröhlich zu sein, um so schlimmer wird es. Gestern morgen dachte ich, »heute will ich einen guten Tag haben«. Aber bis zum Mittagessen fühlte ich mich wieder schrecklich.

Beraterin: Das klingt so, als würden Sie von Ihren Gefühlen abhängen. Ist es das? (Beraterin paraphrasiert, um ihr Verständnis zu zeigen und gleichzeitig, um zu prüfen, ob sie richtig verstanden hat).

Gerry:	Ja, und ich hasse Gefühle wie diese!
Beraterin:	Wie, welche?
Gerry:	Na ja! Am Ende! Am Boden! So, daß ich jedem anderen ausweichen möchte! Traurig und nur darauf aus, von allem und jedem wegzukommen! Ich glaub' nicht, daß Anna es noch sehr lange mit mir aushalten wird. Es ist nicht sehr lustig für sie.
Beraterin:	Oder für Sie, denke ich mir. Sie klingen sehr erschöpft und unglücklich. (Sie möchte den Focus wieder auf Gerry lenken und herausfinden, was er fühlt.)

Die Beraterin hätte gern gewußt, wer Gerry »launisch« genannt hat. Aber sie entscheidet sich, diesen Punkt noch nicht zu erfragen. Denn sie denkt, eine solche Frage würde ihn wieder in der Diskussion auf andere lenken, und sie möchte ihn im Augenblick ermutigen, von sich zu sprechen. Gerry fährt damit fort zu sagen, welche Angst er hat, daß Anna ihn verläßt. Er spricht über ihre Beziehung und sagt, obwohl Anna unabhängig sei und ihre eigene Berufskarriere mache, verlasse sie sich trotzdem auf seine Unterstützung. Die Beraterin bemerkt, daß er etwas ärgerlich klingt, als er das sagt. Er sagt, daß er sie liebe, daß er aber ihrer Gefühle und ihres Engagements für ihn nicht sicher sei. Seit sie zusammen wären, wäre sie zunehmend in ihrer Ausbildung und ihren neuen Beruf eingebunden gewesen. Er hat eine Menge der häuslichen Arbeiten gemacht. Beispielsweise hat er das Waschen und das Einkaufen an Wochenenden übernommen, er ist auf ihren Erfolg stolz und fügt hinzu, daß ihm ihr Enthusiasmus für die Arbeit manchmal ein bißchen überzogen vorkommt.

Beraterin:	Ein bißchen überzogen (Wiederholung, um Gerry zu ermutigen, konkreter zu werden).
Gerry:	Ja. Sie redet viel davon und fragt mich immer wieder, was ich davon halte, was sie macht. Sie redet über Leute, die ich nicht kenne und die mir nichts sagen. Es freut mich natürlich, daß sie so gut drauf ist und daß sie einen Job hat, den sie wirklich mag, aber manchmal ... Na ja! Sie wissen, wie das ist. (Hebt die Schultern)
Beraterin:	Sie finden ihren Enthusiasmus schwer zu ertragen,

wenn Sie sich selber unglücklich fühlen, ist es das? (Sie entscheidet sich, Gerry herauszufordern, indem sie das ausdrückt, was er möglicherweise implizit gesagt hat, obwohl es für dieses Stadium der Beziehung vielleicht noch zu früh ist.)

Gerry: Ja! Sie hat keine Ahnung, wie es ist, wenn man selber nicht den Job hat, den man möchte. Und wenn man nicht weiß, ob man ihn jemals kriegen wird! Ich mache immer noch diese langweilige Büroarbeit. Ich sehe für mich noch nicht den Anfang einer Karriere oder auch nur ein bißchen Befriedigung. Man kann doch nicht immer nur rumspielen, nicht wahr!

Beraterin: Sie klingen pessimistisch über Ihre Zukunft. Und ich weiß nicht, wie Sie bis jetzt immer nur »rumgespielt« haben. (Beraterin paraphrasiert und endet mit einer verkappten Frage, um ihn zu ermutigen, konkreter zu werden.)

Gerry stimmt zu, daß er pessimistisch ist. Er erklärt, wie er von Job zu Job gesprungen ist in einem Versuch, etwas zu finden, was ihm wirklich zusagt. Er ist nicht mehr sicher, ob er wirklich noch einmal eine Arbeit finden wird, die ihn herausfordert und ihm Abwechslung bringt und es klingt, als ob etwas mit ihm nicht in Ordnung sei. Er charakterisiert sich mit Ausdrücken wie:»ich bin wankelmütig« und »ich habe eine Grashüpfer-Mentalität«. Er sagt, er *sollte* an seiner Karriere arbeiten. Das ist es, was seine Familie von ihm möchte und was er selber von sich erwartet. Er beschreibt seine ältere Schwester als eine Enttäuschung für seine Eltern. Die Beraterin entscheidet sich, gegenwärtig den Faden der Schwester nicht aufzugreifen, weil sie den Focus weiterhin auf Gerry richten möchte. Sie bemerkt, daß er unglücklich aussieht, während er spricht und lädt ihn ein, sich auf seine eigenen Gefühle zu konzentrieren.

Beraterin: Sie wirken traurig in der Art und Weise, wie Sie reden. (Paraphrase, um Gerry zu helfen, seine gegenwärtigen Gefühle auszudrücken.)

Gerry: Ja. Ich kann mir einfach nicht vorstellen, wie ich glücklich sein sollte. Man fühlt sich die meiste Zeit über so nutzlos. Als ob man alles und jeden fallen gelassen hätte. Ich habe noch nichts aus mir selber gemacht. In der Schule hatte ich das Zeug dazu, aber das ist jetzt zehn Jahre her. Und was habe ich jetzt noch in der Hand, um das zu zeigen? Und die ganze vertane Zeit!

Die Beraterin bemerkt, daß er Worte benutzt, die eine Distanz zwischen dem Problem und sich selbst zeigen. Beispielsweise durch das »man«. Außerdem deutet er an, daß er das, was ihm geschieht, als eine Frage von »Glück« und »Pech« begreift. Sie vermutet, daß er glaubt, daß er wenig Einfluß auf seine Zukunft hat und daß »wertlose Menschen« nicht das bekommen, was sie wünschen. Sie entscheidet, daß sie diese Ideen für künftige Gelegenheiten aufheben wird. Jetzt aber reagiert sie auf Gerry, indem sie weiterhin den Schwerpunkt auf ihn legt und dabei das entsprechende Personalpronomen »Sie« benutzt.

Beraterin: Sie haben einen Blick auf Ihr Leben geworfen und sich selbst gesagt, daß Sie nutzlos sind und daß Ihre Eltern Sie beiseite gelegt haben. Klingt wie eine schmerzhafte Schlußfolgerung.

Gerry: Ja, das ist es. Ich sehe andere Freunde, die Jobs haben und Partner. Ich weiß, daß meine Eltern Enkel haben möchten und ich hab' das Gefühl, daß ich nicht das gebe, was sie sich wünschen. Und dann vor allem habe ich auch nicht den Job, den ich mir wünsche. Ich bin in dem Rennen nach Erfolg zurückgeblieben. Ein paar von den Leuten aus meinem Abgangsjahr in der Schule sind viel weiter als ich, und ich möchte wissen, woran das liegt, daß es für sie so leicht ist, Arbeit zu finden und sich niederzulassen. Ich schaff' das einfach nicht. Das ist, was ich fühle, die meiste Zeit über. Vielleicht (mit einem Lachen) würde meine Lebensgeschichte eine ganze große Serie im Fernsehen abgeben! Ich find' die Idee gar nicht schlecht.

An diesem Punkt wählt Gerry eine humorvolle Ausdrucksweise und hört damit auf, seine Trauer und Frustration auszudrücken.

Die Beraterin denkt, daß er den Humor benutzt, um sich gegen sein Elend zu schützen. Sie entscheidet sich, daß es zu früh wäre, diesen Gedanken auszusprechen. Aber sie möchte Gerry doch wissen lassen, was sie beobachtet hat, und gibt ihm Gelegenheit darüber nachzudenken und zu explorieren, wie er Humor benutzt. Der folgende kurze Gesprächsausschnitt soll dies demonstrieren.

Beraterin: Ich hab' bemerkt, daß Sie das, was Sie über sich sagten, mit einem Scherz beendet haben. (Beraterin benutzt ein Statement, um Gerry zu ermutigen, weiter über sein Verhalten zu sprechen. Aber er wischt es beiseite).

Gerry: Ich mag es zu lachen. Und mein Sinn für Humor hält mich am Laufen. Ich kann gemeinhin den Dingen eine lustige Seite abgewinnen.

Beraterin: Einen Scherz über sich selber zu machen, hilft Ihnen mit der Sache fertigzuwerden, wenn Sie sich enttäuscht oder elend fühlen. (Die Beraterin entscheidet, das zu paraphrasieren, was Gerry gesagt hat. Sie denkt, daß sie ihn in künftigen Sitzungen einladen wird, weiter zu explorieren, wie er Humor benutzt, um schmerzliche Gefühle fernzuhalten. Im Augenblick scheint er noch nicht so weit zu sein, daß er ihr gegenüber zeigen könnte, wie verletzt er ist.)

Die Sitzung dauert noch 15 Minuten und die Beraterin entscheidet, das Ende zu signalisieren und in Richtung auf einen Arbeitsvertrag zu arbeiten.

Beraterin: Wir haben noch 15 Minuten und ich möcht' gern wissen, wie Sie sich jetzt im Hinblick auf das fühlen, was Sie mir wegen Ihres Anliegens erzählt haben.

Gerry: Gut ... Ich hab' mir vorgestellt, ehe ich hierher kam, daß Sie bei vielen Sachen einfach lachen würden oder so was. Ich bin erleichtert, daß Sie es nicht getan haben und ich bin überrascht, wieviel ich gesagt habe. Ich hab' Sachen gesagt, die ich sonst nicht sehr oft zugebe, so wie, daß ich mich nutzlos fühle und traurig.

Beraterin: Es freut mich, daß Sie etwas von dem gesagt haben, was Ihnen durch den Kopf geht. Es ist mir aber auch bewußt, daß wir nicht speziell von den Dingen gesprochen haben, die Sie für sich selber erreichen wollten – was Sie ändern wollen als ein Resultat der Beratung.

Gerry: Ich möchte nicht so elend sein und solche schrecklichen Gefühle über mich selber haben. Ich denke, das wollen die meisten anderen Leute auch – glücklicher zu sein.

Beraterin: Und wenn Sie glücklicher wären, was würde dann in Ihrem Leben passieren? (Lädt zu einer Kontrastierung ein)

Gerry: Ich hätte den Job, den ich wollte und ich hätte bessere Gefühle über mich.

Beraterin: Bessere Gefühle über Sie meint ... (Beraterin lädt Gerry ein, konkreter zu werden.)

Gerry: Ich würde mich sicherer fühlen. Ich würde mich gleichwertiger fühlen und erfolgreich. Ich würde mich nicht so ängstlich fühlen, Anna zu verlieren.

Beraterin: Und was denken Sie über die Beratung und die Arbeit mit mir?

Gerry: Gut. Wie lange denken Sie, werden wir brauchen?

Beraterin: Ich denke, daß wir zunächst einmal einen Vertrag über sechs Sitzungen machen und dann einen Rückblick versuchen und uns die Optionen für weitere Sitzungen freihalten, wenn Sie sie wollen. Wie klingt das in Ihren Ohren?

Gerry: Oh, ich find' das gut.

Die Beraterin nennt ihr Honorar und spricht über die Zahlungsweise im Falle von Sitzungen, die gestrichen worden sind:

Beraterin: Ich werde Sie normalerweise für Sitzungen belasten, die Sie nicht innerhalb einer Woche im voraus absagen werden.

Als die Sitzung zu Ende ist und Gerry aufsteht, um den Raum zu verlassen, sagt er:

Gerry: Ich vermute, Sie haben eine Menge so elender Leute wie mich. Ist das nicht eine Plage mit dem Problem anderer Leute?

Die Beraterin hat die folgenden Hypothesen:
- Gerry sucht eine Bestätigung, daß er keine Plage und kein Langweiler ist.
- Er möchte für die Beraterin etwas besonderes sein und nicht einer aus einer langen Reihe von sich elend fühlenden Leuten.
- Er möchte Bestätigung haben, daß seine Anliegen nichts Außergewöhnliches sind und daß andere Klienten ähnliche Probleme haben.
- Er möchte wissen, ob die Beraterin genügend Expertin ist, um mit so einem wie ihm zu arbeiten.

Auf der Basis dessen, was Gerry gesagt hat, entscheidet die Beraterin, seine Frage als eine Bitte um Verständnis und Akzeptanz zu interpretieren. Sie antwortet:

Beraterin: Es hat mich interessiert, was Sie mir heute mitgeteilt haben. Ich denke, wir könnten zusammenarbeiten und ich denke, daß Sie das Zeug dazu haben, die Veränderungen wirklich durchzusetzen, die Sie wollen.

Nach der ersten Sitzung geht die Beraterin noch einmal das durch, was Gerry ihr gesagt hat. Sie benutzt dabei die drei Bereiche Arbeit, Beziehungen und Identität (s. Kapitel 2) und macht die folgenden vorläufigen Einschätzungen.

Identität

Sie glaubt, daß dies für Gerry das Hauptthema ist. Er scheint sich nicht wertzuschätzen. Er scheint nicht zu glauben, daß er eine »wertvolle« Person ist. Die Vermutung der Beraterin ist, daß sein geringes Selbstwertgefühl ihn daran hindert, eine Arbeit zu suchen oder eine Fortbildung zu machen, die für ihn anspruchsvoller ist und ihn weiterentwickeln würde. Das Fehlen dieses Selbstbewußtseins war für die Entwicklung der anderen Bereiche seines Lebens von großer Bedeutung. Die Beraterin bemerkte auch, daß sein 30. Geburtstag möglicherweise ein Katalysator gewesen sein könnte bei dem Wunsch, einen Rückblick auf sein bisheriges Leben zu machen und sicherzustellen, daß seine Zukunft besser werden würde als sein bisheriges Leben.

Beziehungen

Mit anderen. Die Beraterin hatte die Hypothese, daß er nicht genügend Selbstachtung besäße, um in seiner Beziehung mit Anna Gleichwertigkeit zu entwickeln und daß er glaubte, er würde das, was er wollte, eigentlich nicht verdienen. Sie dachte auch, daß Gerry sich in konkurrenzhafter Weise mit Anna verglich. Seine Stimmungen und sein Elend seien vielleicht nicht nur Ausdruck seiner Unsicherheit in seiner Beziehung und seiner Furcht vor Zurückweisung, sondern auch Ausdruck der Tatsache, daß Anna dort erfolgreich war, wo er es nicht war. Er hatte bisher noch nichts über andere Freundschaften gesagt. Aber die Beraterin bekam einige Informationen über seine eigene Familie und ihre Erwartungen an ihn.

Mit der Beraterin. In seinen Reaktionen auf sie, so hatte die Beraterin bemerkt, machte Gerry einen Witz über seine schmerzlichen Gefühle und zeigte keinen Ärger, als er über seine Differenzen mit Anna sprach. Sie fragte sich, ob er mit Anna harmonisiere und deswegen seine Gefühle und Gedanken nicht äußerte, oder ob er mit ihren Vorstellungen im Widerstreit lag. Die Beraterin glaubte, daß die Beziehung zwischen beiden von Bedeutung wäre. Wenn Gerry lernen könnte, ihr zu vertrauen – zu glauben, daß er etwas wert sei und von ihr akzeptiert würde – dann könnte er auch beginnen, sich selber positiver einzuschätzen.

Arbeit

Gerry war mit seinem gegenwärtigen Job offensichtlich unzufrieden. Die Beraterin bemerkte, daß sie wenig Informationen über sein Freizeitverhalten hatte.

Die Beraterin entschied, daß sie in der nächsten Sitzung versuchen würde, ihn zu ermutigen, weiter über seinen Glauben zu sprechen, daß es ihm an Wert fehle und ihn einzuladen, seine Trauer und seine Ressentiments auszudrücken. Sie würde fortfahren, nach Hinweisen zu suchen, die entweder ihre bisherigen Annahmen unterstützen oder entkräften könnten. Zum Schluß würde sie auf eine Gelegenheit warten, um eine Diskussion der Familie und anderer Beziehungen zu eröffnen.

Zweite Sitzung

Die Beraterin beschließt, mit einer »Kreuzweg-Zusammenfassung« zu beginnen, wie sie in Kapitel 3 beschrieben worden ist, um ihr Verständnis der ersten Sitzung zu überprüfen und um sie beide an eine gemeinsame Startlinie zu bringen.

Beraterin: Gerry, wir haben in der letzten Sitzung diskutiert, was Sie über sich selber fühlen. Wir haben auch über Ihre Beziehungen zu Anna gesprochen und darüber, wie Sie von Ihrem gegenwärtigen Job gelangweilt werden. Ich bin daran interessiert zu erfahren, ob Sie mit einer dieser drei Themen fortfahren wollen oder ob es noch andere Probleme gibt, über die Sie sprechen möchten (damit sagt die Beraterin auch, daß sie nicht die Verantwortung für die Tagesordnung der Sitzung übernehmen wird.)

Gerry: Also ich hab' eigentlich ein sehr viel ruhigere Woche gehabt. Es ist schwer zu erklären, aber ich hab' mich in der letzten Woche hoffnungsvoller gefühlt als sonst. Anna und ich haben uns nicht so viel gestritten, das ist auch eine Entlastung. Natürlich ist die Arbeit immer noch schrecklich. Wenn ich darüber spreche, merke ich erst wieder, wie ermüdend sie ist und wie unbefriedigt ich bin. Und wenn ich nichts sage, dann muß ich mich auch nicht mit der Tatsache auseinandersetzen, was für ein elendes Arbeitsleben ich führe.

Beraterin: Es freut mich, daß Sie sich entspannter gefühlt haben.

	Es klingt so, als würde die Sache mit der Arbeit heute im Vordergrund stehen.
Gerry:	Ich will nicht in diesem Job bleiben. Ich hab' mir den Tag heute freigenommen, und als ich aufwachte heute morgen, fühlte ich mich so erleichtert!

Gerry fuhr auf eine sehr energische Weise fort zu reden. Er sagte, daß er mehr vom Leben erwarten würde und daß er denke, daß er auch mehr zu bieten habe. Die Beraterin bemerkt, daß er offensichtlich widersprüchliche Ansichten über sich selber hat, beispielsweise »nutzlos zu sein« und »etwas zu bieten zu haben«. Sie entschließt sich, Gerry zu ermutigen auf diesem Gebiet fortzufahren. Sie glaubt, daß er seine Sichtweise, sich als unwürdig zu betrachten, dadurch aufrechterhält, daß er seine Fähigkeiten und Stärken übersieht oder leugnet. Die Beraterin beginnt Gerrys Selbstbild herauszufordern. Wie ich in Kapitel 4 beschrieben habe, schließt Herausfordern die Hilfe für Klienten ein, ihre Anliegen durch tiefere Exploration neu zu bewerten.

Beraterin:	Ich hätte gern gewußt, was Sie in einem Beruf anzubieten haben. (Die Beraterin benutzt ein Statement. Sie entscheidet sich gegen eine direkte Frage, wie beispielsweise »was haben Sie eigentlich zu bieten?« Sie möchte Gerry auch ermutigen, konkreter und spezieller zu werden. Denn wenn er später einmal Ziele setzen und Handlungen bestimmen will, dann braucht er eine klare Idee über das, was seine Stärken und seine Schwächen sind.)
Gerry:	(nachdenklich) Das ist schwierig. Es klingt so nach Eigenlob. Ich weiß es nicht wirklich.
Beraterin:	Sie wirken verwirrt bei dem Gedanken, positive Dinge über sich zu sagen.
Gerry:	(lächelnd) Ja, es verwirrt mich ein bißchen! Ich weiß nicht recht, es hängt davon ab, was Sie unter Stärken und Fähigkeiten verstehen, nicht wahr?

Die Beraterin empfindet das als Einladung zu einer Diskussion, damit sich Gerry von dem Gegenstand distanziere und vermeiden kann, auf positive Weise über sich zu sprechen. Sie übt einen sanften Druck auf ihn aus.

Beraterin: Was würde wohl ein naher Freund über Ihre Fähigkeiten sagen?

Gerry: (nach einer Denkpause) Nun – ich bin zuverlässig und ich kann hart arbeiten. Ich bin ein guter Zuhörer und ich bin intelligent. Ich hab' das volle Abitur nicht geschafft, weil ich die Schule gehaßt habe und mich lieber draußen rumtrieb. Heute bereue ich das. Was sonst noch ...?
Ich sorge mich um andere und ich bin effizient. In den meisten Jobs, die ich hatte, hätten sie mich gern behalten. In der Regel sagen sie mir, daß ich meine Sache gut gemacht hätte. Ich glaub', das ist es.

Beraterin: Es scheint mir nicht das Portrait einer »nutzlosen« Person zu sein. (Beraterin bietet ihre Perspektive an, um Gerrys Meinung über sich herauszufordern.)

Gerry: Nein, ich glaub' nicht, daß es das ist. Aber so fühle ich mich nun mal – »wertlos«, »nutzlos«.

Beraterin: Das ist, was Sie von sich halten. Aber nun bitte ein paar Gefühle, die diesen Glauben begleiten, Gerry. (Jetzt gibt die Beraterin Gerry eine Direktive. Sie unterscheidet auch zwischen dem Glauben, den Gerry von sich hat, und was er konkret über sich sagt. Sie ermutigt ihn, zu erforschen, welche Gefühle an diesen Glauben gebunden sind.)

Gerry: Ich fühl' mich traurig und beschämt und ich glaube, daß ich Leute fallengelassen habe.

Beraterin: Ich wüßte wirklich gern, wer von ihnen fallengelassen worden ist.

Gerry spricht über die Erwartung seiner Familie an ihn. Er sagt, daß seine Eltern niemals klar ausgedrückt haben, was sie von ihm erwarteten. Aber er weiß, daß sie wollten, daß er »erfolgreich« wäre. Er sagte, daß seine älteste Schwester die Schule nach dem vollen Abitur verlassen habe und einen Tag später geheiratet habe. Seine Eltern waren enttäuscht, weil sie eine akademische Ausbildung ausgeschlagen hatte und weil sie ihren Ehemann nicht mochten. Gerry sagte auch, daß seine Schwester sich gerade von ihrem Ehemann getrennt hätte und daß seine Eltern ausgesprochen besorgt wären. Er unterstrich, daß sie schon immer ein Problemkind gewesen sei und daß die Eltern deswegen alle ihre Hoffnungen an ihm festgemacht hätten.

Beraterin: Und Sie sollen das Verhalten Ihrer Schwester gutmachen. Sie klingen ärgerlich.

Gerry: Ja, bin ich auch. Sie hat immer tun können, was sie wollte – sie hat immer nur an sich selber gedacht. Und ich blieb dann übrig, um die Scherben wieder aufzusammeln.

Beraterin: Ist es das, was Sie eigentlich wollen: Immer nur an sich denken? (Herausforderung durch die Benutzung der Formulierung, die Gerry für seine Schwester benutzt hat und die Übertragung dieser Formulierung – als Schlußfolgerung – auf ihn selber.)

Gerry: (sieht unbehaglich aus) Ja – ich meine, nein, nein! Ich glaub', das ist es nicht. Das ist es doch, was ich von ihr denke! Deshalb glaube ich nicht, daß ich es anstreben kann.

Beraterin: Wenn Sie nicht das tun, was Ihre Eltern von Ihnen erwarten und sie für das Verhalten Ihrer Schwester entschädigen, dann denken Sie in der Tat an sich.

Was hier passiert, ist, daß die Beraterin beginnt, den Glauben von Gerry herauszufordern, daß das, was er eigentlich will, selbstsüchtig sei (»immer nur an sich denken«). Er beginnt einzusehen, daß das, was er will, nicht bedeutet, daß er unverantwortlich oder die Interessen anderer verletzend handeln würde. Gerry fängt auch an zu begreifen, daß er weder sicher ist, was er wirklich von sich erwartet, noch eine klare Idee von dem hat, was seine Eltern tatsächlich von ihm erwarten. Die Sitzung endet mit einem nachdenklich blickenden Gerry.

In dieser Sitzung hat die Beraterin das Selbstbild von Gerry herausgefordert. Als sie ihn mit der Aufgabe konfrontierte, seine Stärken zu benennen, war ihre Absicht, ihm zu helfen, sich in einem realistischeren und deshalb vorteilhafteren Licht zu sehen. Die Beraterin blieb fragend und war nicht direktiv, aber hinterher machte sie sich Gedanken darüber, ob sie nicht in der Sitzung zu viele Herausforderungen für den Bezugsrahmen von Gerry formuliert habe.

Dritte Sitzung

Die Beraterin bereitet sich darauf vor, die negativen Gefühle zu explorieren, die Gerry nach der zweiten Sitzung gehabt haben mag. Aber er beginnt die Sitzung damit, freier über seine Gefühle zu sprechen. Er sagt, er habe sich nach der letzten Sitzung auf schmerzliche Weise klarmachen müssen, wie sehr sein Gefühl für den eigenen Wert von der Meinung anderer Menschen abhängig sei.

Er sagt, daß er ernsthaft darüber nachdenkt, seine Arbeit zu wechseln und möchte mit diesem Thema die Sitzung beginnen. Er hat die Zeitung nach Stellenanzeigen durchgeschaut und zwei Anzeigen gefunden, die ihm interessant zu sein schienen. Er hat geschrieben, um Bewerbungsformulare anzufordern. Die Beraterin beschließt, das zurückzustellen, was sie sich aufgeschrieben hat und ihm mitzuteilen, was sie über die Stellenangebote denkt, die er erwähnt hat.

Beraterin: Beide Jobs scheinen vom Typ der Arbeit und von der Ebene der Arbeit auf einer ähnlichen Linie zu liegen wie Ihr gegenwärtiger Arbeitsplatz. In der letzten Woche haben Sie mir gesagt, daß Sie eine Karriere erstreben, einen interessanten Job, der Sie herausfordert. Sie klingen mir jetzt nicht sehr enthusiastisch. (Sie fordert Gerry heraus, indem sie auf einen offensichtlichen Gegensatz hinweist. Ihre Absicht ist, ihn zu ermutigen, die Art und Weise zu explorieren, in der er sich selber begrenzt.)

Gerry: Ich glaube, das stimmt. Ich glaube, ohne zusätzliche Weiterbildung ist das die Ebene, die ich anpeilen kann. Als ich noch zur Schule ging, wollte ich Jura studieren. Ich hab' die Idee aufgegeben, weil ich den Gedanken an all diesen Lehrstoff nicht ertragen konnte. Vor allen Dingen, nachdem ich am Abitur gescheitert bin. Ich hatte genug.

Beraterin: Und jetzt? (Benutzt eine Frage, um Gerry zu ermutigen, über die Gegenwart zu sprechen.)

Gerry: Also jetzt würde ich gegen Fortbildung nichts mehr haben. Aber es ist jetzt zu spät, nicht wahr? Wie dem auch sei, ich hab' halt die Qualifikation nicht. Es ist schon eine tolle Sache, wie ich mein Leben organisiert habe, nicht?

Beraterin: Ob es für irgendeine Art von Weiterbildung für Sie zu spät ist oder nicht, hängt davon ab, was Sie machen wollen.

Gerry: (schroff) Das weiß ich auch! Ich werde nie einen Job bekommen, für den ich nicht qualifiziert bin! Das liegt doch auf der Hand.

Beraterin: Sie klingen jetzt sehr ärgerlich. (Gerry nickt) Ich hätte gern gewußt, was passiert ist, als ich Ihnen geantwortet habe. (Beraterin benutzt Unmittelbarkeit sowohl um ihren Focus auf die Gefühle von Gerry zu richten als auch um ihn einzuladen, seine Reaktion auf ihre Antwort zu explorieren. Sie möchte im übrigen auch sein Gefühl akzeptieren.)

Gerry: Was passiert ist? Ich weiß es nicht. Ich bin richtig wütend geworden und ich weiß nicht warum.

Beraterin: Und was dachten Sie?

Gerry: Was wissen Sie über menschliches Versagen und darüber, daß man nicht die Art von Leben leben kann, die man eigentlich will. Ich hab' die Schule gehaßt, ich konnte es nicht erwarten, endlich rauszukommen. Haben Sie schon mal versucht, mit einem Internat klarzukommen? Wo alle erwarten, daß Sie es toll finden, wenn Sie es hassen! Meine Eltern haben gesagt, ich könnte ja weggehen, wenn ich es wollte. Aber damit hätte ich mir doch alle Aussichten verdorben. So bin ich halt geblieben und hab' mich mit den Hänseleien der Schulkameraden und dem Heimweh abgefunden. Wissen Sie: Man kann sich an alles gewöhnen!

Beraterin: Als ich sagte, »ich glaube, das hängt davon ab, was Sie machen wollen«, habe ich nicht daran gedacht, daß Sie damals keine andere Wahl hatten und daß Sie auch im Augenblick denken, über keine großen Alternativen zu verfügen.

Der oben zitierte Dialog demonstriert die Benutzung von Unmittelbarkeit als einer Herausforderungsstrategie. Die Beraterin konzentriert sich auf die Art und Weise wie Gerry auf sie reagiert hat, und dies ist eine Weise, um ihn zu ermutigen, seine Glaubenssätze über sich und das Leben zu explorieren.

Gerry kehrt in seine Vergangenheit zurück und sagt, daß er bereits im Alter von 7 Jahren auf ein Internat geschickt worden sei und daß er seine ganze Schulzeit über fort von zu Hause gewesen wäre. Er haßte die Schule und er war hin- und hergerissen zwischen seinem Wunsch, sie zu verlassen und dem Wunsch, seine Eltern nicht zu enttäuschen. Seine Eltern sagten zwar, er könnte zurückkommen, wenn er es wollte, aber sein Gefühl war, daß sie wollten, daß er bliebe. Er erinnerte sich an Briefe seiner Mutter, die voller Sympathie für ihn in seinem Elend waren und die deutlich machten, wie traurig sie war, daß er so unglücklich wäre. Gerry wollte, daß seine Eltern die Initiative ergriffen, die er nicht ergreifen konnte, und ihn von der Schule nahmen. Er hatte das Gefühl, daß er in seinem Elend von den Eltern nicht »erhört« würde. Dieses Gefühl wurde noch dadurch intensiviert, daß er erfuhr, daß seine Schwester ihr Internat ausgesprochen toll fand.

Gerry: Meine Schwester hat das Internat genossen! Sie hatte Freunde, machte bei allem mit und scheint im Rückblick die Schule sogar den Eltern vorgezogen zu haben. Ich hab' sie gehaßt. Eine Zeitlang habe ich mich einfach in der Arbeit vergraben. Das war eine Art, um sich nicht so schrecklich zu fühlen. Die anderen haben gesagt, ich wär' ein Streber. Wenn ich heut noch einmal darüber nachdenke, so wird mir klar, daß ich überhaupt nichts richtig machen konnte. (Mit einem schwachen Lächeln) Ich war solch ein Versager.

Beraterin: Sie sind mit der Schule fertiggeworden; Sie haben Realschulreife bekommen und haben dann ein Gymnasialkurs gewählt. Sie sprechen über sich selber als über einen Versager. Ich denke, Sie gehen sehr schonungslos mit sich um und übersehen das, was Sie erreicht haben. Könnte das stimmen? (Die Beraterin fordert Gerry heraus, indem sie ihm ihre Perspektive nennt. Ihre Absicht ist, ihn zu ermutigen, realistischer auf sich selber zu blicken, auf das, was er erreicht hat

	und dabei die Bewertung seiner Person von der Be- wertung seines Fortkommens zu trennen).
Gerry:	(lacht sarkastisch) Sie meinen, es sei ok, die Oberstufe zu verpatzen?
Beraterin:	(mit ernster Stimme) Ich möchte einen Unterschied machen zwischen dem Verpatzen einer Prüfung und dem Urteil, man sei ein Versager. Daß Sie zehn Jahre lang an etwas festgehalten und hart dafür gearbeitet haben, was Sie nicht mochten, das bedeutet Durch- haltevermögen. Ich respektiere Sie deswegen und ich denke nicht, daß es lustig ist.

Gerry ist mehr als eine Minute schweigsam. Es sieht aus, als würde er nachdenken und seine schließliche Antwort zeigt, daß er zuge- hört hat und die Herausforderung der Beraterin akzeptiert.

Gerry:	Ich habe mich noch nie als jemand begriffen, der eine Sache durchhält. Gut, ich war auf der Schule keiner, der einfach grinst und das runterschluckt, ich war eher einer, der »weint und es runterschluckt«, aber ich hab' nicht aufgegeben. Meine Prüfungen auf der Real- schulebene habe ich gut bestanden, aber ich denke, die Gymnasialebene ist die wichtigere.
Beraterin:	Ich würde überhaupt nicht gegen die Bedeutung re- den, die Sie dem Abschluß der gymnasialen Oberstu- fe beimessen oder Ihnen die Enttäuschung über Ihre schulischen Leistungen ausreden. Ich bin vielmehr daran interessiert, herauszufinden, ob Sie nicht Ihre eigenen Leistungen übersehen und sich auf Ihr Versa- gen konzentrieren. Sie sagen auch, daß es nicht genug sei, auf der Schule zu bleiben, sondern daß Sie die Schule hätten »lieben« sollen. Das klingt mir nach einer starken Zumutung.

Während des Restes der Sitzung explorierte Gerry einige seiner Glaubenssätze, »das sollte ich tun« und »das hätte ich zu tun«. Er glaubte, daß er eigentlich das hätte wollen müssen, was seine Eltern von ihm erwarteten und daß er eigentlich nicht hätte aufgeben sollen. Die Beraterin bot ihm eine andere Perspektive an, und schlug die Vermutung vor, ob nicht einige der kindlichen Gebote ihm in seinem Erwachsenenleben nicht mehr hilfreich sein würden. Einige könnten überholt sein und ihn beschränken. Er begann einzusehen, wie er sich selber durch das Etikett »nutzlos« tyrannisiert hatte. Die Beraterin erinnerte ihn auch, daß er sich entscheiden könne, sich künftig anders zu verhalten.

> *Beraterin:* Als Kind waren Sie von Ihren Eltern abhängig. Heute sind Sie ein Erwachsener und haben die Kraft, sich zu ändern.

Während der letzten drei Sitzungen hatte die Beraterin sich darauf konzentriert zu verstehen, wie Gerry sein eigenes Anliegen sah und hat ihn dabei ermutigt, seine Gedanken, Gefühle und Verhaltensweisen zu explorieren. Sie hatte angefangen, ihn herauszufordern, damit er sich tiefergehend erkundet und war zu der Meinung gekommen, daß die Art und Weise, wie er auf ihre Herausforderungen reagiert hatte, zeigte, daß er begann, sich selber und seine Beziehung zu anderen aus einem anderen Blickwinkel zu sehen.

Die Beraterin dachte, daß die schwierigste Herausforderung darin bestand, ihn zu befähigen, zwischen seinem vergangenen Verhalten (der Haß auf die Schule, das Versagen beim Examen und die Serie unbefriedigender Jobs) und der Bewertung als Person zu unterstreichen. Sie hatte auch seine spezielle Art von Humor herausgefordert, indem sie nicht in sein Lachen eingestimmt, sondern klar gesagt hatte, was sie davon hielt. Die Beratungsarbeit hatte sich zwischen der Anfangsphase einer einleitenden Exploration und der Mittelphase einer Neubewertung der eigenen Sichtweise bewegt. Die Beraterin dachte, daß Gerry inzwischen genügend Vertrauen gefaßt habe, um das Risiko eines Explorierens der fundamentalen Themen seiner Identität auf sich zu nehmen.

Vierte Sitzung

Die vierte Sitzung zeigt, daß es unter bestimmten Umständen möglich ist, in einer Sitzung von der Exploration über die Neubewertung zum Formulieren von Zielen und Handlungsplänen voranzuschreiten. Die Sitzung begann mit einem Kommentar der Beraterin auf Gerrys nichtverbales Verhalten. Er sah gespannt und irritiert aus.

Beraterin: Sie sehen gespannt aus, Gerry.

Gerry: Anna besucht am Wochenende eine Freundin und ich bin nicht eingeladen. Sie geht ohne mich (ärgerlich). Sie hat einfach nicht daran gedacht, daß ich enttäuscht sein könne oder daß sie die Einladung hätte zurückweisen sollen, weil sie nicht ohne mich gehen wollte.

Beraterin: Sie sind ärgerlich, weil Sie draußen gehalten worden sind. (Paraphrasiert, um Verständnis zu zeigen.)

Gerry: (mit flacher Stimme) Ja, bin ich. Ich hab' ihr gesagt, sie hätte gedankenlos gehandelt. Sie sagte, sie wäre nicht dieser Meinung. Ihre Freunde würden mich nicht kennen, warum sollten sie mich also einladen? Ich hab' es dabei belassen, und ich bin heute morgen mit einem schrecklichen Gefühl aufgewacht.

Beraterin: (versuchsweise) Ich bin nicht sicher, ob Sie Anna gesagt haben, wie Ihre Gefühle sind und ob Sie sie gebeten haben nicht zu gehen und ob sie das zurückgewiesen hat.

Gerry: Nein, das war doch offensichtlich. Sie konnte sich an den Fingern abzählen, daß ich aufgebracht war und nicht wollte, daß sie hinginge. Im übrigen ist es doch nutzlos, Menschen Vorhaltungen zu machen, die sich längst entschieden haben, was sie machen wollen. Muß ich denn um alles bitten?

Gerry verhält sich passiv. Er glaubt, daß Anna weiß, was er wünscht und daß er sie nicht mehr beeinflussen kann, wenn sie erst einmal eine Entscheidung getroffen hat. Die Beraterin fordert diese Sichtweise heraus.

Beraterin: (sanft) Gerry, ich kann verstehen, daß Sie verletzt sind, weil sie sich ausgeschlossen fühlen. Ich möchte auch nicht harsch klingen, aber ich würde gern wissen, wie Anna eigentlich wissen konnte, was Sie wollten,

Gerry: wenn Sie es ihr nicht sagen. Macht dieser Einwand irgendeinen Sinn für Sie?

Gerry: (grob) Was ist denn da der Punkt? Es hat doch sowieso keinen Sinn mehr. Sie geht hin und das ist alles. Es sagt sich so schön, »sag' ihr, wie Du Dich fühlst und was Du willst!« Warum sollte ich eigentlich um alles bitten? Ich bin doch ihr Partner. Sie sollten doch langsam rausgefunden haben, wie ich fühle und was für mich wichtig ist. (Er blickt wieder traurig.) Sie verstehen das nicht. Ist eben nicht richtig, was ich hier mache.

Beraterin: Sie schauen wirklich traurig aus. (Konzentriert sich auf Gerrys Gefühl.)

Gerry: (den Tränen nahe) Ich denk' an die Internatsschule. Ich schrieb nach Hause, ich wäre unglücklich und bat darum, nach Hause kommen zu können. Sie schrieben zurück, sie wären sicher, ich würde mich daran gewöhnen.

Beraterin: Und Sie wünschten sich, daß sie kommen würden, um Sie mit nach Hause zu nehmen?

Gerry spricht wieder von der Schulerfahrung und erinnert sich, wie es ihn geängstigt hat, das Elternhaus zu verlassen. Er drückt die Enttäuschung über seine Eltern aus, weil sie ihn nicht verstanden und beschützt haben. Die Beraterin ist sich darüber im klaren, daß Gerry von seiner Vergangenheit spricht. Als er in die Sitzung kam, war er ärgerlich über Anna und fühlte sich von ihrer Entscheidung verletzt, ihn allein zu lassen und das Wochenende bei Freunden zu verbringen.

Beraterin: Gerry, ich wüßte gern, ob Sie eine Verbindung ziehen können zwischen dem, was Ihnen in der Schule passiert und was Ihnen jetzt mit Anna widerfährt? (Fordert Gerry heraus, indem sie ihn einlädt, ein mögliches Muster in seinem Leben zu erkennen.)

Gerry: Sie meinen, daß meine Eltern nicht taten, was ich wollte und daß ich deshalb keinen Sinn darin sehe, jetzt um irgendwas zu bitten?

Beratin: Das Bitten allein bringt es möglicherweise nicht.

Gerry: Na ja, ich hab' auch nicht das Gefühl, ich sollte sie bitten. Sie hat das Recht zu tun, was sie will und Freunde zu besuchen, wenn sie Lust dazu hat. Ich will doch keinen Druck auf sie ausüben. (Beraterin ist sich bewußt, daß Gerry es vermeidet, das zu explorieren, was sie gesagt hat. Sie folgt seiner Linie und wiederholt, was sie gesagt hat.)

Beraterin: Anna zu sagen, was Sie wollen, heißt Druck auf sie ausüben.

Gerry: Aber sicher!

Beraterin: Ich denke mir, wenn man der eine Teil eines Paares ist, dann heißt das, gemeinsame Entscheidungen zu treffen. Es scheint, als wären Sie da anderer Meinung. (Beraterin fordert Gerrys Perspektive dadurch heraus, daß sie seine Sichtweise auf den Punkt bringt.)

Gerry: Nicht wirklich. Ich möchte schon, daß wir Dinge gemeinsam entscheiden, vor allem, was unser geselliges Leben angeht. Aber ich will nicht mit Eisenfüßen einhergestapft kommen und den Tisch umwerfen. Das würde doch auch nichts helfen, oder?

Beraterin: Ich denke, Sie könnten sagen, was Sie wollen, ohne mit Eisenfüßen einherzukommen und den Tisch umzuwerfen.

Gerry: (mit einem Lächeln) Ich will doch nur, daß sie mich ernstnimmt. Das ist alles.

Die Beraterin richtet das Augenmerk Gerrys darauf, daß das Verhalten, über das er die beste Kontrolle hat, sein eigenes Verhalten ist. Er mag Anna beeinflussen, ihr zuzuhören und zu tun, was er möchte, aber er muß es sagen und er muß auf sie eingehen. Die Beraterin fährt fort:

Beraterin: Ich möchte gern einige Wege explorieren, wie Sie Anna sagen können, was Sie wollen und wie Sie sich dabei fühlen. (Die Beraterin beginnt, Ziele von Handlungswegen zu unterscheiden. Gerrys Entscheidung, Anna zu bitten, nicht ohne ihn aus dem Haus zu gehen (Ziel), muß von der Frage unterschieden werden, wie er sie darum bitten kann (Handlung).)

Gerry sagte, daß er auf Anna keinen Druck ausüben möchte, weil er denkt, daß sie ihn dann verlasse. Er sagt, daß einmal zu Beginn ihrer Beziehung, als er weg war, Anna mit einem anderen Mann geschlafen hatte. Er hat Angst, daß Anna ihm über das Wochenende untreu wird. Er glaubt, daß er, wenn er sagt, was er möchte, anderen Macht über sich geben würde. Er sagt, daß ihm, als er klein war, gesagt wurde, Fragen seien rüde und er müsse warten, bis er dazu aufgefordert werden würde. Gerry sagt, daß er deshalb immer noch Angst hätte, um das zu bitten, was er wollte. Die Beraterin bittet ihn, konkret zu sagen, was er denn glaube, was passieren würde, wenn er es täte. Nachdem Gerry seinen Glaubenssatz erst einmal ausgesprochen hatte, war dieser Glaube offen für Explorationen und Modifikationen.

Gerry: Oh! Daß die Leute denken würden, ich würde das nicht verdienen. Wenn sie erst einmal wüßten, was ich wollte, hätten sie die Möglichkeit, mich daran zu hindern, es wirklich zu bekommen.

Beraterin: Ich bin nicht sicher, wer je von ihnen gesagt hat, daß Sie es »nicht verdienen würden« und wer Sie danach daran gehindert hätte, zu bekommen, was Sie wollten.

Gerry: Na, niemand. Aber es kommt doch daher, daß ich sorgfältig vermieden habe, überhaupt erst zu fragen.

Beraterin: Sie haben diesen Glaubenssatz also niemals überprüft. (Fordert heraus, indem sie auf eine Diskrepanz hinweist.)

Gerry: Wenn ich Anna bitten würde, dieses Wochenende nicht wegzugehen, dann würde sie meine Bitte zurückweisen. Und wenn ich sie bitten würde, nicht mit jedem zu schlafen, den sie trifft, dann würde sie sagen, daß ich halt eifersüchtig bin und daß es ihr Leben ist ...

Beraterin: (ist sich bewußt, daß Gerry nicht auf ihr vorangegangenes Statement geantwortet hat) Gerry, woher wissen Sie das?

Gerry: Ich weiß nicht, aber ich glaube, es würde passieren.

Beraterin: Sie haben recht, es könnte passieren. Sie scheinen das, was passieren könnte als etwas zu behandeln, was mit

Sicherheit passieren wird. Macht diese Aussage einen Sinn für Sie?

Gerry: Ja, ich glaube schon. Ich glaube, ich sage ihr auch nicht alles. Ich bedaure es ja dann auch und fühle mich schuldbewußt. Wenn ich sie darum bitte, nicht zu gehen, riskiere ich einfach eine Zurückweisung.

Beraterin: Ich glaube, der Aufbau einer Beziehung und die damit verbundene Notwendigkeit, daß wir uns anderen Menschen öffnen, enthält notwendigerweise Risiken. Sind Sie willens, einige Risiken mit Anna zu übernehmen?

Die Beraterin wies darauf hin, daß die Tatsache, daß jemandem ein Wunsch abgeschlagen wird, ihn noch nicht zu einer wertlosen Person stempelt. Gerry sagte dann, er würde Anna gern sagen, was seine Gefühle seien und was er von ihr möchte. Das ist sein Ziel. Die Beraterin erinnert ihn daran, daß sie sich jetzt mit seinem Verhalten beschäftigt und mit der Frage, wie er sich selber akkurat und besser verständlich ausdrücken kann. Die folgende Gesprächspassage focussiert einen Handlungsplan, der in der Sitzung entwickelt wird.

Beraterin: Wenn Sie sich vorstellen, daß Sie mit Anna sprechen, was werden Sie dann sagen?

Gerry: Hm! Ich werde mit ihr reden, wenn Sie heute nacht nach Hause kommt. Ich werde sagen, was ich Ihnen schon gesagt habe. Ich weiß nicht. Irgend sowas wie »es war unbedacht von Dir, die Einladung ohne mich anzunehmen. Ich habe gedacht, dies sei eine Partnerschaft. Es wäre mir lieber gewesen, Du wärst nicht gegangen«.

Beraterin: Gerry, Sie klingen ärgerlich und vorwurfsvoll. Ich möchte wissen, ob Sie sich auch eine Art vorstellen könnten, Anna zu sagen, was Sie fühlen und was Sie möchten, ohne daß Sie sie als gedankenlos bezeichnen.

Die Beraterin ermutigt Gerry, seine Gefühle auch sprachlich deutlich auszudrücken, indem er Sätze beginnt mit »ich fühle« oder »ich habe das Gefühl« und indem er diese Sätze fortsetzt mit einer klaren Feststellung, was er gern möchte. Gerry probt diese Sätze mehrere Male und erhält Feedback von der Beraterin. Sie diskutieren auch den Zeitpunkt, wann er mit Anna sprechen werde und wie er mit einer Zurückweisung von ihr umgehen werde.

Gerry: Was ist, wenn sie sagt: »Nein! Ich gehe trotzdem!«

Beraterin: Ich denke, das ist eine Möglichkeit, was stellten Sie sich vor, was Sie dann denken und fühlen?

Gerry: Ich weiß nicht. Ich werde wütend sein und enttäuscht.

Beraterin: Und was sagen Sie zu sich selber?

Gerry: Na! ich werde damit leben müssen. Ich finde es nicht gut, aber wie Sie schon gesagt haben, ich kann sie nicht zwingen, das zu machen, was ich möchte. Ich vermute, ich werde denken, wenn sie nicht auf mich hört und das ernstnimmt, was ich möchte, dann ist sie möglicherweise nicht so sehr an unserer Beziehung interessiert wie ich möchte, daß sie es wäre.

Beraterin: Es mag sein, daß Sie beide unterschiedliches von der Partnerschaft erwarten.

Gerry: Und das setzt mich eben ins Unrecht oder macht mich wertlos!

Die Sitzung endete damit, daß die Beraterin erkannte, daß die Frage, ob Gerry in seiner Beziehung bleiben würde oder nicht, etwas sei, was sie mit ihm weiterhin explorieren müsse. Sie empfahl Gerry ein Buch über die Frage, wie man sich besser selber behaupten und durchsetzen könne, das er vielleicht nützlich finden würde.

Die Beraterin geht später für sich selber noch einmal den Ablauf der Sitzung durch. Die Unterscheidung zwischen der Zurückweisung einer Anforderung und der Etikettierung der Personen, die Garry angeboten hatte, schien für ihn eine neue und in gewisser Weise befreiende Perspektive zu enthalten. Er schien zu realisieren, daß Anna, wenn sie sich weigerte zu tun, was er wollte, dies nicht notwendig mit der Einschätzung verband, er sei »wertlos«. Er hatte offensichtlichen Spaß am Rollenspiel und nahm ihr Feedback dankbar auf. In dieser Sitzung hatte Garry offensichtlich einen ersten Schritt von der Exploration hin zum Ziele-Setzen und

Handlungsplanen gemacht. Die Beraterin beschloß auch, daß sie in der nächsten Sitzung die Frage einer Möglichkeit der Beendigung der Beratung thematisieren würde. Der ursprüngliche Vertrag lief über sechs Sitzungen.

Fünfte Sitzung

Garry erschien und sah nachdenklich aus. Für einige Minuten herrschte Schweigen. Die Beraterin entschied sich zu warten, weil es so schien, als brauche er Zeit zum Nachdenken und Ordnen.

Gerry: Ich weiß wirklich nicht, wo ich anfangen sollte. Was hatte ich für eine Woche! Aber ich denke, es wird Sie interessieren zu erfahren, wie ich mit Anna klargekommen bin.

Beraterin: Ja, es würde mich interessieren zu erfahren, was zwischen Ihnen geschehen ist. Aber ich weiß nicht, ob Sie damit beginnen wollen.

Gerry: Ich sagte ihr, worauf ich mich hier im Gespräch mit Ihnen eingelassen habe. Ich glaube, das hat sie sehr überrascht. Dann wurde ich wütend, als sie es ablehnte, auf die Einladung am Wochenende zu verzichten. Sie ist alleine hingefahren, aber sie hat mir angeboten, bis zum Mittagessen am Sonntag zurückzukommen, so daß wir den Nachmittag und den Abend zusammen verbringen konnten. Das hat mir gutgetan, und wir haben eine entspannte Zeit zusammen verbracht. Ich hab' darüber nachgedacht, wie ich es gelernt habe, gar nicht erst um Dinge zu bitten, und über meinen Glauben, daß ich sie doch nicht bekommen würde. Ich hab' mich diese Woche wieder dabei ertappt, daß ich dachte, ich wollte gar nicht erst nach einem neuen Job suchen, weil ich ihn doch nicht bekommen würde. (Garry seufzte und hob die Schultern.)

Beraterin: Ich denke, Sie haben hier eine wichtige Verbindung hergestellt. Eine der Weisen, wie Sie sich selber daran hindern, Ihre Arbeitsplatzsituation zu verbessern, ist, daß Sie sich einreden, Sie würden sowieso nicht das bekommen, was Sie wollen. Ich hoffe, daß dieser Glaube Sie in Zukunft nicht mehr abhält.

Gerry: Das ist eine Aufgabe, die zu schwer ist anzupacken. Ich hab' das Gefühl, ich habe gerade das Schwimmen gelernt, und Sie stoßen mich vom 3-Meter-Brett. Für alle die Jobs, die mir zusagen, fehlt mir die Qualifikation. Und alle Jobs, für die meine Voraussetzungen ausreichen, möchte ich nicht haben.

Beraterin: Sie denken, ich würde Sie drängeln, sich schneller zu bewegen als Sie selber es wollen, ist es das? Es wäre gut, wenn Sie mir das sagen würden. Ich möchte das nämlich gar nicht und Sie müssen sich auch nicht so beeilen. (Die Beraterin macht klar, daß sie Gerrys Reaktion akzeptiert.)

Gerry macht deutlich, daß er sich unter Druck gesetzt fühlt und daß der Gedanken ihn zu schrecken scheint, er müsse sich innerhalb der nächsten zwei Wochen entscheiden, welche Veränderungen er will und wie er sie durchsetzen kann. Die Beraterin stimmt ihm zu, daß eine so folgenschwere Entscheidung wie über einen Wechsel im Beruf wahrscheinlich längere Zeit dauern werde, sie erinnert Gerry an ihren ursprünglichen Vertrag über sechs Sitzungen mit einem Rückblick und der Möglichkeit weitere Sitzungen zu vereinbaren, falls er das wünsche. Sie führt auch aus, daß er die Beratung beenden könne, ohne bereits Sicherheit über einen neuen Job zu haben, aber mit immerhin konkreten Plänen für die Zukunft und mit der Zuversicht, daß er sie umsetzen werde. Er entscheidet sich für weitere vier Sitzungen. Er sagt, daß er sich schon jetzt sicher war, fühle, für sich und seine Zukunft Verantwortung zu übernehmen. Er würde gern die Unterstützung durch weitere Sitzungen in Anspruch nehmen, während er das Problem angeht, den Job zu wechseln. Er fährt fort, über seine Arbeit zu reden, vergleicht sich mit Freunden, deren finanzielle Sicherheit und deren Freude an ihrer Arbeit er beneidet. Er sagt, daß ihm klar wird, daß der Druck, den er empfindet, mit der Furcht zusammenhängt, sich wieder in einem hübschen kleinen, aber bedeutungslosen Job gefangen zu sehen. Die Beraterin bemerkt, daß er verzagt klingt und lädt ihn ein zu sagen, was er denke. In der folgenden Gesprächs-Passage fordert die Beraterin Gerry heraus, um ihm zu helfen, seinen Glauben über ihn selbst näher zu bestimmen und sich mit ihm auseinanderzusetzen.

Gerry: (nach einer Pause) Ich vermute, ich muß nehmen, was ich kriegen kann, meinen Sie nicht auch?

Beraterin: Ich denke, Sie können entscheiden, was Sie wollen, und danach planen Sie, wie Sie es erreichen können.

Gerry: Wenn Sie so etwas sagen, dann werde ich wieder richtig wütend. Ich kann nicht einfach alles kriegen, was ich möchte.

Beraterin: Sagen Sie ein paar Worte über Ihre Wut, Garry. (Beraterin gibt eine Direktive.)

Garry: Es ist schwierig, den Job zu wechseln. Die Bewerbungsgespräche sind schwierig. Ich bin nicht in der Lage, Leute davon zu überzeugen, daß es mir mit dem Wechsel wirklich ernst ist. Sie werden sehr schnell herausfinden, daß ich ein Versager bin, niemand will mich wirklich.

Beraterin: Sie scheinen das zu fürchten, was Sie selber über sich herausfinden könnten. Ist es das?

Gerry: Es ist das, was andere über mich herausfinden könnten. Aber Sie haben in soweit recht, daß es sicherlich auch das ist, was ich an mir selber festgestellt habe. Daß ich kein »Hoffnungsträger« bin, und daß ich versagen werde. Ich kann mir noch so viel Mühe geben, ich muß mich mit der Tatsache abfinden, daß ich eine Niete bin. Das ist es, jetzt ist es heraus!

Beraterin: Und wie fühle ich mich?

Garry: (langsam) Erleichtert, aber auch traurig. Ich glaube, ich habe keine sehr gute Meinung von mir selber.

Beraterin: Und wenn Sie das Risiko auf sich nehmen, einen anspruchsvolleren Job zu suchen oder einen entsprechenden Fortbildungskurs zu machen, dann könnte das Ihre schlimmsten Befürchtungen bestätigen, daß, wie sehr Sie sich auch immer Mühe geben mögen, Sie nie etwas anderes sein werden als einer, der »alle Hoffnungen aufgegeben hat«.

Die Beraterin entscheidet sich, Gerry dadurch herauszufordern, daß sie ihm Feedback gibt, wie sie ihn sieht. Sie sagt ihm, daß sie die Art und Weise, wie er über sich spricht, schätzen gelernt hat. Sie habe auch bemerkt, daß er offener geworden sei und bereiter, bestimmte Risiken auf sich zu nehmen. Sie erinnert ihn ausdrücklich an die Stärken, die er während der ersten Sitzung selber genannt hat und sagt ihm, daß sie überzeugt davon ist, daß er die Kraft hat, sich zu ändern. Sie fährt fort ihn zu fragen, ob er jemals in einem der vergangenen Bewerbungsgespräche versagt hat oder als dumm bezeichnet worden sei. Gerry gibt zu, daß das nie der Fall war, daß er aber eben dies befürchtet. Wieder spricht er von seinem Versagen beim Abschlußexamen in der Oberstufe. Die Beraterin entscheidet sich, ihn durch Bestätigung herauszufordern. Sie sagt, sie denke, er hänge an der Vergangenheit und das sei ein Weg, Risiken für die Zukunft zu vermeiden.

Beraterin: Gerry, ich kann verstehen, daß Sie es immer noch bedauern, beim Examen durchgefallen zu sein. Es scheint mir, daß Sie diese Episode Ihr ganzes Leben verdunkeln lassen. Das dürfen Sie für sich selber nicht zulassen.

Gerry: (wütend) Das ist nicht wahr!

Beraterin: Ich hab' dann also ins Leere getroffen?

Gerry ist für einige Minuten still. Dann antwortet er mit fast tonloser Stimme.

Gerry: Ich glaube, Sie haben recht. Jenes Versagen hat für mich noch immer eine große Bedeutung. Es ist wie eine riesige Ziegelmauer, über die ich nicht klettern kann. Es ist, als ob ich all meine Kraft vergeudet hätte.

Beraterin: Kräfte sind also eine endliche Größe, nicht wahr? Wenn man sie einmal verbraucht hat, dann wachsen sie nicht wieder nach?

Gerry: (lacht) Das klingt nun wirklich absurd!

Gerry ist zu dem alten Thema seines Versagens zurückgekehrt. Jedesmal, wenn er das, was er für sein Versagen hält, exploriert – in der Schule oder später auf Arbeit – beginnt er über Glaubenssätze zu sprechen, die er über sich selber macht, über andere Leute und über das, was in seinem künftigen Leben passieren wird. Jetzt beginnt er allmählich, sich davon zu entfernen und seine bisherige Meinung über sich selber und seine Zukunft in Frage zu stellen. In dem Dialog lädt die Beraterin Gerry ein, Phantasien über Erfolg und Mißerfolg zu explorieren. Er entdeckt, daß er etwas macht, was er selber »Phantasieflüge« nennt, in denen er sich als erfolgreich bei der Arbeit phantasiert als einer, der mit Anna verheiratet ist und mit ihr zusammen Kinder hat.

Beraterin: Was passiert in der Regel in Ihrer Phantasie?

Gerry: Es endet in Elend und Disaster. Ich werde gekündigt oder Anna kündigt mir unerwarteterweise an, daß sie mich verlassen wird. Es ist gewöhnlich, wenn ich von der Arbeit nach Hause komme. (Er hält inne und denkt nach.) Ich finde dann einen Brief von Anna vor, der mir sagt, daß sie weg ist und nicht wiederkommen wird. Ich fühle mich leergebrannt. Es ist, als wäre es das, was ich die ganze Zeit schon erwartet habe. Es ist schwer, das zu erklären. Es ist, als ob ich immer schon gewußt hätte, daß meine schlimmsten Albträume in Erfüllung gehen.

Beraterin: Und dann?

Gerry: Ich fühl' mich wie ausgewrungen und deprimiert und hoffnungslos. Und dann – nichts mehr – ich lebe mein Leben weiter, so gut ich kann.

Beraterin: Sie fühlen sich also traurig und verängstigt. Aber statt intensiver Gefühle und Überzeugungen, daß Sie hoffnungslos seien, leben Sie Ihr Leben weiter. Habe ich Sie recht verstanden?

Gerry: Ich fürchte mich davor, mich so unglücklich zu fühlen und ich möchte meiner eigenen Traurigkeit entfliehen, irgendwie werde ich offensichtlich damit fertig.

Beraterin: Ich möcht' wissen, wie Sie sich fühlen, wenn Sie sich das jetzt so sagen hören?

Gerry: Ich hab' das Gefühl, als ob eine Last von meinen Schultern genommen wäre. Das Schlimmste, was mir also passieren könnte ist, daß ich sehr traurig bin und daß ich anschließend versuche, damit fertigzuwerden. Also – ich hasse diesen Gedanken, aber ich komme da durch.

Die Beraterin schlägt nun vor, daß Gerry ein positives Zukunftsszenario entwickelt, das er in konkrete Ziele übersetzen könnte (siehe dazu Kapitel 5). Sie bittet ihn, sich fünf Jahre in die Zukunft zu versetzen und von diesem Punkt aus über sich zu sprechen.

Die Sitzung endete damit, daß die Beraterin und Gerry auf die bisherige Arbeit zurückblickten. Gerry hatte einige schmerzliche Phantasien mitgeteilt und einige positive Szenarien exploriert. Er begann auch einzusehen, daß Phantasien – egal ob sie etwas Wünschenswertes oder etwas Schlimmes produzieren – nicht notwendigerweise dazu führen, daß das, was sie enthalten auch passiert; und er sah weiter ein, daß seine Erwartungen kommender Katastrophen ihn begrenzt hatten und daran gehindert, effektiv zu handeln. Die Beraterin hatte Gerry herausgefordert, indem sie die Überlegung angeregt hatte, daß die Tatsache, daß ihn jemand einen »Versager« oder »stupide« nennt, nicht notwendig bedeutet, daß er es wirklich ist; und daß das Elend nicht notwendigerweise einem Erfolg auf dem Fuße folgt. Ich habe im übrigen im vierten Kapitel Aspekte von Klientenverhalten erwähnt, die ein Berater herausfordern sollte. In der fünften Sitzung hatte die Beraterin Gerry geholfen, seine Vorstellungen über sich und die Welt auf den Begriff zu bringen. Er begann jetzt klarer zu verstehen, wie er sich durch solche Vorstellungen selber beschränkt hatte.

Sechste Sitzung

Die Sitzung beginnt folgendermaßen:

Gerry: Ich habe über mich selber nachgedacht, und dabei entschieden, daß ich körperlich untrainiert bin. Ich denke, ich brauche mehr körperliche Ertüchtigung. Früher habe ich Federball gespielt, aber ich habe damit aufgehört. Anna treibt keinen Sport, und so habe ich es irgendwie aufgegeben. Ich mache einen Plan für die nächsten Monate.

Beraterin: Wieder in physische Form kommen, ja?

Gerry: (in einem langsamen und irgendwie ziellosen Ton) Ja! Ich hab' mir gedacht, ich versuche es mal mit Squash. Ich hab's ein- oder zweimal gespielt und es hat mir ganz gut gefallen. Ich glaube, man wird schnell gut genug, um wirklich Spaß dran zu haben. Und es ist außerdem harte Übung. In der Schule war ich im Sport gut und auch in der Leichtathletik.

Die Sitzung wird mit ein paar mehr solcher Passagen fortgesetzt, in denen Gerry auf eine eher ziellose Weise darüber spricht, wie er versuchen wird, sein »altes Leben« wieder aufzunehmen.

Beraterin: Gerry, ich bin nicht sicher, daß wir jetzt über Dinge sprechen, die für Sie wirklich wichtig sind.

Gerry: (schweigt für ein paar Minuten) Ich hätte eigentlich über meinen Job reden wollen und darüber, wie ich künftig etwas anderes tun möchte, aber ich hab' da keine großen Fortschritte gemacht.

Er sagte, daß er nach der letzten Sitzung zuversichtlich und positiv im Hinblick auf sich selber gewesen sei. Er wollte ein Bewerbungsformular ausfüllen, das ihm zugeschickt worden war, hatte es aber nicht gemacht. Er phantasierte wieder, daß er im Beratungsgespräch gebeten würde, das zu rechtfertigen oder zu diskutieren, was er aufgeschrieben hatte. Er endete damit, daß er sagte, er sei eben dazu verurteilt, »alles zu verpfuschen«. Was jetzt folgt, ist die Einladung der Beraterin, konkreter über das nachzudenken, was er sich vorstellt zu tun.

Beraterin: Ich bin nicht sicher, wie Sie ein Vorstellungsgespräch verpfuschen können, das Sie haben werden. (Beraterin lädt Gerry ein, konkret zu werden.)

Gerry: Die Art und Weise, wie die meisten Leute antworten, wird die Situation verpfuschen.

Beraterin: Gerry, ich bin daran interessiert zu erfahren, auf welche Weise Sie ein Vorstellungsgespräch verpfuschen, unabhängig davon, ob anderen das auch so geht oder nicht.

Gerry: Es geht darum, mit Fragen fertigzuwerden, die meine vergangenen Jobs angehen. Es ist ja nicht so, daß ich erwarte, daß diese Fragen besonders schwierig sind, sondern daß meine Zunge gelähmt ist oder ich einfach drauflos schwatze.

Die Beraterin veranlaßt Gerry, zu explorieren was er fühlt und was er denkt, wenn er Fragen über das beantworten muß, was er seinen Mangel an Erfahrungen und Erfolgen nennt. Er stellt sich vor, die Leute der neuen Firma würden denken, es sei Zeitverschwendung, mit ihm zu reden, weil er so wenig anzubieten habe. Die Beraterin schlägt Gerry vor, mit ihm ein solches Gespräch zu führen und ihm Feedback zu geben als eine Weise, ihm eine alternative Perspektive auf sein eigenes Verhalten anzubieten. Was jetzt folgt, ist ein Beispiel, wie die Beraterin mit Gerry umgeht, nachdem er ihr Feedback zurückgewiesen hat. Sie lädt ihn zu immer weiteren Explorationen ein.

Beraterin: Gerry, ich kann verstehen, was Sie davon halten, interviewt zu werden. Aber ich hab' Sie in unseren Sitzungen auch schon anders erlebt (Gerry lächelt und nickt). Ich denke, Sie haben hier sehr klar und gedankenreich über sich selber gesprochen. Ich hab' niemals wahrgenommen, daß Ihre Zunge gelähmt war oder daß Sie einfach rumgeredet hätten. Ich denke einfach nicht, daß es Zeitvergeudung ist, mit Ihnen zu reden.

Gerry: Oh! Natürlich – hier ist das anders. Sie geben mir auch keinen Job und außerdem werden Sie dafür bezahlt, sich meine Klagelieder anzuhören – das ist doch so?

Beraterin: Ich bin daran interessiert herauszufinden, was passierte, als ich Ihnen mein Feedback gab. Sie schienen das irgendwie abzutun. Ich möchte wissen, was Sie dabei dachten und fühlten. (Hier benutzt die Beraterin Unmittelbarkeit, um den Akzent auf die Art und Weise zu legen, wie Gerry ihr Feedback auf ihn weggeschoben hatte, ohne auf den Angriff wegen der Bezahlung einzugehen.)

Gerry:	Ich war mißtrauisch. Ich dachte, Sie meinen das gar nicht und sagen es nur, um mich aufzubauen.
Beraterin:	Ich hab' Sie also besänftigt. Ich möchte wissen, warum ich das hätte tun sollen! Haben Sie eine Idee? (Beraterin benutzt eine rhetorische Frage, um Gerry zu ermutigen, die Tatsache zu explorieren, daß er ein Teil des positiven Feedbacks zurückwies, weil es nicht mit seinem Bild von sich übereinstimmte.)
Gerry:	Ich denke wirklich nicht, daß Sie versuchen, mich so zu waschen, daß ich dabei nicht naß werde. Aber ich glaube, ich mache es so, wie ich es sonst auch mache. Wenn Leute mir Komplimente machen, dann denke ich, sie meinen es ja doch nicht ehrlich. Ich sag' mir selber, sie sagen nur ein paar nette Dinge, um die Konversation aufrechtzuerhalten.
Beraterin:	Sie ignorieren Kommentare, die im Gegensatz zu Ihrem Selbstbild stehen. Und eine der Weisen, ein negatives Bild von sich selber aufrechtzuerhalten ist ja, positive Bilder, die andere von einem haben, zu mißachten. Macht diese Aussage für Sie irgendwelchen Sinn?
Gerry:	Ich kann mich nicht an solche Komplimente in der letzten Zeit erinnern. Vielleicht habe ich keine gehört oder vielleicht habe ich sie auch nur überhört. Also ist das alles mein Fehler, nicht wahr? Meine Mutter hat mir immer schon gesagt, ich wäre mein eigener ärgster Feind.

Die Beraterin gibt Gerry einige Informationen über den Unterschied zwischen Wahrnehmen und Tadeln. Sie bestätigt noch einmal, daß es eines der Ziele von Beratung sei, Klienten zu helfen zu verstehen, wie sie Informationen wahrnehmen und verarbeiten, damit sie ihre Glaubenssätze auf den neusten Stand bringen und durch realistische und konstruktive Interpretationen ersetzen. Sie fragt Gerry, ob er bereit wäre, jedes Lob, das er während der folgenden Woche empfängt, zu registrieren und hinterher mit ihr zu besprechen. Gerry willigt ein, das zu tun.

Die Beraterin kehrt zu dem Gegenstand des Anstellungsgesprächs zurück und möchte wissen, ob Gerry für den Rest der

Sitzung darüber sprechen möchte. Gerry antwortet, er halte es für notwendig, seine Gesprächsfertigkeiten aufzupolieren, weil es lange her gewesen sei, daß er ein Gespräch geführt hat, das für ihn von solcher Bedeutung gewesen wäre oder wo er sich hätte verkaufen müssen.

Beraterin: Das klingt vernünftig. Aber ich weiß nicht, ob wir dadurch nicht vermeiden, auf die speziellen Veränderungen zu blicken, die Sie machen wollen. Ich hab' die Vermutung, daß Ihr fehlender Enthusiasmus bei dem Ausfüllen des Bewerbungsformulars teilweise der Tatsache geschuldet ist, daß Sie nicht wissen, wo Sie sich einmal wiederfinden wollen. Könnte das stimmen?

Gerry: Ich glaube, ich weiß in der Tat nicht genau, was ich will. Ich möchte mich weiterbilden und ich vermute, ich werde den richtigen Weg kennen, wenn ich ihn direkt vor mir sehe. Ich hab' bisher noch nicht so weit im voraus gedacht. Ich hab' einfach gedacht, irgendetwas wird irgendwann auftauchen! Ich vermute, ich wirke ein bißchen ziellos, weil ich nicht weiß, wonach ich suchen soll und … (hebt die Schultern)

Beraterin: Das klingt vage. Könnten Sie nicht einen konkreteren Focus für Ihre Suche nach Alternativen finden?

Gerry: Hm! Ja, möglicherweise, aber was wäre, wenn ich etwas suchen würde, was ich nicht haben kann?

Beraterin: Es scheint mir, das ist es, was es mit Ihrer Suche nach einem Ziel auf sich hat, die Suche nach einer Karriere, die Sie auch wirklich beginnen können. Ein Teil dieser Entscheidung wird darin bestehen, daß Sie Optionen gegeneinander abwägen und dabei herausfinden, was möglich ist und was nicht. Ich vermute, daß Sie auch Anna bei Ihrer Entscheidung berücksichtigen möchten, vor allem wenn Sie eine gemeinsame Zukunft ins Auge fassen. Ich denke auch, daß es Optionen gibt, die mehr Risiken enthalten als andere. Es wird an Ihnen liegen zu entscheiden, welche Hilfe Sie von mir möchten, d.h. welche Risiken und Kosten Sie investieren wollen. Ich schlage vor, daß wir mit einigen Plänen anfangen, wie wir uns Informationen beschaffen können, damit Sie mit der Entscheidung anfangen können, welche Art von Veränderung Sie wollen.

In dem eben abgedruckten Dialog sagt die Beraterin, wie sie den Prozeß der Zielfindung und Handlungsplanung sieht. Beide entwickeln einen konkreten Plan dafür, wie Gerry sich die notwendigen Informationen beschaffen kann. Gerry willigt ein, sich während der Woche umzusehen und die Ergebnisse auf der nächsten Sitzung zu bereden. Beide explorieren, was das Finden eines neuen Jobs für Gerry bedeuten könnte, und die Beraterin fragt ihn, ob er sich durch eine Periode der Unsicherheit hindurchfinden werde, wenn er mit der Tatsache konfrontiert sei, daß einige Optionen für ihn nicht mehr offenstünden. Gerry sagt, er glaube er habe jetzt genügend Durchhaltekraft, um ein paar Schläge auszuhalten. Damit endet die Sitzung.

Die Beraterin reflektiert den Ablauf noch einmal und überlegt, daß Gerry möglicherweise nicht das machen wird, was er gesagt hat. Seine fehlende Bereitschaft, darüber nachzudenken, wie er sich gegen Rückschläge wappnen könnte, ist möglicherweise ein Hinweis, daß er das Ausmaß an Mühe und Energie übersieht, das notwendig ist, um weitgespannte Ziele zu erreichen.

Siebte Sitzung

Gerry erscheint. Sein Gesichtsausdruck ist nicht besonders ausgeschlafen. Er sagt mit einem Lachen, daß er wenig Fortschritt melden könne, weder über seine Informationssammlung als auch über eine Diskussion seiner Ideen mit Anna.

Gerry: Also im Grunde hab' ich nicht viel gemacht. Ich hab' ein paar Tage lang in die Zeitungen geschaut, um eine Idee zu bekommen. Aber dann habe ich das Interesse verloren. Ich habe eine Liste aller Optionen zusammengestellt, die mich interessieren würden. Ich habe mir auch auf der Arbeit Leute angesehen, die Jobs haben, die mich interessieren würden. Das ist alles, was ich bisher gemacht habe. Nach unserer letzten Sitzung habe ich einen Freund getroffen, mit dem ich zusammen auf der Schule war. Ihm geht es gut. Ich hab' immer gedacht, er sei ein bißchen langsam und schwerfällig, aber da sieht man es wieder, wie man sich irren kann.

Beraterin: Was stand auf Ihrer Liste? (Beraterin antwortet nicht auf die Einladung von Gerry, seine Freunde zu erörtern.)

Gerry: Die meisten Jobs setzen eine akademische Qualifikation voraus. Also Grade, die ich nicht habe. (Er lacht erneut) Lachen Sie bitte nicht, aber ich hab' eine Liste der Voraussetzungen zusammengestellt, die ich nicht habe. Also zurück zum einfachen Leben.

Beraterin: Ich lache nicht. Es ist ja noch nicht zu spät für Sie, um zusätzliche Qualifikationen zu erwerben.

Gerry: Aber es wäre sehr schwierig.

Beraterin: Aber nicht unmöglich! Viele Leute, die älter sind als Sie, entscheiden sich für eine akademische Ausbildung.

Gerry: (signalisiert Interesse) Ich glaube, ich könnte mir das nicht leisten und außerdem – was ist mit Anna?

Beraterin: Ich wüßte gern, ob diese Idee für Sie interessant genug ist, um darüber ein paar Nachforschungen anzustellen?

Garry: Ich habe immer gedacht, diese Idee wäre unmöglich. Ich glaub', ich bin sehr interessiert. Ich weiß nicht, ob ich es mir leisten könnte, die Arbeit aufzugeben und ob Anna mich unterstützen würde.

Beraterin: Ich weiß auch nicht, ob Sie den akademischen Abschluß schaffen würden. Es kann auch sein, daß Sie sich entscheiden, diesen Weg nicht zu gehen. Aber wenn Sie darüber reden, daß Sie Ihre Arbeit aufgeben müßten – es gibt heute Wege zum Studium auf Halbtagsbasis, die das nicht erforderlich machen würden. Sie könnten auch Fertigkeiten mobilisieren und am Wochenende und während der Ferien Geld verdienen, wenn Sie ein Vollzeitstudent werden wollen. Ich denke, Sie brauchen Informationen über die verschiedenen Wege und über die Kosten der verschiedenen Wege.

Gerry: Sie meinen die finanziellen Kosten?

Beraterin: Ja, und die Kosten an Zeit und Energie. Halbtagsstudium bedeutet, daß es sich über eine längere Zeit erstrecken wird. Vielleicht fällt es Ihnen schwer, zu studieren und ganztägig zu arbeiten. Auf der anderen Seite – das mag vielleicht besser sein als ohne einen Job dazustehen.

In dieser Phase des Gesprächs hat die Beraterin Informationen gebraucht, um Gerry herauszufordern, eine Alternative zu betrachten, die er bisher übersehen hat. Im übrigen habe ich über den Gebrauch von Informationen als Herausforderungen im vierten Kapitel geschrieben.

Die beiden fahren fort, Gerrys einschränkende Glaubenssätze über das Studium zu explorieren.

Gerry: Wenn Sie nicht anfangen zu studieren, nachdem Sie die Schule verlassen haben, ist es zu spät.

Beraterin: Wer hat Ihnen das gesagt?

Gerry: Ich weiß nicht. Ich glaube, es wurde auf der Schule gesagt und auch in meiner Familie. Ich erinnere mich daran, daß mein Vater so was gesagt hat, als ich die Schule verließ – »wenn Du erst einmal aufgehört hast, ist es schwerer wieder reinzukommen«. Ich habe immer gedacht, es wäre zu spät für mich.

Beraterin: Es kann sein, daß Ihre Fertigkeiten zum Studieren inzwischen eingerostet sind, seitdem Sie die Schule verlassen haben. Aber das ist eine andere Sache und hat nichts damit zu tun, daß es nun zu spät sei, nicht wahr?

Gerry: Als ich die Schule verließ, war das Studium die Sache, die ich eigentlich gewollt hätte.

Die Beraterin fragt Gerry, ob er die Optionen, ganztags auf einen akademischen Grad hinzuarbeiten, so positiv einschätzen würde, daß er Informationen einholen werde, ob dieser Plan realistisch wäre. Die Methode, dies zu tun, ist im Kapitel 5 dieses Buches beschrieben worden. Die Beraterin schlägt ein Brainstorming vor. Sie nimmt ein großes Stück Papier und teilt es in zwei Hälften, die sie jeweils mit der Überschrift »was dafür spricht« und »was dagegen spricht« versieht.

Beraterin: Wir machen jetzt eine Analyse, indem wir alle Dinge auflisten, die Ihnen helfen könnten (Pros) und alle, die Sie möglicherweise behindern (Cons). Nach dieser Liste werden Sie erreichbare Ziele bestimmen können und herausfinden, welche Informationen Sie brauchen. Was denken Sie, ist in Ihrem Leben jetzt eine Hilfe und/oder hindert Sie daran, das Studium aufzunehmen.

Gerry: Das ist Anna. Ich weiß nicht, wie sie dazu steht. Vielleicht unterstützt sie mich, vielleicht unterstützt sie mich nicht.

Beraterin: Diskutieren können wir sie immer noch, wenn Sie denken, daß sie komplett ist. (Vorzeitige Diskussion könnte Gerry daran hindern, seine Ideen zu formulieren.)

Gerry beginnt, seine Ideen wie folgt aufzulisten:

PROS	CONS
– Entschiedenheit	– Eltern
– Fähigkeit	– Anna
– gegenwärtiger Job	– Geld
– starker Wunsch zu studieren	– habe Angst, daß ich es nicht
– werde bessere Gefühle über mich haben	schaffe
	der Zweck
– glaube, daß ich dazu fähig bin	– wofür brauche ich das alles?
– gibt mir Kraft	– Alter
– ich kann dann immer eine Arbeit finden	– ich hab' vergessen wie man studiert
– bin flexibel	
– habe eine Reihe unterschiedlicher Arbeitssituationen kennengelernt	

Die Beraterin regt Gerry an, seine Liste zu erweitern:

Beraterin: Ich bemerke, Sie haben Ihre Freunde gar nicht erwähnt. Ich würde gern wissen, ob Sie jemanden kennen, der das, was Sie planen, schon gemacht hat.

Gerry: Nein, die hab' ich nicht. Aber ich hab' ein paar Freunde, die hatten ein Jahr Pause zwischen Schule und College. Mit denen könnte ich das diskutieren. Ich will sie mit auf die »Pros«-Seite schreiben.

Die Beraterin ermutigt Gerry, diese Liste noch einmal durchzugehen und hindernde Faktoren zu identifizieren. Seine ursprüngliche Bewertung war, daß er jetzt genügende positive Faktoren zusammen hätte, um ihn zu ermutigen, den Studienplan weiter zu verfolgen. Er stellt fest, daß Geld der entscheidende hindernde Faktor sein könnte und daß er darüber mehr Informationen braucht. Er arbeitet mit der Beraterin sowohl an der Frage, welche Informationen er braucht, als auch, wieviel Geld er maximal braucht, um während des Studiums leben zu können. Er entscheidet auch, sich zu erkundigen, welche finanzielle Unterstützung es für ältere Studierende gibt.

Die Beraterin fragt ihn nach seinen Eltern und nach Anna, von denen Gerry meint, daß es unwahrscheinlich sei, daß sie ihn unterstützen. Wieder sagt er, er denke, daß sie gegen die Idee sei, aber er sei dessen nicht sicher. Gegen Ende der Sitzung entscheidet sich Gerry, die Idee mit Anna zu diskutieren. Er wird dies bis zur nächsten Sitzung tun. Ehe er geht, bemerkt die Beraterin, daß sie Gerry noch nicht nach dem positiven Feedback gefragt hat, das er während der vergangenen Woche erhielt. Er sagt ihr mit einiger Genugtuung, daß einer seiner Arbeitskollegen ihm gesagt habe, er sei ein »aufgeweckter Junge«.

Achte Sitzung

Gerry sieht munter aus als er in das Zimmer kommt. Er hat einige provisorische Kosten erhoben und denkt, daß er die Situation finanziell managen wird, obwohl er sich dabei schlechter stellen würde. Mit Anna oder seinen Eltern hat er noch nicht gesprochen.

Er sagt, er habe dieses Gespräch aufgeschoben. Die Beraterin fordert Gerry heraus, indem sie ihm eine hypothetische Frage stellt.

Beraterin: Was könnte im schlimmsten Falle passieren, wenn Sie Anna oder Ihren Eltern von Ihren Plänen erzählen?

Gerry: Sie würden beide sagen, daß sie in diesem Fall nichts mehr mit mir zu tun haben wollen.

Beraterin: Wie wahrscheinlich ist das?

Gerry: Ich denke nicht einen Augenblick daran, daß meine Eltern so etwas tun würden. Sie würden höchstens sagen »komm nicht zu uns und beklag Dich, falls es schiefgehen sollte«, aber so etwas habe ich noch nie getan.

Beraterin: Und Anna?

Gerry: Ich weiß es nicht. Es kann sein, daß sie den Plan nicht unterstützt, vor allem, wenn ich in eine andere Stadt ziehen muß und wir uns nicht mehr so viel sehen sollten. Ich bin darüber sehr in Sorge.

Beraterin: Wenn Sie sagen, Sie seien sehr in Sorge, daß Anna Sie nicht unterstützt, dann sagen Sie, daß Sie Angst haben, sie zu verlieren. (Beraterin legt den Akzent auf das, was Gerry eher verbirgt als es offen auszusprechen.)

Gerry: Ja, das ist es. Sie wird sagen: entweder das Studium oder ich.

Beraterin: Und das ist eine Zerreißprobe.

Beide arbeiten weiter an der Frage, wie Gerry Anna über seine Pläne informieren wird und wie er auf ein mögliches Ultimatum von ihr reagieren könnte. Die Beraterin erinnert ihn an das, was sie in der vierten Sitzung über den Ausdruck von Gefühlen und Wünschen gesagt haben. Sie diskutieren auch noch einmal die Frage, welche Art von Beziehung Gerry eigentlich haben möchte, und Gerry sagt wieder, daß er keine Beziehung »um jeden Preis« will.

Sie kehren zu der Liste zurück, die Gerry in der letzten Woche formuliert hat und blicken zunächst auf die positiven Faktoren.

Gerry sagt, daß es auf jeden Fall ein Anreiz für ihn wäre, seinen gegenwärtigen Arbeitsplatz verlassen zu können. Er glaubt, daß er sowohl die Fähigkeiten als auch die Entschlossenheit besitzt, um das Studium aufzunehmen. Die Beraterin erwähnt, daß die meisten Pros auf der Liste sich auf positive Gefühle Gerrys gegenüber der eigenen Person beziehen. Das sei aber gerade das Problem gewesen, dessentwegen Gerry überhaupt erst in die Beratung gekommen wäre. Die Sitzung endet damit, daß Gerry seine Genugtuung über die Entwicklung seines Planes ausdrückt und auch über die Aussicht auf einen tiefergreifenden Wandel.

Neunte Sitzung

Es ist die vorletzte Sitzung. Gerry sieht heiter aus, als er berichtet, daß er seinen Eltern erzählt habe, daß er daran denke, für einen akademischen Grad zu studieren. Weit davon entfernt, das zu mißbilligen, hätten sie außerordentlich positiv reagiert bis hin zu dem Angebot, ihm finanziell zu helfen, falls er den Eindruck habe, er würde es brauchen. Gerry sagt, er sei über ihre Sorge für ihn sehr bewegt gewesen. Das habe einen Teil der Ressentiments entkräftet, die er gegen sie hatte. Er sagt, daß er jetzt begriffen habe, daß sie ihr Bestes für ihn täten und daß er angefangen habe, mit seinen Schuldzuweisungen aufzuhören.

Beraterin: Und Anna?

Gerry: Das ist anders gelaufen. Sie sagte, sie würde nicht erwarten, daß dann die Dinge zwischen uns von Dauer wären. Paare bleiben nicht zusammen, wenn sie sich nicht mehr regelmäßig sehen und unterschiedliche Lebensstile entwickeln. Aber es war eine nützliche Diskussion in der letzten Woche. Ich sagte ihr, wenn wir wirklich beieinander bleiben wollten, dann würden wir auch Wege finden, um das zu tun. Ich hab' ihr gesagt, die Zukunft müsse nicht so werden, wie sie im Augenblick glaubt, daß sie werden würde. Ich weiß nicht, wie es zwischen uns weitergehen wird.

Beraterin: Und Sie?

Gerry: Ich bin ganz aufgeregt. Und ich bin mehr oder weniger entschieden, daß ich es machen werde, wenn ich einen Studienplatz bekomme.

Beraterin: Sie sind mehr oder weniger entschieden?

Gerry fährt fort und sagt, daß er einerseits ängstlich sei, eine Entscheidung zu fällen, weil er das Gefühl hat, daß er in der Vergangenheit nicht gerade sehr gute Entscheidungen getroffen habe. Er möchte gern Erfolg haben und die neue Erfahrung genießen. Die Beraterin fordert ihn heraus, indem sie ihn bittet, die Art und Weise, wie er jetzt seine Entscheidungen behandelt, mit der Art und Weise zu vergleichen, auf die er in der Vergangenheit Entscheidungen gefällt hat.

Beraterin: Ich glaube nicht, daß es Entscheidungen gibt, die frei von Risiken sind. Worin unterscheidet sich nun die Art und Weise, wie Sie jetzt Ihre Entscheidung fällen von der Art und Weise, wie Sie in der Vergangenheit Entscheidungen gefällt haben?

Gerry: Ich plane diese Entscheidung sorgfältiger. Ich habe eine gute Vorstellung davon, was einige der Risiken sein mögen. Ich habe klare Vorstellungen darüber, wozu dieses Studium gut sein wird. Ich arbeite heute wesentlich zielgerichteter.

Beraterin: Also: Sie planen zielgerichtet und vorausschauend, wie Sie das früher nicht getan haben?

Gerry: Ja! Ich glaub' ich hab' bisher überhaupt niemals so geplant wie jetzt. Ich hab' eigentlich immer nur genommen, was sich mir angeboten hat. Ich denke, ich habe eigentlich niemals geglaubt, ich würde wirklich das verdienen, was ich mir gewünscht habe.

Die beiden nahmen die Technik des Brainstormings wieder auf und stellten eine Liste von Informationen zusammen, die Gerry helfen sollte, eine Entscheidung über die Hochschule zu fällen und die akademischen Kurse, die er an dieser Hochschule belegen würde. Sie gingen die Liste noch einmal durch und diskutierten, welche Informationen ihm bereits zugänglich waren, und wie er zusätzliche Informationen erhalten könnte. Sie entwickelten einen

Handlungsplan, um diese Informationen zu bekommen und zu bewerten.

> *Beraterin:* Garry, nächste Woche ist unsere letzte Sitzung. Wir hatten uns ja auf zehn geeinigt.
>
> *Gerry:* Ich hab' auch darüber nachgedacht. Ich denke, ich werde jetzt Schluß machen. Ich weiß, ich habe noch die wichtige Entscheidung zu treffen, welche Lehrgänge ich belegen möchte. Aber ich hab' inzwischen festgestellt, daß dies nun wirklich etwas ist, was ich will und ich weiß im Prinzip, was ich tun muß, damit es auch geschieht. Ich habe einen Plan.
>
> *Beraterin:* Gut. Dann schlage ich vor, daß wir die nächste Woche damit zubringen, auf das zurückzublicken, was Sie erreicht haben und noch einige unerledigte Themen zu behandeln, die Sie vielleicht noch auf dem Herzen haben.

Zehnte Sitzung

Gerry sagt, daß er die Entscheidung über sein Studium getroffen habe. Er hat inzwischen neue Informationen erhalten und denkt, daß er einen Platz in einem Ganztagskurs bekommen kann. Seine anderen Alternativen sind ein Teilzeitkurs oder die Fernhochschule. Er hat sich noch nicht entschieden, wie er lieber studieren möchte. Aber er ist klarer über die Disziplin, zu der er sich entscheiden wird. Er sagt, daß er das Gefühl hat, er würde jetzt zweckgerichteter handeln und er hätte mehr Kontrolle über sein Leben. Die Sitzung vergeht mit einem Rückblick auf das, was er im Beratungsprozeß erreicht hat. Aber er wirft auch einen Blick in die Zukunft.

> *Gerry:* Ich fühle mich in mir selber stärker und ich habe festgestellt, daß ich überhaupt nicht deprimiert war oder schlecht gelaunt, während ich mich für diesen entscheidenden Schritt entschieden habe. Früher wäre ich ängstlich und gespannt gewesen, hätte ge-

dacht, ich sei auf dem Holzwege und würde von anderen Leuten umhergeschubst, obwohl es in der Realität überhaupt niemanden gab, der so etwas versucht hätte.

Beraterin: Sie haben sich selber in eine Sackgasse manövriert mit Ihren Vorstellungen, »nutzlos« und ein »Versager« zu sein. Jetzt denken Sie anders über sich.

Gerry: Ja. Ich weiß, daß ich planen und entscheiden kann, was ich möchte. Ich muß nicht einfach rumsitzen und mich beklagen und darauf warten, daß andere handeln.

Beraterin: Sie können beeinflussen, was mit Ihnen geschieht.

Gerry: Ja, das kann ich. Ich hab' auch das Gefühl, ich stehe auf einem festeren Fuß Anna gegenüber. Ich hab' mich immer gescheut, für mich selber zu stehen.

Beraterin: Zum Beispiel zu sagen, was Sie in der Beziehung wollten.

Gerry: Ja! Das klingt vielleicht ein bißchen zu aggressiv. Auf der anderen Seite fühle ich mich durch die Zukunft auch nicht mehr bedroht. Es mag sein, daß ich nicht alles kriege, was ich will. Aber auf jeden Fall arbeite ich jetzt erst einmal auf einen Hochschulabschluß hin.

Die Beraterin nickt und Gerry fährt fort:

Gerry: Ich habe jetzt also einen Plan. Aber mehr als das. Ich glaube, ich habe auch die Energie, um mich zu ändern und um Risiken einzugehen. Ich erinnere mich an die Sitzung, die wir über Geld hatten. Ich hab' immer gedacht, ein Vollzeitstudium sei außer Frage und als Sie mir empfahlen, ich sollte eigentlich Informationen über die Kosten einholen, war ich schockiert. Als ich zu Hause ankam, war mir klar, daß ich mit Ihnen über Kreuz lag. Ich dachte, Sie würden versuchen, mich in eine unrealistische Richtung zu drücken. (Er lacht) Ich war entschlossen, Ihnen zu sagen, daß dieser Plan viel zu kostspielig sei und deshalb für mich außer Frage.

Beraterin: Sie dachten, Sie wüßten, was möglich sei und was nicht, ohne die entsprechenden Informationen. Ich wüßte gern, ob Sie immer noch wütend auf mich sind.

Gerry: Ich bin jetzt nicht wütend. Ich mach' mir nur klar, daß ich es nicht wußte und nur Vermutungen angestellt habe. Solange ich die Sache mit dem Geld nicht geklärt hatte und über keine zuverlässigen Informationen verfügte, brauchte ich mich auch nicht mit der Tatsache herumzuschlagen, daß das Studium vielleicht doch ein möglicher Ausweg wäre. Und das hat mich dann mit einer Alternative konfrontiert, von der ich nicht glaubte, daß ich sie haben würde.

Beraterin: Und zwar eine Alternative, die immerhin noch Risiken für Sie enthält.

Gerry: Ja, das ist richtig. Als wir uns meine Informationen über das Studium ansahen, und ich sagte, ich weiß, daß ich es schaffen werde, da wurde mir schon klar, daß das Leben unsicher ist und daß mir niemand eine Garantie geben kann.

Die Beraterin ist über die Art und Weise beeindruckt, in der Gerry davon spricht, wie er sich sieht und was er in letzter Zeit gelernt hat. Sie gibt ihm Feedback darüber, wie er sich jetzt präsentiert im Vergleich mit der Situation, als sie ihn zum ersten Male erlebt hat.

Beraterin: Ich sehe einen wirklichen Wandel bei Ihnen. Sie sprechen zielgerichteter. Sie scheinen sich mehr wertzuschätzen und zu erkennen, daß Sie Fähigkeiten und Stärken haben. Als wir uns zum ersten Mal trafen, haben Sie daran gezweifelt, daß Sie verdienten, was Sie wollten. Das ist doch richtig?

Gerry: Ja. Das war wirklich pathetisch!

Beraterin: Ich seh' Sie nicht als pathetisch und ich denke nicht, daß es hilfreich ist, daß Sie sich so negativ einschätzen. Sie kämpften einfach darum, in Ihrem Leben Veränderungen einzuleiten und auch im Hinblick auf Ihr Selbstbild. Und das ist doch auch schon ein Zeichen von Stärke.

Gerry: Ja ich weiß. Es war auch nur ein Scherz. Auf der einen Seite bin ich traurig, daß es zu Ende ist. Auf der anderen Seite bin ich froh, daß ich jetzt eine Richtung habe.

Beraterin: Unsere Gespräche werden mir fehlen. Ich verstehe, daß Sie sich traurig fühlen, wenn wir uns nicht wieder treffen. Und es freut mich, daß Sie so positiv über die Zukunft denken und fühlen.

Gerry spricht noch über andere Erfahrungen, als er den Kontakt zu Freunden verloren hatte. Er sagt, daß er in der Vergangenheit nur unglückliche Abschlüsse von Bekanntschaften erfahren habe. Er habe lieber selber zurückgewiesen, um die Zurückweisung durch andere zu verhindern.

Beraterin: Was ist jetzt unterschiedlich für Sie?

Gerry: Nun, ich fühle mich nicht wütend oder bedroht. Ich denke, ich fühle mich, wie ich mich als Kind gefühlt habe, als ich zum ersten Mal ohne die beiden zusätzlichen Stabilisatoren auf dem Fahrrad gefahren bin. Ich habe in der letzten Woche mehrfach darüber nachgedacht, wie ich die Schule verlassen habe und wie ich meine verschiedenen Jobs verlassen habe. Damals war mein vorherrschendes Ziel, von etwas weg zu kommen. Wenn ich jetzt meinen Plan für die Zukunft mache, habe ich nicht mehr das Gefühl, daß ich von etwas weglaufe.

Beraterin: Ich glaube nicht, daß Sie weglaufen. Ich denke, daß Sie vorwärts blicken und das ist für mich ein großer Unterschied.

Gerry: Für mich auch!

Die Beraterin erwähnt, daß sie noch 15 Minuten Zeit haben, sie fragt Gerry, ob er noch irgend etwas auf dem Herzen hat. Beispielsweise, ob er noch unbearbeitete Gefühle aus einer vorangegangenen Sitzung hat, die er ausdrücken oder klären möchte.

Gerry: Ich glaube nein. Die Sitzung, die mir am stärksten im Gedächtnis haften geblieben ist, ist eine, als ich wütend auf Sie war. Ich stellte mir vor, wenn ich in der nächsten Woche zu Ihnen käme, dann würden Sie mich bitten, abzuhauen.

Beraterin: Wut zu zeigen! Als Sie jung waren, war das ein Vergehen, das Strafe verdiente – nicht?

Gerry: Ja! Es war rüde und deshalb nicht erlaubt! Ich war deshalb wirklich überrascht, als Sie mich nicht aufforderten, meine Zunge im Zaum zu halten! Na ja, auf der einen Seite war es eine Überraschung. Auf der anderen Seite, glaube ich, habe ich versucht, Sie zu testen.

Beraterin: Was denken Sie denn, was Sie aus der Sitzung gelernt haben?

Gerry: Daß Gefühle nicht schlecht oder rüde sind. Und ich kann jetzt besser sagen, was ich fühle, ohne daß ich dabei tadele oder mich ungebührlich benehme. Ich habe gewissermaßen die Freiheit, wann und ob ich sage, was ich denke und fühle.

Die Sitzung endet damit, daß die Beraterin Gerry alles Gute wünscht. Er fragt, ob Sie bereit wäre, ihn möglicherweise noch einmal zu sehen. Die Beraterin schätzt das so ein, daß Gerry das Ende für sich selber erleichtern und sich gleichzeitig die Option offenhalten möchte, um weitere Unterstützung zu bitten, wenn er den Eindruck hat, daß er sie braucht. Sie antwortet:

Beraterin: Ja, selbstverständlich. Ich werde Sie in meinen Zeitplan einfädeln sobald ich kann, wenn Sie sich entscheiden sollten, den Kontakt zu mir wieder aufzunehmen.

Sie entscheidet sich dabei, ihn nicht einzuladen, ihr mitzuteilen, wie er zukünftig in seinem Plan voranschreiten wird. Sie denkt, daß würde den Charakter dessen, was eine vertragsmäßige Beratungsbeziehung gewesen ist, verwischen.

Nachschrift

Die Beraterin blickt noch einmal auf ihre Arbeit mit Gerry zurück. Sie denkt, daß er in der Tat eine positivere und realistischere Sichtweise auf sich selbst entwickeln konnte. Er arbeitet jetzt zweckgerichteter bei der Gestaltung seines künftigen Lebens. Das ist ein Resultat seiner veränderten Selbstwahrnehmung. Er verläßt die Beratung ohne die Veränderung am Arbeitsplatz, die er gewünscht hatte, erreicht zu haben. Das wäre, so denkt die Beraterin, ein langfristiges Ziel, das von dem mittelfristigen Ziel abhängt, eine Hochschulausbildung zu beginnen und mit Erfolg abzuschließen. Er hat die Sitzungen erfolgreich benutzt, um spezielle Gegenstände zu bearbeiten, die ihn bewegten. Das zentrale Thema der Beratung war zweifellos sein Blick auf sich selbst. Die Beraterin glaubt, daß sein Selbstwertgefühl merklich gewachsen ist, daß er aber – vor allem im Hinblick auf seine Beziehung – weitere Beratung brauchen könnte. Ihr Gesamteindruck von Gerry ist, daß er in den zehn Sitzungen zumindest für den gegenwärtigen Zeitpunkt genug getan hat, um die Richtung seines Lebens zu ändern.

Literaturverzeichnis

Argyle, M: Bodily Communication. London: Methuen [2]1988

Benjamin, A.: The Helping Interview. Boston: Houghton Mifflin [2]1971

Bond, T.: Towards defining the role of counselling skills', Counselling: The Journal of the British Association for Counselling, 69: 3–9, 1989

Brammer, L./Shostrom, E./Abrego, P.: Therapeutic Psychology: Fundamentals of Counseling and Psychotherapy, Engelwood Cliffs, NJ: Prentice-Hall [5]1988

Brammer, L.M.: The Helping Relationship: Processes and Skills. Englewood Cliffs, NJ: Prentice-Hall [4]1988

British Association for Counselling: Code of Ethics and Practice for Counsellors, Form No. 14, 1984

Dainow, S./Bailey, C.: Developing Skills with People: Training for Person to Person Client Contact. Chichester: Wiley 1988

d'Ardenne, R./Mahtani, A.: Transcultural Counselling in Action. London: Sage 1989

Deaux, K./Wrightsman, L.S.: Social Psychology in the 80s. Monterey, Calif.: Brooks/Cole [4]1984

Dinnage, R.: One to One: The Experience of Psychotherapy. London: Viking 1988

Dryden, W.: Rational-Emotive Counselling in Action. London: Sage 1990

Egan, G.: You and Me. Monterey, CA.: Brooks/Cole 1977

Egan, G.: Helfen durch Gespräch: Ein Trainingsbuch für helfende Berufe. Weinheim/Basel: Beltz [3]1996

Egan, G.: Der fähige Helfer. Grundformen helfender Beziehung. Burckhardthaus-Laetare, Gelnhausen/Berlin/Stein. 1979. Lizenzausgabe: Helfen durch Gespräch. Psychologische Beratung in Therapie, Beruf und Alltag. Reinbek: Rowohlt Taschenbuch 1984

Ellis, A.: Reason and Emotion in Psychotherapy. New York: Lyle Stuart 1962

Gilmore, S.K.: The Counselor-in-Training. Englewood Cliiffs, NJ: Prentice-Hall 1973

Gilmore, S.K./Fraleigh, P.W.: Communication at Work. Eugene, OR: Friendly Press 1980

Hawkins, P./Shohet, R.: Supervision in the Helping Professions, Milton Keynes: Open University Press 1989

Hobson, R.F.: Forms of Feeling: The Heart of Pschotherapy. London: Tavistock 1985

Hopson, B./Scally, M.: Life Skills Teaching Programmes, No. 2. Leeds: Life Skills Associates 1982

Ivey, A.E./Ivey, M.B./Simek-Downing, L.: Counseling and Psychotherapy: Integrating Skills, Theory and Practice. Englewood Cliffs, NJ: Prentice-Hall [2]1987

Jacobs, M.: Swift to Hear. London: SPCK 1985

Lewin, K.: Quasi-stationary social equilibria and the problem of permanent change. In: W.G. Bennis, K.D. Benne and R. Chin (Hrsg.): The Planning of Change. New York: Holt, Rinchart and Winston 1969. Dieser Beitrag von Kurt Lewin ist in die deutsche Übersetzung des Sammelbandes von Bennis, Benne und Chin (Änderung des Sozialverhaltens. Stuttgart: Klett 1975) nicht aufgenommen worden.

Marx, R.: Self control strategies in managemant training, paper given at American Psychological Association meeting, Toronto, Canada, August 1984

Mearns, D./Dryden, W.: Experiences of Counselling in Action. London: Sage 1989

Mearns, S./Thorne, B.: Person-Centred Counselling in Action. London: Sage 1988

Mickelson, D./Stevic, R.: Differential effects of facilitative and nonfacilitative behavioural counsels, Journal of Counselling Psychology. 18: 314–19, 1971

Munro, A./Manthei, B./Small, J.: Counselling: The Skills of Problem Solving. London: Routledge 1989

Murgatroyd, S.: Beratung als Hilfe. Eine Einführung für helfende Berufe. Weinheim/Basel: Beltz 1994

Nelson-Jones, R.: Practical Counselling and Helping Skills. London: Cassell, [2]1988

Nelson-Jones, R.: Effective Thinking Skills: Preventing and Managing Personal Problems. London: Cassell 1989

Oldfield, S.: The Counselling Relationship: A Study of the Client's Experience. London: Routledge and Kegan Paul 1983

Reddy, M.: The Manager's Guide to Counselling at Work. London: Methuen 1987

Rogers, C.: Die klientenzentrierte Gesprächspsychotherapie. Originalausgabe 1951. Frankfurt a.M.: Fischer Taschenbuch

Rogers, C.: Entwicklung der Persönlichkeit. Psychotherapie aus der Sicht eines Therapeuten. Stuttgart: Klett-Cotta 1982.

Rogers, C.: Der neue Mensch. Stuttgart: Klett-Cotta 1991

Rogers, C.: Die nicht-direkte Beratung. Frankfurt a.M.: Fischer Taschenbuch 1994

Rogers, C./Schmid, P.F.: Person-zentriert. Grundlagen von Theorie und Praxis. Mit einem kommentierten Beratungsgespräch von Carl R. Rogers. Mainz: Matthias Grünewald 1995

Rowan, J.: The Reality Game: A Guide to Humanistic Counselling and Therapy. London: Routledge and Kegan Paul 1983

Steiner, C.: Emotional literacy, Transactional Analysis Journal, 14 (3): 162–73, 1984

Storr, A.: The Art of Psychotherapy. New York: Methuen 1980

Strong, S.: Counseling: an interpersonal influence process. Journal of Counseling Psychology, 15: 215–24, 1968

Sugarman, L.: Life Span Development: Concepts, Theories and Interventions. London: Methuen 1986

Trower, P./Casey, A./Dryden, W.: Cognitive-Behavioural Counselling in Action. London: Sage 1988

Truax, C.B./Carkhuff, R.R.: Toward Effective Counseling and Psychotherapy. Chicago: Aldine 1967

Tyler, L.E.: The Work of Counselor. New York: Appleton Century Crofts [3]1969

Ward, D.E.: Termination of individual counseling: concepts and strategies. Journal of Counseling and Development, 63: 21–5; in W. Dryden (Hrsg.): Key Isues in Counselling in Action. London: Sage 1989

Watzlawick, P./Weakland, J./Fisch, R.: Paul Watzlawick, Lösungen: Zur Theorie und Praxis menschlichen Wandels. Bern/Stuttgart/Wien: Huber [5]1992